Nicolas Hoffmann/Birgit Hofmann
Verhaltenstherapie bei Depressionen

W0227306

Therapeutische Praxis

Herausgegeben von
Peter Fiedler und Hans Reinecker

Nicolas Hoffmann/Birgit Hofmann

Verhaltenstherapie
bei Depressionen

2., überarbeitete Auflage

PABST SCIENCE PUBLISHERS

Anschrift der Autoren:

Dr. Nicolas Hoffman
Orbcrstr. 18
14193 Berlin

Dr. Birgit Hofmann
Kornmesserstr. 7
12205 Berlin

Lektorat: Gerhard Tinger

Herausgeber der Reihe „ Therapeutische Praxis":

Prof. Dr. Peter Fiedler
Universität Heidelberg
Psychologisches Institut
Hauptstr. 47-51
69117 Heidelberg

Prof. Dr. Hans Reinecker
Otto-Friedrich-Universität Bamberg
Lehrstuhl Klinische Psychologie
Markusplatz 3
96047 Bamberg

CIP-Titelaufnahme der Deutschen Bibliothek

Hoffmann, Nicolas: Verhaltenstherapie bei Depressionen
/ Nicolas Hoffman ; Birgit Hofmann. – Lengerich ; Berlin ;
Riga ; Rom ; Wien ; Zagreb : Pabst Science Publishers, 2001
    ISBN 3-936142-25-4
NE: Hofmann, Birgit:

Alle Rechte, insbesondere das Recht der Vervielfältigung, Verbreitung und Übersetzung, vorbehalten. Kein Teil des Werkes darf in irgendeiner Form (durch Fotokopie, Mikrofilm oder ein anderes Verfahren) ohne schriftliche Genehmigung des Verlages reproduziert oder unter Verwendung elektronischer Systeme verarbeitet, vervielfältigt oder verbreitet werden.

Layout und Satz: Dr. Heike Gerdes, Rheinbach

© 2001, 2002 Pabst Science Publishers
Eichengrund 28
D-49525 Lengerich
Tel.: +49/(0)5484/308
Fax: +49/(0)5484/550
E-Mail: pabst.publishers@t-online.de
Internet: http://www.pabst-publishers.de

ISBN 3-936142-25-4

Für Erika

Inhaltsverzeichnis

Vorwort

Wir verfolgen mit diesem Buch über Verhaltenstherapie bei Depressionen, das sich an praktizierende Therapeuten richtet, folgende Ziele:

1. Wir wollen keinen streng gegliederten Ablauf einer „Mustertherapie" beschreiben, wie es typischerweise Manuale tun, sondern wir wollen eher therapeutische Bausteine liefern und die Ziele angeben, für die sie eingesetzt werden können.

2. Anstelle der „schlanken", auf die Mindeststruktur reduzierten Leitlinien vieler Therapieanweisungen, ist es eher unser Anliegen, Therapeuten dabei zu helfen, sich in die Komplexität der betroffenen Menschen und ihrer Störung einzufühlen, und sich mit der Zeit ein breites Interventionswissen zusammenzustellen, das sie unabhängiger macht von vorgefertigten Therapieschablonen.

3. Dafür ist es allerdings notwendig, das den Therapeuten zur Verfügung stehende psychologische Wissen auf einer breiteren Basis anzusiedeln, als es üblicherweise der Fall ist: Die Phänomene der Depression, ihre Ursachen und die therapeutischen Ansatzpunkte werden nicht nur aus lerntheoretischer und kognitiver Sicht, sondern auch unter dem Aspekt emotions- und volitionszentrierter Überlegungen beleuchtet. In dieser Hinsicht kann unser Versuch nur einen Anfang bedeuten.

4. Im Therapieprozess widmen wir der Eingangsphase und den mehr kurzfristigen Therapiemaßnahmen viel Raum. Dies geschieht im Sinne unseres persönlichen Therapieansatzes, der dem Aufbau der Regulationsfunktionen, von den niederen bis hinauf zu den höheren, eine große Bedeutung zumisst. Es geht darum, den Patienten allmählich wieder funktionstüchtig zu machen, wobei der Gedanke an eine depressionstypische Störung der dynamischen Verhältnisse

im Vordergrund steht. Am Ende unserer Arbeit stellen wir 60 therapeutische Interventionen vor, die von uns angesprochen wurden.

5. Wir haben nicht alles noch einmal aufgeschrieben, was in anderen Publikationen ausreichend zu finden ist. Wir wollen eher auf einige „Flüchtigkeiten" hinweisen, die sich in die Praxis hineingeschlichen haben und unserer Meinung nach einer Korrektur bedürfen: Eine zu geringe Kenntnis der inneren Lage depressiver Menschen und daraus resultierende Therapiefehler, eine weit verbreitete Erschlaffung des Versuchs, die individuellen Bedingungen der Depressionsentstehung wirklich zu verstehen, die damit einhergeht, dass Verhaltensanalysen oft zu Ritualen geworden sind, zum Teil gefährlich falsche Vorstellungen über Aktivierung, der Anspruch Menschen, oft mit recht rabiaten Mitteln „philosophisch umzukonditionieren" und schließlich die weitgehende Vernachlässigung emotionaler und volitionaler Faktoren, wenn es darum geht, Menschen und ihren Problemen gerecht zu werden.

Alles in allem möchten wir für eine Verhaltenstherapie plädieren, die sich wieder intensiver und tiefer mit dem Menschen beschäftigt und Therapeuten dabei helfen, sich in dem Zusammenhang wieder mehr auf die Psychologie zu verlassen.

Wir veröffentlichen im Pabst-Verlag Informationsmaterial für depressive Patienten, die sich in verhaltenstherapeutischer Behandlung befinden. Dieses Material soll im wesentlichen auf dem Ansatz aufgebaut sein, den wir hier vertreten. Es soll in die Therapie integrierbar sein, und wir hoffen, dass es Therapeuten und Patienten gute Dienste leistet. Es ist erschienen unter dem Titel: „Depression: Informationsmaterial für Betroffene und Patienten".

Berlin, im Juni 2002

Birgit Hofmann und Nicolas Hoffmann

1 Einige Fakten über Depressionen

Unter Mitarbeit von Michael Dettling

1.1 Diagnostik und Klassifikation

Depressionen werden heutzutage lediglich nach Schweregrad und Verlauf eingeteilt und nicht mehr nach möglichen Ursachen, wie es in der früher geltenden Klassifikation in "endogen" vs. "reaktiv-neurotisch" (von Kraepelin) geschehen ist.

Empirischen Untersuchungen in den 60er Jahren vor allem im Nordamerikanischen Bereich konnten dabei keine bimodale Verteilung von reaktiv-neurotischer und endogener Depression als Ausdruck von zwei unabhängigen Diagnosekategorien nachweisen, sondern stellten ein Kontinuum dieser Diagnosekategorien fest.

Ein dimensionalen Klassifikationssystem depressiver Störungen wurde entwickelt, erstmals im nordamerikanischen Bereich (DSM-III, 1980) eingeführt und 1992 von der WHO (ICD-10) übernommen (Bronisch, 1990).

Der Schweregrad der depressiven Störung wird über die Anzahl gleichzeitig vorhandener Symptome definiert.

Die früher sogenannten schwereren endogenen Depressionen werden heute über das Vorhandensein psychotischer und somatischer Symptome definiert. Das DSM-IV nennt diesen Subtyp "Major Depression mit Melancholie", das ICD-10 bezeichnet ihn als "schwere depressive Episoden mit somatischen und psychotischen Symptomen".

Depressive Störungen müssen immer unterschieden werden von Trauer und pathologischen Trauerreaktionen, wo einerseits Suizidalität, ausgeprägte Schuldgefühle und psychomotorische Hemmung fehlen (Trauer), andererseits längere Zeit eine ausgeprägte depressive Symptomatik persistieren und trotz des Todes eine übermäßige Besetzung des Verstorbenen in Gedanken und Handlungen existieren kann (pathologische oder abnorme Trauerreaktion (Beutel, 1996).

Tabelle 1:
Diagnostische Kriterien für Depression nach DSM-IV und ICD 10
(Dilling et al., 1994)

DSM-IV (296.xx)	ICD-10 (F32.xx; F33.xx)
Mindestens fünf der folgenden Symptome bestehen über einen Zeitraum von zwei Wochen an fast allen Tagen, davon ist mindestens ein Symptom entweder (1) oder (2):	Mindestens zwei bis drei der folgenden drei Symptome bestehen über mindestens zwei Wochen (je nach Schweregrad der Störung):
1. Depressive Verstimmung, vom Betroffenen oder anderen berichtet 2. Vermindertes Interesse oder Freude an fast allen Aktivitäten 3. Müdigkeit oder Energieverlust 4. Psychomotorische Unruhe oder Verlangsamung 5. Schlaflosigkeit oder vermehrter Schlaf 6. Deutlicher Gewichtsverlust ohne Diät oder Gewichtszunahme oder verminderter oder gesteigerter Appetit 7. Gefühle von Wertlosigkeit oder übermäßige oder unangemessene Schuldgefühle 8. Verminderte Fähigkeit zu denken oder verringerte Entscheidungsfähigkeit 9. Wiederkehrende Gedanken an den Tod, Suizidvorstellungen ohne Plan, tatsächlicher Suizidversuch oder genaue Planung eines Suizids 10. Schuldgefühle oder Gefühle von Wertlosigkeit 11. Es gibt keine alternativen Erklärungen für die Symptome	1. Depressive Stimmung 2. Verlust an Interesse oder Freude 3. Erhöhte Ermüdbarkeit **plus** mindestens zwei bis vier der folgenden Symptome (je nach Schweregrad der Störung): 1. Schlafstörungen 2. Verminderter Appetit 3. Vermindertes Selbstwertgefühl und Selbstvertrauen 4. Verminderte Konzentration und Aufmerksamkeit 5. Gedanken an oder erfolgte Selbstverletzung oder Suizidhandlungen 6. Negative oder pessimistische Zukunftsperspektiven

1.2 Epidemiologie

Depressionen gehören zu den häufigsten psychischen Störungen. Die Lebenszeitprävalenz für depressive Episoden liegt bei etwa 25% bei Frauen und bei etwa 12% bei Männern. 50% der Patienten mit einer depressiven Episode erleiden im Laufe ihres Lebens eine oder mehrere depressive Episoden.

Ein erhöhtes Krankheitsrisiko haben neben Frauen Menschen aus benachteiligten Schichten, allein lebende, geschiedene und verwitwete Personen. Prädisponierend für eine depressive Erkrankung sind weiterhin bestehende chronische körperliche Erkrankungen, psychotische Störungen, Angststörungen, Suchterkrankungen und Persönlichkeitsstörungen.

Familiäre Belastung: Bei allen affektiven Erkrankungen erweist sich die familiäre Belastung mit affektiven Störungen als die einflußreichste Risikovariable. Der Einfluß der genetischen Vulnerabilität hinsichtlich der Ätiologie einer Depression ist beim gegenwärtigen Kenntnisstand noch nicht sicher zu bewerten. Bekannt ist schon seit längerer Zeit, daß Verwandte ersten Grades ein dreifach erhöhtes Risiko für eine Depression tragen und dass mit Sicherheit nicht ein einziges Gen für eine Depression verantwortlich ist. Sicher ist, dass der Depression zugrundeliegende Reaktionen, wie z.B. die spezifische biologische Reaktion auf Streß, vererbbar ist.

Das Ersterkrankungsalter liegt meist im frühen bis mittleren Erwachsenenalter. Differenzierter betrachtet findet man drei Häufigkeitsgipfel für den Beginn einer Depression: zwischen 25-35 Jahren, postpartal und im Alter.

Für Patienten, die einmal eine depressive Episode erlebt haben, besteht ein 50%-iges Risiko (z. T. auch höher angegeben) für eine erneute depressive Episode. Neuere epidemiologische Studien deuten darauf hin, daß die Depression in schon ca. 20 Jahren die zweithäufigste Erkrankung weltweit werden könnte. Etwa 20 % aller depressiven Erkrankungen geht in eine chronifizierte und bisher zumeist nicht befriedigend psychotherapeutisch und pharmakologisch behandelbare Verlaufsform über (Wittchen und von Zerssen, 1988).

Depressive Störungen bringen neben dem subjektiven Leid genauso große Krankheitsausfallzeiten und Einschränkungen in sozialen Rollen mit sich wie verbreitete internistische Erkrankungen (z. B. koronare Herzerkrankung, Angina pectoris, Hypertonus, Diabetes mellitus, Arthritis, Rücken-, Lungen- und gastrointestinale Probleme). Eine der häufigsten Komplikationen sind Suizidversuche und Suizide (mit 15% von stationär behandelten Patienten) (Hautzinger und Bronisch, 2000).

1.3 Verlauf und Prognose

Die Verläufe von depressiven Syndromen weisen eine große interindividuelle Variabilität auf. Typische Parameter, die neben dem Ersterkrankungsalter in den vorliegenden Verlaufsstudien ausgewertet wurden, sind: Phasenanzahl, Phasendauer, Phasenintensität, Dauer des beschwerdefreien Intervalls.

Etwa die Hälfte bis zwei Drittel der Patienten können so weit gebessert werden, daß sie wieder ihre gewohnte Leistungsfähigkeit besitzen und das alte Selbst hervortritt, oft einzelne Beschwerden dennoch weiterbestehen. Nach neueren Studien sind innerhalb von sechs Monaten nach Episodenbeginn 75% der Sympome wieder abgeklungen. Entscheidend für die Beurteilung der Heilungs- und Besserungschancen ist die Länge der Katamnese. Eine Phase ohne Rückfälle von zumindest 5 Jahren fand sich bei knapp 42% der unipolaren Patienten. Unipolare Depressionen können auch nur als einzelne Episode zu jeder Lebensphase auftreten, bipolare Patienten haben mehrere Episoden, ein frühes Ersterkrankungsalter und gegenüber den unipolaren Veräufen eine fast doppelt so hohe Phasenanzahl. Übereinstimmend wird für etwa 10 bis 20 Prozent der unipolaren und der bipolaren Erkrankungen eine Chronifizierung (Minimaldauer der Beschwerden von 2 Jahren) gefunden. Diese Rate scheint für ältere Personen höher zu sein und auch mit einsetzenden bzw. parallel bestehenden körperlichen Erkrankungen zu korrelieren.

Der Ausgang von etwa 15% zum Suizid wird konnte auch durch moderne Behandlungsformen nicht gesenkt werden.

Prognoseprädiktoren sind bisher ungenügend bekannt. Für folgende Faktoren wird das Risiko einer erneuten depressiven Episode erhöht:

jüngeres Lebensalter, weibliches Geschlecht, Vorliegen früherer Episoden und residuale Symptomatik.

Das Risiko Depressiver, folgende Erkrankungen zu erleiden erhöht: Arteriosklerotische Herzerkrankungen, vaskuläre Läsionen des Zentralnervensystems, Asthmabronchiale, Heuschnupfen (Allergien), Ulcus pepticum, Diabetes mellitus, Infektionserkrankungen. Eine Schwächung des Immunsystems wurde für Trauernde nachgewiesen und könnte die Assoziation depressiver und körperlicher/psychosomatischer Erkrankungen erklären (Hautzinger, 1998, 2000).

1.4   Komorbidität

Depressionen weisen eine hohe Rate   (75-90%) an Komorbidität auf. Gleichzeitiges Vorkommen von Depressionen mit Angststörungen (Phobien, Sozialen Ängsten, Panikstörung, Generalisierter Angststörung), Zwängen, Posttraumatischen Belastungsstörungen, Eßstörungen, Substanzmißbrauch, Substanzabhängigkeiten, Schlafstörungen, Sexuellen Störungen, Somatoformen Störungen, Psychophysiologischen Störungen, doch auch mit schizophrenen Störungen, hirnorganischen Störungen, zerebralem Abbau sowie verschiedenen Persönlichkeitsstörungen sind häufig. Die Frage, ob bei diesen komorbid vorkommenden Störungen die Depression primär oder erst in der Folge der anderen Erkrankungen auftritt, ist in der Regel kaum zuverlässig zu beantworten. Befragt man Probanden retrospektiv, welche der Störungen zuerst da war, dann erhält man in der Mehrzahl (zwischen 60% und 80%) die Antwort, daß die Depressionen den anderen Schwierigkeiten und Störungen nachfolgten (Hautzinger und Bronisch, 2000).

1.5 Therapeutische Versorgung

Versorgungssituation

Rein quantitativ, auch im Vergleich zu nicht-psychischen Erkrankungen, mit ähnlicher Häufigkeit sind relativ viele Ärzte und Psychotherapeuten an der Versorgung depressiv Erkrankter beteiligt. Trotzdem ist die Behandlungsquote dieser Patienten gering. Dies liegt an folgenden Gründen:

Zum einen hat das Verhalten des sozialen Umfeldes des depressiven Menschen einen großen Einfluss auf die Nicht-Inanspruchnahme adäquater professioneller Hilfe. Zum anderen hat das Arzt- bzw. Therapeutenverhalten einen großen Einfluss auf die niedrige Behandlungsquote Depressiver (Wittchen et. al., 1999):

Ein großer Anteil depressiv Erkrankter wird nicht erkannt. Nach Wittchen ist eine mögliche Interpretation dieses Umstandes eine verfrühte, voreilige und eine Depression ausschließende Diagnostik, wenn im Erstgespräch von Patienten affektive Kernsymptome wie Niedergeschlagenheit und/oder Deprimiertheit verneint werden. Auch bestimmte Verlaufsformen bzw. Intensitäten von depressiven Erkrankungen werden oft nicht von den behandelnden Ärzten erkannt. Depressive Menschen werden vorrangig von Allgemeinmedizinern behandelt, europaweit sind es 12,6 Prozent. Davon werden ca. nur 10 Prozent zum Nervenarzt überwiesen. Die ICD-10 Diagnose "Akute depressive Episode" wird von Allgemeinmedizinern nur zu 60,2 Prozent erkannt.

Aber auch das Patientenverhalten hat einen großen Einfluss auf die niedrigen Behandlungsquoten. Patienten, die aus Scham nicht oder nur unscharf ihre Symptome beschreiben, werden selten diagnostisch erkannt. 25 Prozent der Depressiven sucht überhaupt keinen Arzt auf.

Auch gesundheitspolitische Aspekte wirken sich auf die niedrige Behandlungsquote aus, wie Kassenregelungen, Abrechenbarkeit von Leistungen und neue gesetzliche Bestimmungen. Es ist zu befürchten, dass aus diesem Bereich in den nächsten Jahren keine grundlegenden Impulse für eine Verbesserung der gegenwärtigen Situation kommen.

Möglichkeiten der strukturellen und inhaltlichen Verbesserung der therapeutischen Versorgung

Zwei Strategien erscheinen erfolgversprechend. Zum einen müssen mehr Informationen über das Wesen und die therapeutischen Möglichkeiten bei der Erkrankung Depression in der Öffentlichkeit verbreitet werden.

Zum anderen ist die realistische Einschätzung und Darstellung des State of Art der Depression von professioneller Seite notwendig. Dies beinhaltet auch persönliche Weiter- und Fortbildungen in diesem Bereich (Dettling, 2000).

1.6 Behandlungsmöglichkeiten von Depressionen

1.6.1 Pharmakologische Behandlung

Hinsichtlich der Therapie einer Depression gab es in den letzten Jahrzehnten aus psychiatrischer Sicht v.a. im Bereich der psychopharmakologischen Behandlung wesentliche, wenn nicht fundamentale neue Erkenntnisse, die schon bisher zu einer Entwicklung wesentlich nebenwirkungsärmerer Antidepressiva geführt haben.

Aus einzelnen Effekten unterschiedlicher antidepressiv wirkender Arzneimittel wurden Hypothesen hinsichtlich der Ätiologie bzw. der Mechanismen der Depression generiert, die zwar heutzutage nicht mehr in ihrer damaligen Monokausalität vertreten werden, deren Kenntnis aber unabdingbar für das wissenschaftlicher Verständnis bzw. die Erforschung der Depression sind: die sog. Monoamin-Hypothese postulierte, daß die Depression eine Imbalanz und/oder eine Defizienz der biogenen Amine Noradrenalin und Serotonin darstellt.

Die in den sechziger und siebziger Jahren des letzten Jahrhunderts entwickelten Trizyklika und die in den letzten Jahren auf den Markt gekommenen immer selektiveren Serotonin- und/oder Noradrenalin-Wiederaufnahmehemmer sind die kurz-und mittelfristige Folge dieser Hypothese.

Basierend auf diesen Erkenntnissen wurden im Laufe der 90er Jahre in der Depressionsforschung andere Substrate bzw. Zielstrukturen identifiziert, die möglicherweise in den nächsten Jahren neue psychopharmakologische Ansätze ermöglichen werden. Aktuell kann man zwar noch nicht von durchweg überzeugenden Untersuchungsergebnissen sprechen, dennoch sind mehrere Zielstrukturen bereits identifiziert, die durchaus ein modifiziertes biologisches Verständnis der Entstehung einer Depression und daraus resultierend auch neue therapeutische Strategien bewirken könnten.

Der heutige Stand in der Praxis ist folgender:

Bei leichten bis mittelschweren unipolaren Depressionen ist eine Behandlung durch Psychopharmaka in der Regel nicht notwendig. Bei schweren Depressionen ist eine Behandlung mit einem antidepressiv wirkenden Medikament angezeigt. Eine Kombination mit Psychotherapie erweist sich - vor allem im Hinblick auf längerfristige Erfolge - als sehr erfolgreich.

Oft sind schwer depressive Patienten anfangs einer Psychotherapie kaum zugänglich. Eine medikamentöse Behandlung kann dann anfangs den Patienten entlasten und für psychotherapeutische Interventionen zugänglich machen. Als gesichert gelten darf die Wirksamkeit trizyklischer Antidepressiva, der MAO-Hemmer und durch (neuere) Selektive Serotonin-Wiederaufnahmehemmer (SSRI). Je nachdem, welche Symptome überwiegen, können unterschiedliche Antidepressiva verordnet werden. Sie sind in Tabelle 2 dargestellt (Hautzinger, 1998).

Ein wichtiges Auswahlkriterium stellt außerdem das Nebenwirkungsprofil dar. Die SSRI-Präparate (wie Fluctin) haben weniger unerwünschte Nebenwirkungen als klassische Antidepressiva, wodurch die Compliance der Patienten höher ist. Über die Nebenwirkungen (z.B. Mundtrockenheit) sollte der Patient aufgeklärt werden und auch die Bedenken besprochen werden.

Pflanzliche (natürliche) Johanniskrautpräparate werden bei leichten bis mittelschweren Depressionen verordnet (z. B. Jarsin). Auch sie wirken nachgewiesenermaßen antidepressiv auf neuronale Transmissionen.

Tabelle 2:
Zielsymptome und Arten häufig verordneter Antidepressiva

Im depressiven Zustandsbild überwiegen eher:		
Antriebsschwäche Hemmung Apathie	Traurige Verstimmtheit Bedrücktheit Niedergeschlagenheit	Angst ängstliche Unruhe Agitiertheit
Concordin® (Protriptylin) Maximed® (Protriptylin) Nortrilen® (Nortriptylin) Pertofran® (Desipramin)	Agedal® (Noxiptilin) Anafranil® (Clomipramin) Dixeran® (Melitracen) Fevarin® (Fluvoxamin) Floxyfral® (Fluvoxamin) Fluoxetin® (Fluctin) Gamonil® (Lofepramin) Istonil® (Dimetracin) Ludiomil®(Maprotilin) Nefazodon® (Nefadar) Noveril® (Dibenzepin) Paroxetin® (Seroxat) Tofranil®(Imipramin) Trausabun® (Melitracen) Vivalan® (Viloxazin)	Aponal® (Doxepin) Laroxyl® (Amitriptylin) Melleril® (Thioridazin) Saroten® (Amitriptylin) Sinequan®, Sinquan®(Docepin) Stangyl® (Trimipramin) Thombran® (Trazodon) Tolvin®, Tolvon® Mianserin) Trittico® (Trazodon) Tryptizol® (Amitriptylin)

Bei neueren Überlegungen spielt auch das Schilddrüsensystem eine wichtige übergeordnete Rolle, in einzelnen Untersuchungen wurde eine hochdosierte Augmentation mit Schilddrüsenhormon zusätzlich zu vorbestehender antidepressiver Medikation als effektiv bei refraktären Depressionen beschrieben. Derzeit laufen weitere klinische Studien zur Abschätzung des antidepressiven Benefits dieser Behandlung in Abhängigkeit von potentiellen Nebenwirkungen

Erste Erfahrungen gibt es mittlerweile auch hinsichtlich antidepressiver Effekte des Östrogens. In klinischen Studien erhielten neuroendokrin diagnostizierte perimenopausale Frauen mit Depressionen Östrogene in unterschiedlicher Darreichungsform (Pflaster, oral, sublingual). In der aktuellsten Untersuchung konnte die antidepressive Wirkung einer 12 wöchigen transdermalen Applikation von Östrogenen bei perimenopausalen Frauen mit Depression dargestellt werden.

1.6.2 Somatisch-physikalisch ausgerichtete Behandlungs-methoden: Lichttherapie und Wachtherapie (Schlafentzug)

Die *Lichttherapie* ist vor allem für saisonal auftretende Depressionen wie Winterdepression und prämenstrual auftretende dysthyme Störungen indiziert. Dabei setzt sich der Patient täglich über mehrere Tage bis zu einer Woche am besten am Vormittag für 30 bis 40 Minuten der Licht-quelle (10.000 Lux) aus. Für mehrere Sekunden soll er in die Lichtquelle sehen. Dadurch werden über den Sehnerv antidepressive Prozesse (u. a. Serotonin, Melatonin) angestoßen. Gegebenenfalls sollten die Behand-lungsphasen wiederholt werden.

Die *Wachtherapie* wird häufig in der Klinik angewandt. Der Schlafentzug kann partiell oder ganz erfolgen. Beim partiellen Schlafentzug werden die Patienten gegen 2 Uhr morgens geweckt und dann wach gehalten. Beim totalen Schlafentzug werden die Patienten angehalten, die ge-samte Nacht und den darauffolgenden Tag (36 bis 40 Stunden) wach zu bleiben. Die antidepressive Wirkung konnte belegt werden, sie liegt bei 60 Prozent für die Zeit unmittelbar nach Schlafentzug. Besonders bei Patienten mit Antidepressiva-Nonresponse zeigt sich die günstigste Wir-kung bei einer Kombination von Schlafentzug bei gleichzeitiger Gabe von Antidepressiva (Hautzinger, 1998).

1.6.3 Psychologische Therapieansätze

Im folgenden soll die Depressionstherapie unterschiedlicher Therapie-schulen kurz dargestellt werden. Das Feld der Psychotherapie bei De-pressionen hat sich in den letzten Jahren erheblich entwickelt: Traditio-nelle Therapieschulen modifizierten ihr Vorgehen und störungsspezifi-sche Therapieformen wurden entwickelt.

Psychoanalyse und psychodynamische Psychotherapie

Die zentrale Rolle von Verlust-, Vermeidungs- oder Enttäuschungserleb-nissen in der Kindheit von Depressiven wird als ätiologisches Moment besonders betont und gilt inzwischen empirisch gesichert. Zentrales Per-sönlichkeitsmerkmal ist eine ungenügende Verarbeitung des depressiven

Grundkonfliktes von Bindungswunsch und Autonomiestreben. Dieser Grundkonflikt kann repressiv (phobisch, gehemmt, anklammernd) oder (pseudo)progressiv (narzistisch, schizoid, zwanghaft-autonom) verarbeitet werden. Der neue Behandlungsansatz bezieht beide Verarbeitungsweisen ein: Bei der repressiven Verarbeitung wird auf Selbstaktualisierung, Ambivalenzerleben und Trennungsschuld fokussiert. Bei der autonomen Verarbeitung werden die hohen Selbstanforderungen und die vordergründige Ablehnung von Bindung und Abhängigkeit beachtet. Neben konfliktspezifischen Interventionen ist eine bestimmte Art von geduldiger und eingestimmter Kontaktaufnahme ("Attunement") wichtig, begleitet von einer Balance von Akzeptanz und vorsichtiger Konfrontation mit ungünstigen Interaktionsmustern. Einen hohen Stellenwert hat das wiederholte Durcharbeiten depressiogener Alltagserfahrungen. Spezifische Begegnungsmomente erfordern eine spontane Authentizität des Therapeuten, die zu einer wirksamen Veränderung der Beziehungsmuster führen kann (Schauenburg, 2000).

Interpersonale Psychotherapie (ITP)

Die ITP nach Klermann und Weissmann (Schramm, 2000) ist speziell für die Behandlung von Depressionen entwickelt worden und berücksichtigt in erster Linie den Kontext der Störung. Im Vordergrund steht die gezielte Auseinandersetzung mit der Depression und die Bewältigung damit verbundener zwischenmenschlicher Schwierigkeiten. Der theoretische Hintergrund beruht auf der Bindungstheorie Bowlbys und Ideen der Interpersonellen Schule nach Sullivan. Der Behandlungsschwerpunkt liegt im "Hier und Jetzt". Die ITP ist eine Kurzzeittherapie und in drei Phasen aufgeteilt. In der Anfangsphase geht es um die Auseinandersetzung mit der Störung. In der mittleren Phase wird an einem depressionsrelevanten Fokus gearbeitet. In der Beendigungsphase geht es um die gelungene Ablösung vom therapeutischen Kontext.

Die ITP hat sich in der empirischen Überprüfung als wirksam erwiesen. Das therapeutische Verfahren ist ursprünglich für die ambulante, leicht bis mittelschwer und unipolar depressive Patienten indiziert. Es gibt mittlerweile mehrere Modifikationen und Manuale des Verfahrens.

Die genannten Psychotherapien können sowohl ambulant als auch stationär durchgeführt werden. Sie soll im folgenden im Überblick dargestellt werden.

Stationäre Psychotherapie

Primär Depressive stellen seit Jahren ca. 20–25% aller Aufnahmen in psychiatrischen Fachkrankenhäusern. Dabei handelt es sich um eine schwerst depressiv kranke Patientengruppe: sog. chronisch bzw. therapieresistente Depressive ca. 20%; Depressive mit Suizidalität ca. 30–60% (ca. 20% Aufnahmen nach Suizidversuch, ca. 30% Patientenaufnahmen mit Suizidversuchen in der Vorgeschichte); wahnhaft Depressive (depressive Episode mit psychotischer Symptomatik) ca. 15%; alte depressiv Kranke ca.10–20%; Depressive mit körperlicher Erkrankung ca. 40% der Aufnahmen.

Synopsis: Stationäre Psychotherapie (aus Wolfersdorf et. al., 2000)

Therapieformen

Einzelpsychotherapie:	tiefenpsychologisch fundiert, verhaltenstherapeutisch, interpersonelle Psychotherapie, kognitive Verhaltenstherapie
Gruppenpsychotherapie:	(interaktionell-themenzentrierte Gesprächsgruppen; spezifische Gruppen: Selbstsicherheitstraining, Seniorengruppe, Genußgruppe)
Angehörigenarbeit:	(Angehörigengruppe, informative Einbeziehung), Paar- und Familiengespräche
Soziotherapie:	(Arbeits-, Wohn-, lebenssituativ-bezogen: Sozialtraining, Organisation von poststationärer Einbindung/Versorgung: Heim, SPDi, amb. Pflege, u. ä.)
Psychopharmaka:	Antidepressiva als Standard, seltener Hypnotika, Tranquilizer, Neuroleptika (z. B. bei Wahn)
Schlafentzug, Lichttherapie	
Kreativtherapien:	Beschäftigungs-, Mal-, Musiktherapie
Bewegungstherapie:	Sport und Gymnastik, Sauna, Jogging
Entspannungstraining	

Möglichkeiten der Gruppenarbeit

Entspannungsgruppe

Selbstsicherheitsgruppe

Gruppe zur Verbesserung sozialer Fertigkeiten

Körper- und bewegungstherapeutische Gruppe

Psychoedukative Gruppe für Patienten

Angehörigengruppe

Genußgruppe [Seinsqualitäten, Schminken u. ä.]

Seniorengruppe für ältere Depressive

Körperorientierte Verfahren

Tanz-, Rhythmus-, Musikgruppe

"Frischluft"-Gruppe [z. B. Morgenspaziergänge]

Kochgruppe [Frühstück, Abendessen]

Fahrradgruppe

Gruppe mit Klinikseelsorger

Maltherapiegruppe

u. a.

2 Psychologische Modelle zur Entstehung von Depressionen

2.1 Kritische Lebensereignisse und Krisen

Manche Lebensereignisse erweisen sich als so bedeutsam und folgenschwer, dass sie in der psychologischen Forschung als kritische Lebensereignisse bezeichnet werden (Filipp, 1995). Diese Episoden oder Entwicklungen sind zu einem beträchtlichen Teil mitverantwortlich dafür, dass Menschen sich in einer bestimmten Richtung verändern. Sie reichen von „persönlichen Katastrophen", wie dem Tod eines geliebten Menschen oder einer eigenen schweren Erkrankung, bis hin zu Ereignissen, die auf den ersten Blick unscheinbare Alltagsvorkommnisse darstellen, die aber, wie sich im Nachhinein herausstellt, doch eine sehr starke Wirkung ausgeübt haben.

Kritische Lebensereignisse weisen eine Reihe von Eigenarten auf:

- Sie bringen eine **Veränderung der Lebenssituation** mit sich. Wenn es auch prognostisch schwer ist, vorherzusagen, wie die Dinge sich entwickeln werden, so wissen wir doch im Anschluss an bestimmte Ereignisse: Egal, wie es weitergeht, es wird nicht mehr so, wie es war.

- Sie **stören ein Gleichgewicht**. Der Zustand vor ihrem Eintreffen war meist dadurch gekennzeichnet, dass wir uns auf irgendeine Weise mit der Welt arrangiert hatten. Auch wenn bei diesem Arrangement unsere Wünsche und Bedürfnisse nicht immer zufriedenstellend zum Tragen kamen, die Lage war meist zumindest erträglich. Nach kritischen Lebensereignisssen ist unsere Situation aber eine andere. Das vorherige Gleichgewicht ist gestört, und es wird etwas Neues entstehen.

- Wenn diese Ereignisse eine für uns schmerzhafte verlust- oder konfliktreiche Form annehmen, so ist diese Störung des Gleichgewichts deutlich erlebbar und manifestiert sich durch **starke Gefühle**. Stellen sich die negativen Umweltveränderungen als schwer beeinflussbar heraus oder werden Zielblockaden, trotz erster aktiver Bemühungen, als unüberwindbar angesehen, so kommt es zu einer Exarzerbation dieses inneren Aufruhrs und Gefühle der Trauer, der Enttäuschung oder der Niedergeschlagenheit treten in den Vordergrund. Die Intensität und die Dauer der Gefühle hängen ab von der Bedeutsamkeit des Verlustes oder der nun nicht mehr erreichbaren Ziele oder aber vom Schweregrad der neuen Belastungen.

- Auf diese Art in eine Aufruhr geraten, bei der **viele gewohnte Abläufe gestört** sind, müssen wir uns so schnell wie möglich an die neue Lage anpassen. Eine Umorganisation ist dann unentbehrlich und es herrscht Handlungsbedarf. Gelingt die Anpassung einigermaßen schnell und ist sie weitgehend erfolgreich, so wird man nicht davon ausgehen müssen, dass jemand in eine ernsthafte Krise geraten ist.

Von einer Lebenskrise sprechen wir dann, wenn jemand bestimmte Ereignisse über einen längeren Zeitraum nicht sinnvoll bearbeiten und bewältigen kann. Der Verlust des seelischen Gleichgewichtes, der kurzfristig auf jedes wichtige Lebensereignis folgt, überschreitet hier ein kritisches Ausmaß an Dauer und Intensität. Der Betroffene „sitzt erst einmal fest" und reagiert mit starken Gefühlsaufwallungen (Hoffmann, 2000).

Eine solche Lebenskrise ist noch keine seelische Erkrankung, doch sie trägt die Gefahr einer ernsthaften Krankheitsentwicklung in sich. Wir nennen sie im folgenden eine „natürliche depressive Reaktion".

2.2 „Natürliche depressive Reaktionen"

Wie wir gesehen haben, hat eine Lebenskrise im vorher definierten Sinne durchaus Ähnlichkeit mit der Symptomatik einer klinischen Depression, ohne dass sie mit dieser allerdings bezüglich Stärke, Dauer und

Ausbreitung auf den ganzen psychischen Apparat gleichzusetzen wäre. Wir müssen feststellen, dass diese Reaktion sich im Laufe der Entwicklung erhalten hat und nicht ausgesondert wurde. Es erhält sich in der Regel nur, was eine Funktion hat und eine Bedeutung für das Überleben des Individuums und der Menschheit. Aber viele Manifestationen dieser Reaktion erscheinen der menschlichen Natur zu widersprechen. Entsprechend dem Lustprinzip sollten Menschen versuchen, ihren Schmerz zu reduzieren und ihre Lust zu erhalten. Aber im Rahmen einer solchen Reaktion kann es durchaus vorkommen, dass sie sich von früher favorisierten Aktivitäten abwenden, und ihr Gefühl ihnen gegenüber geradezu in Abneigung umschlägt. Sogar ihr Instinkt nach Selbstversorgung (Hunger, Schlafbedürfnis, usw.) scheint zeitweilig zu leiden. Anstelle eines Explorationsbedürfnisses, um neue Möglichkeiten der Befriedigung zu entdecken, machen sich Interesseverlust und Rückzug breit.

Sehen wir uns ein Beispiel an:

Frau Meyer, 33 Jahre, berichtet: „Ich habe die Kündigung wegen meiner „schlechten Arbeitsleistungen" vor vier Tagen von meinem Arbeitgeber erhalten. Ich bekomme kein Arbeitslosengeld, weil ich freie Mitarbeiterin war. Deshalb muß ich mich so schnell wie möglich um eine Arbeit kümmern, um mich und mein Kind durchzubringen. Ich kann auch meine jetzige große Wohnung nicht halten, ich muß eine kleinere Wohnung besorgen. Meine Tochter kann auch nicht mehr am Klavierunterricht teilnehmen, es ist einfach zu teuer, aber sie versteht es nicht." Gerade in einer solchen desolaten Lebenslage wäre es lebensnotwendig, durch Bemühungen der Arbeits- und Wohnungssuche eine Verbesserung der Situation anzustreben. Stattdessen findet das Gegenteil statt. Sie beklagt: „Nun sitze ich in der Wohnung herum, mache gar nichts mehr, stehe ganz spät auf, um dann nur ziellos etwas anzufangen und es nicht zu beenden. Nach zwei Minuten Abwaschen fühle ich mich wie gerädert, völlig fertig. Ich setze mich dann hin, vor den unaufgeräumten Küchentisch mit den vielen Briefen, die ich noch zu erledigen habe. Aber selbst einfache Schreiben kann ich nicht beantworten. Ich habe schon Angst zum Briefkasten zu gehen und festzustellen, dass wieder etwas von mir verlangt wird. Das war früher Nebensache, das habe ich mit links gemacht. Jetzt ist alles ein Problem geworden, an die Suche nach Arbeit und Wohnung mag ich gar nicht denken."

Anstatt Energien zu mobilisieren, sich neu zu orientieren und aktiv nach dem Fehlenden zu suchen, setzt sich ein gegenteiliger Zustand, eine grundlegende Passivität gegenüber allen Anforderungen des Lebens durch. Selbst einfachste gewohnte Handlungen, wie Aufräumen und Briefe schreiben, gelingen zeitweise nicht mehr. Das äußere Chaos wird immer größer, die desolate Situation immer schlimmer, die Person selbst aber erscheint immer unfähiger und erschöpfter zu sein, gerade jetzt, wo Neugierverhalten und Explorationsverhalten einsetzen müßten, um Bewältigungsmöglichkeiten zu finden. Aber das Interesse ist wie gelähmt. Können wir trotzdem für diese natürliche, d.h. erst einmal nicht krankhafte „depressive Reaktion" eine adaptive Funktion feststellen?

2.3 Die adaptive Funktion der „natürlichen depressiven Reaktion"

Folgende Mechanismen können die adaptive Funktion dieser Reaktion erklären:

- **Das Prinzip der Energiekonservierung**
  Beck (1987) sieht einen Mechanismus am Werk, der zum Hauptziel hat, Energie zu konservieren durch Verlangsamung des gesamten psychobiologischen Apparates. Er schreibt: „Der Verlust des Appetits und der sexuellen Interessen bringt davon ab, sich allzu sehr um Nahrungssuche zu kümmern und sich dem sexuellen Konkurrenzkampf zu stellen. Wenn die üblichen Aktivitäten keine Befriedigung mehr bieten, so wird dadurch Passivität gefördert, eine andere Maßnahme gegen weitere Energieverschwendung. Der Interesseverlust an weiteren Aktivitäten, wie Partnerverhalten, eine übermäßige Beschäftigung mit Kindern und anderen nicht lebensnotwendigen Angelegenheiten, kann als eine weitere Auswirkung eines breit angelegten Prinzips der Energiekonservierung angesehen werden" (1987, Seite 29).
  Auf die Art gelingt es dem Lebewesen, genügend Energie zu bewahren, um, wenn auch auf niedrigem Niveau, überlebensfähig zu bleiben. In dieser Ruhestellung und mit der Zeit erholt sich der Organismus und die Dysphorie klingt ab, der Mensch kann sich der Umwelt wieder stellen, einiges verändern und sich an anderes anpassen.

Dieser Mechanismus kann, wie Beck meint, unter primitiven Lebensbedingungen eine große Überlebensbedeutung haben, wenn es dabei nicht zu Fehlentwicklungen kommt. Diese grundlegende Annahme, dass depressionsähnliche Reaktionen eine Reaktion auf das zeitweilige Kräfteverhältnis bei einem Menschen sind und vornehmlich im Dienst einer Kräfteersparnis steht, wurde ursprünglich von Pierre Janet aufgestellt (1923). Mit ihren therapeutischen Implikationen werden wir uns noch beschäftigen.

- **Die Strategie der freiwilligen Unterordnung**
Eine ergänzende Hypothese über die adaptive Funktion nätürlicher depressiver Reaktionen stammt von Sloman et al. (1994). Sie sprechen eine Funktion an, die sich direkt auf die Komponente des Sozialverhaltens bezieht und meinen, dass eine zeitweise Hemmung der Selbstbehauptung das Kernstück all dieser Zustände bildet. Auf den ersten Blick selbstzerstörerisch anmutende Gefühle, wie die des geringen Selbstvertrauens, der Minderwertigkeit, der Angst vor anderen, sowie Scham und Schuld, sind paradoxerweise bedeutsam für die Selbsterhaltung und den Selbstschutz im Umgang mit Aggressionen, wenn es darum geht, Kämpfe auszutragen. Die Bedrohung durch die aggressive Gebärde hemmt bei dem, der befürchtet zu unterliegen, all diejenigen Verhaltensweisen, die der Dominante als Herausforderung auffassen könnte. Auf die Art wird eine größere Sicherheit für beide Protagonisten gewährleistet. Im Laufe der Evolution kam es auf die Art zur Ausbildung eines „inneren Hemmungssystems", das, wenn es aktiviert wird, die positiven Erwartungen und Ansprüche reduziert, expansives, auf Selbstbehauptung gerichtetes Verhalten dämpft, vor allem aber die Energie und das Selbstvertrauen sinken läßt. Zeitweise Unterwerfung und die Akzeptanz dieses Zustandes nach Niederlagen beenden soziale Auseinandersetzungen, Konflikte und damit Stress im weitesten Sinne. Dadurch wird das Individuum geschont. Es positioniert sich neu in der sozialen Rangfolge, erholt sich und kommt wieder ins innere Gleichgewicht.

Insgesamt hat also eine natürliche depressive Reaktion zur Folge, dass

- die Energie konserviert wird;
- der Mensch sich sozial neu einordnet, in dem er alte unerreichbare Strebungen und Ansprüche aufgibt;
- die Voraussetzungen dafür geschaffen werden, damit Zufriedenheit, innere Ruhe und Erholung sich wieder einstellen und damit das Individuum wieder Zugang zu gegenwärtigen wichtigen Bedürfnissen erhält;
- innere Funktionen, wie Konzentration, Merkfähigkeit und Denken sich regenerieren und neuen Aufgaben wieder voll zu Verfügung stehen.

Eine abgemilderte mäßige depressionsähnliche Reaktion, die als Signal für eine Weiterentwicklung wahrgenommen und akzeptiert wird, hat somit eine wichtige Funktion für die Anpassung an die Umwelt und dient der Regulierung der eigenen Standards und Sollvorstellungen. Gleichzeitig schafft sie die Voraussetzungen für eine positive Einwirkung auf die Lebensbedingungen, in dem sie die Kräfte dafür bewahrt und sich regenerieren läßt.

Aber wann und wodurch kippt eine solche angepasste Form der depressiven Reaktion in eine langandauernde und intensive Depression als Entgleisung, als Krankheit, um?

Diese Frage versuchen die psychologischen Depressionsmodelle zu beantworten.

2.4 Psychologische Modelle zur Entstehung von Depressionen

Ausgangspunkt aller Modelle ist die durch viele Untersuchungen (siehe z. B. Filipp, 1995) belegte Auffassung, dass lebensverändernde Ereignisse eine wichtige Rolle bei der Entstehung von Depressionen spielen, wenn auch nur als ein bedeutsamer Faktor. So wurde z. B. gefunden, dass vor allem im Monat vor Krankheitsausbruch eine bei Depressiven im Vergleich zu einer Kontrollgruppe um das dreifache erhöhte Rate lebensverändernder belastender Ereignisse und Alltagsereignisse nachzuweisen war. Es wird allgemein angenommen, dass Lebensereignisse als „auslösende Faktoren" eine depressive Episode in Gang setzen. Dies setzt jedoch eine Anfälligkeit oder Vulnerabilität für Depressionen voraus, die wir auch unter dem Begriff der „prädisponierenden Bedingungen" fassen. Als depressiogene Vulnerabilitätsfaktoren wurden nachgewiesen: weibliches Geschlecht, Mangel an einer intimen, emotional positiven und unterstützenden Sozialbeziehung, Ressourcen- und Fertigkeitendefizite, Verlust der Mutter durch Tod in der eigenen Kindheit, keine Berufstätigkeit, und geringes Selbstwertgefühl und einige andere, auf die wir im Rahmen psychologischer Modelle eingehen werden. Es fällt auf der anderen Seite auf, dass bei ca. einem Viertel der depressiven Patienten keine auslösenden Lebensereignisse in diesem Sinne nachweisbar sind. Dies erfordert die zusätzliche Annahme einer „Empfänglichkeit", worin sich die latente (vielleicht biologisch determinierte) Bereitschaft einer Person ausdrückt, aufgrund eines minimalen Anstoßes bzw. interner Veränderungen eine Depression zu entwickeln (Hautzinger, 1999).

Das allgemeine Muster scheint folgendes zu sein: In einer vertrauten Situation reagieren Menschen meist ausreichend angepasst und eingespielt auf die jeweiligen Anforderungen. Habitualisierte Verhaltensweisen und bewährte Problemlösestrategien überwiegen. Durch Störung dieses Gleichgewichts kann es, wie wir gesehen haben, erst einmal zu einer Krise, einhergehend mit einer „natürlichen depressiven Reaktion" kommen. Danach erfolgt eine Erholung und eine Anpassung an die neu entstandene Situation, allerdings nur dann, wenn das Individuum innerlich dazu in der Lage ist, die neu geforderte Sichtweise akzeptiert und die nötige Energie zur Verfügung hat. Die einzelnen psychologischen Modelle versuchen nun, jedes auf seine Art zu beschreiben, unter welchen äußeren wie inneren Bedingungen eine solche Bewältigung der Krise und somit eine Rückkehr zum Normalzustand nicht möglich sind. Die wichtigsten sind:

2.4.1 Das Verhaltenstheoretische Modell von P. Lewinsohn

Für Lewinsohn (1974) kommt es dann zu einer krankhaften Entwicklung, d. h. zu einer klinischen Depression, wenn die Gesamtmenge der verhaltenskontingenten positiven Verstärker über einen längeren Zeitraum unter einem kritischen Niveau bleibt. Folgende Annahmen versuchen diese Sichtweise zu präzisieren:

Eine geringe Rate an verhaltenskontingenten positiven Verstärkern wirkt auslösend für eine Reihe von depressiven Verhaltensweisen, wie dysphorische Empfindungen, Klagen über somatische Symptome, Niedergeschlagenheit etc.

Eine geringe Rate an verhaltenskontingenten positiven Verstärkern ist auch eine hinreichende Erklärung für andere Teile des depressiven Syndroms wie eine geringe Verhaltensrate. Bezüglich dieses Aspekts kann man den Depressiven als jemanden ansehen, der sich unter lang anhaltenden Löschungsbedingungen befindet.

Die Gesamtmenge der positiven Verstärker, die ein Individuum zu einem bestimmten Zeitpunkt erlangt, ist eine Funktion von drei Variablenkomplexen:

a) Von der Anzahl von Ereignissen und Aktivitäten, die potentiell verstärkend sind; diese Gesamtmenge der potentiellen Verstärker ist eine Variable, innerhalb der es individuelle Differenzen gibt, die auf die Lerngeschichte, aber auch auf die körperliche Ausstattung wie auf Alter, Geschlecht etc. zurückgeführt werden können.

b) Von der Menge der verfügbaren Verstärker, also von der Anzahl der verstärkenden Ereignisse, die zu einem bestimmten Zeitpunkt unter bestimmten Umweltbedingungen erreicht werden.

c) Vom instrumentellen Verhalten des Individuums, d. h. von seiner Fertigkeit, sich so zu verhalten, dass in der jeweiligen Umgebung auf das Verhalten die Verstärker folgen.

d) Das auf die oben beschriebene Art zustande gekommene depressive Verhalten wird kurzfristig durch kontingente positive Verstärkung aus der sozialen Umgebung (etwa in Form von Sympathie, Hilfeangebote etc.) aufrechterhalten (Hoffmann, 1976).

Das Lewinsohnsche Modell postuliert also, dass ein Mensch durch veränderte Lebensbedingungen unter einem „chronischen Verstärkerdefizit" leidet. Dabei ist die Verstärkermenge, die er erreicht, eine Funktion von vier Variablen, die die zentralen Elemente des Lewinsohnschen Modells darstellen:

– Potentielle Verstärker

– Verfügbarkeit der Verstärker in der Umwelt

– Aktivitätsniveau

– soziale Fertigkeiten.

Dabei können alle vier Variablen miteinander in Interaktion treten. Es kann z. B. sein, dass bei einem ausreichendem Verstärkerangebot in der Umwelt sowie bei ausreichender Zahl potentieller Verstärker und bei einem auch genügend hohen Aktivitätsniveau dennoch die sozialen Fertigkeiten fehlen, um eine ausreichende Verstärkerrate zu erlangen. Andererseits kann es aber auch bei vorhandenen sozialen Fertigkeiten zu einem Verstärkermangel kommen, wenn das Verstärkerangebot in der aktuellen Umwelt reduziert ist. Auch eine hohe Aktivität und eine ausreichend dichte Verstärkermenge in der Umwelt können dann zu einem unangenehmen Verhältnis führen, wenn die potentielle Verstärkerzahl gering ist. In der Verhaltensanalyse, die teilweise nach dem Lewinsohnschen Modell vorgenommen wird, wird also jeweils zu klären sein, wie die ungünstigen Verhältnisse im einzelnen zustande gekommen sind, um daraus die relevanten Therapieziele abzuleiten.

2.4.2 Costellos These des Verlustes der Verstärkerwirksamkeit

Eine wichtige Ergänzung der Rolle der positiven Verstärker bei Depressionen verdanken wir Costello (1976). Auch bei ihm bildet die Verstärkermenge, d. h. die Menge an Befriedigung, die jemand erhält, die kritische Größe. Doch nach seiner Auffassung kann sie zusätzlich dadurch reduziert werden, dass durchaus erreichbare Verstärker durch die Umstände ihre Wirksamkeit verlieren.

Er vertritt, kurz und vergröbernd dargestellt, dazu folgende These. Seiner Auffassung nach besteht eine Interdependenz zwischen den Verhaltensweisen eines Menschen, so dass der Anreiz, eine Aktivität auszuführen, von der Möglichkeit abhängig ist, andere Aktivitäten auszuführen, die damit in einem strukturellen Zusammenhang stehen. Dieser sinnvolle Zusammenhang zwischen den einzelnen Verhaltensweisen macht erst das aus, was er die Struktur des menschlichen Verhaltens und damit des Lebens nennt.

In der depressiven Reaktion sieht Costello eine zeitweilige Unterbrechung des normalen alltäglichen Verhaltens als Ergebnis eines Strukturverlustes, der durch äußere Einwirkung hervorgerufen wurde. Das Verhalten, das im prädepressiven Zustand den Lebensbedingungen durchaus angemessen war, wurde der veränderten Situation nicht mehr gerecht; die wichtigste Folge davon ist ein Attraktivitätsverlust derjenigen Aktivitäten, die bislang in einem strukturellen Zusammenhang mit jenen standen, die durch die Veränderung unmöglich gemacht wurden. Dieser Umstand läßt sich auch so ausdrücken, dass diese Aktivitäten ihren verstärkenden Charakter verloren haben.

Der Verlust des Befriedigungscharakters von Aktivitäten, die vor dem depressionsauslösenden Ereignis durchaus attraktiv waren und durch diese, zumindest oberflächlich gesehen, nicht tangiert wurden, stellt eines der eindrucksvollsten Phänomene in der Depression dar.

So mag jemand, der aufgrund des plötzlichen Verlustes seines Arbeitsplatzes depressiv reagiert, jeden Spaß an Tätigkeiten (wie Blumen pflegen) verloren haben, die vor seiner Depression angenehm und verstärkend waren.

Dieser Umstand erscheint nur dann paradox, wenn man den kognitiven Kontext außer acht läßt, in den diese Aktivitäten vor und nach dem Verlust des Arbeitsplatzes eingebettet sind (Hoffmann, 1979).

Davor bezieht die Tätigkeit des Blumenpflegens einen beträchtlichen Teil ihres Verstärkerwertes daraus, dass sie eine Art Belohnung für die Absolvierung des Arbeitstages darstellt; sie repräsentiert darüber hinaus eine bewußte Konzentrierung auf einen Bereich, den der Betroffene in besonderem Maße selbst steuern und gestalten kann und der in der Bedeutung als „freie Zeit" von den Verpflichtungen der Arbeit einen großen Teil seiner Attraktivität erst gewinnt.

Nach dem Verlust des Arbeitsplatzes ist der psychologische Kontext derselben Tätigkeit völlig verschieden. Als „Arbeitsloser" sich mit seinen Blumen zu beschäftigen, wird zu einer „Ersatzarbeit", zu einer trivialen Tätigkeit, die der Betroffene noch ausführen darf, während andere im gesellschaftlichen Leben aktiv und produktiv sind und daher gebraucht werden. Die Tätigkeit kann dem Individuum seinen sozialen Abstieg immer wieder vor Augen führen und, in diesem Falle, nicht nur jeden Verstärkerwert verlieren, sondern die zumindest partielle Sinnlosigkeit seines jetzigen Lebens geradezu repräsentieren.

Durch eine solche strukturelle Betrachtungsweise ist eine Warnung dagegen, z. B. in der Therapie isolierte, spezifische Verstärker zu „verschreiben", ohne die Bedeutung zu berücksichtigen, die geschlossene, interne konzeptuelle Systeme für das Individuum besitzen. So lange dies, am Erleben des Patienten vorbei, nicht ausreichend berücksichtigt wird, wird die Effizienz angestrebter therapeutischer Veränderungen nicht allzu groß sein, oder manchmal kommen sogar ausgesprochen antiproduktive Effekte zustande. Therapeutische Veränderungen müssen immer jenseits aller atomistischen Vorstellungen auf die tiefverwurzelten Postulate der Person abzielen, die meist frühzeitig durch emotional bedeutsame Erfahrungen gebildet wurden (Hofmann und Hoffmann, 2000). Darüber erfahren wir mehr bei den nächsten Modellen.

2.4.3 Kognitionspsychologische Depressionsmodelle

Beck sieht als kritische Bedingung, die die Erholung nach der Einwirkung gravierender Lebensereignisse verzögern oder verhindern kann, eine kognitive Störung. Damit liegt sie letzten Endes an der Basis der Entstehung einer Depression. Bei Beck ist diese kognitive Störung eingebettet in den größeren Rahmen eines Persönlichkeitsmodells, in dessen Mittelpunkt der Begriff „Schema" steht.

Unter Schema versteht Beck eine Struktur zur selektiven Wahrnehmung, Codierung und Bewertung von Stimuli, die auf den Organismus einwirken. Es dient der Gliederung und Organisation der Umwelt in psychologisch relevante Einheiten. Schemata sind also überdauernde Strukturen, die im Laufe der Sozialisation einer Person entstehen, indem sie bestimmte Generalisierungen und Konzepte aus persönlichen Erfahrungen, aus Urteilen anderer und aus Identifikation mit wichtigen Personen der Umwelt zieht.

Wie sich dabei depressive Schemata entwickeln können, können wir an einem Beispiel aufzeigen: Ein Kind, das aufgrund von Erlebnissen das Selbstbild erwirbt, es sei unfähig, wird sich auch in späteren Situationen nach diesem Konzept beurteilen. Sobald das Konzept in die kognitive Struktur eingegangen ist, wird es bleibender Bestandteil der Persönlichkeit, wird zum Schema. Das Individuum ist damit prädisponiert zur Depression, obgleich die depressiven Schemata nicht immer aktiv sein müssen, sondern auch zeitweise „ruhen" können. Bestimmte Veränderungen der Umwelt fungieren als Auslösebedingungen und können deshalb depressive Schemata energetisieren und aktivieren. Im wesentlichen handelt es sich dabei um Stressmomente, die durch kritische Lebensereignisse gesetzt werden.

Die Hauptwirkung solcher aktivierten Schemata liegt in einer Beeinflussung wichtiger, dem Denken zugrundeliegender Prozesse. Es sind vor allem solche, die Aufnahme, Verarbeitung und Verwertung von Informationen betreffen. Diese tragen dann beträchtlich dazu bei, eine Depression auszulösen und aufrechtzuerhalten. Es sind dies:

1. **Willkürliche Schlussfolgerungen** liegen dann vor, wenn bestimmte Schlüsse gezogen werden, obwohl es keine Beweise gibt, die diese Schlüsse rechtfertigen, bzw. obwohl Beweise gegen die Folgerungen sprechen.

2. **Selektive Verallgemeinerung** besteht in der Konzentration auf ein aus dem Zusammenhang gerissenes Detail, wobei bedeutsamere Situationsmerkmale ignoriert werden und die ganze Erfahrung auf der Basis dieses Fragments in ein Konzept gebracht wird.

3. **Übergeneralisation** bezeichnet ein Verarbeitungsmuster, bei dem eine allgemeine Regel oder Schlussfolgerung auf der Basis einer oder mehrerer isoliert betrachteter Vorfälle entsteht und das Kon-

zept unterschiedslos auf ähnliche oder unähnliche Situationen angewendet wird.

4. **Maximierung und Minimierung** zeigen sich in Fehlern, bei denen die Bedeutung oder Größe eines Ereignisses so ungenau eingeschätzt werden, dass eine Verzerrung entsteht.

5. **Personalisierung** bezeichnet die Neigung des Patienten, äußere Ereignisse auf sich zu beziehen, auch wenn es keine Grundlage dafür gibt, einen solchen Zusammenhang herzustellen.

6. **Verabsolutiertes, dichotomes Denken** zeigt sich in der Neigung, alle Erfahrungen in eine von zwei sich gegenseitig ausschließenden Kategorien einzuordnen; z.B. makellos oder mangelhaft, sauber oder schmutzig, heilig oder sündhaft. Wenn er sich selbst beschreibt, wählt der Patient extrem negative Klassifizierungen (Beck, 1999).

Martin Seligmans Theorie der „gelernten Hilflosigkeit" (1975) beruht auf ähnlichem Überlegungen. Er geht aus von kognitiven Einstellungen und Erwartungen, die unter Bedingungen der Nichtkontrolle gelernt und auf andere Problembereiche, wo durchaus eine Kontrolle möglich wäre, generalisiert werden.

Ein von Hilflosigkeit geprägtes Verhalten zeichnet sich durch folgend Merkmale aus: Es ist rigide und wenig variabel, es ist eher passiv als experimentierend-aktiv. Umlernprozesse erweisen sich als gehemmt, selbst bei erfolgreichen Reaktionen kommt es zu geringen Lernfortschritten. Die Hilflosigkeitseinstellung bleibt hartnäckig bestehen, auch wenn es durchaus Erfahrungen gibt, die für die Möglichkeit einer aktiven Bewältigung sprechen. Diese Persistenz der Erwartung führt zu einer falschen und unadäquaten Wahrnehmung der eigenen Person und ihrer Möglichkeiten in der jeweiligen Lebenssituation.

Die gelernte Hilflosigkeit zeigt sich auch in einer falschen und einseitigen Attribution von Ereignissen. Misserfolge werden vor allem internalen, stabilen und globalen abwertenden Ursachen zugeschrieben, wie z.B. „Ich bin eben unfähig". Stattdessen wäre es wesentlich günstiger, dass Selbst zu schützen durch die zumindest teilweise

Attribution auf äußere Umstände: „Das war Zufall, ich habe Pech gehabt". Aber im Gegensatz dazu werden Erfolgserlebnisse meistens externalen, variablen Ursachen zugeschrieben. Sie werden abgetan mit „Da habe ich eben Glück gehabt", anstatt „Ich bin gut und tüchtig". Solche Attributionsmuster fördern das Selbstwert- und das Selbstwirksamkeitsgefühl nicht, sondern sie untergraben sie eher.

Nach diesem ergänzten Modell ist Depression das Resultat der objektiven Erfahrung der Nicht-Kontrolle über subjektiv bedeutungsvolle Ereignisse. Diese Erfahrungen werden durch die Kausalattribuierung internaler, stabiler und globaler Faktoren kognitiv verarbeitet. Das führt zu einer Misserfolgserwartung hinsichtlich zukünftiger Ereignisse und trägt damit zusätzlich zur Verschlechterung und Verfestigung des depressiven Befindens bei.

So finden sich sowohl bei Beck als auch bei Seligman verschiedene Themen wieder. Der Verlust der Fähigkeit rasch umzulernen, perseverative Einstellungen, die Lernprozesse erschweren und vor allem ein Denken, das eine ins negativ übergeneralisierte Wahrnehmung und Interpretation der Realität mit sich bringt. An der Stelle setzen dann auch wichtige therapeutische Operationen ein, die unter dem Namen „Kognitive Therapie" bei Depressionen zum unverzichtbarem Instrumentarium gehören.

2.4.4   Theorie der „Degenerierten Intentionen"

Ausgehend von der langen Dauer depressiver Affekte meinen Kuhl und Helle (1994) in der Motivation Zustände zu finden, die in der Regel sehr dauerhaft sind und deshalb für den persistierenden Charakter depressiver Zustände verantwortlich gemacht werden können. Als Modell schlagen sie die „Hypothese der degenerierten Intentionen" vor. Es lassen sich in der Tat eine ganze Reihe von informationsverarbeitenden Mechanismen identifizieren, die die relativ große zeitliche Dauer von Wünschen und Bedürfnissen gewährleisten und die Beibehaltung aktuell aktiver Absichten fördern. Die zentrale Hypothese Kuhls & Helles lautet demnach: Der psychologische Mechanismus, der allen Typen von Depressionen gemeinsam ist, hat mit einem oder mehreren perseverierenden motivationalen Zuständen zu tun, v. a. mit Absichten, den Elementen, die durch einen hohen Grad an Selbstverpflichtung gekennzeichnet sind. Das bedeutet, dass entfernte Bedingungen wie Trennung, Verlust und Kontrollverlust nur dann zu einer Depression führen, wenn sie mit einem perseverierenden Zustand auf der Ebene der Absichten einhergehen. Normalerweise werden unerreichbare Ziele ziemlich schnell aufgegeben, wenn eine Anzahl von Versuchen, sie zu erreichen, gescheitert sind. Kuhl & Helle (1994, S. 285-286, eigene Übersetzung) schreiben:

„Nur dann, wenn das Individuum unfähig ist, Absichten zu eliminieren oder ihre Realisierung zurückzustellen, würden wir die vorausgehenden Bedingungen vorfinden, die zu einer depressiven Störung führen. So gesehen können wir den unmittelbaren Mechanismus der Depressionsentstehung beschreiben als eine exzessive Aktivität des System, das das Perseverieren von Absichten fördert."

Als zentrale Bedingung, die zur Überreaktion dieses System führt, wird eine Disposition zur Lageorientierung angenommen. Dabei wird Lageorientierung definiert als eine sich wiederholende und dysfunktionale Fixierung auf immer wieder dieselben Aspekte der Gegenwart, der Vergangenheit oder der Zukunft. Das Gegenstück davon sind handlungsorientierte Menschen. Das sind diejenigen, die sich als flexibel zeigen, wenn es darum geht, ihre Aufmerksamkeit auf das zu richten, was sich in einer bestimmten Situation als der angemessenste Handlungsplan erweisen könnte.

Demnach würde die Lageorientierung auch dazu führen, dass man auf Ziele fixiert bleibt, auch wenn sie sich als unerreichbar erwiesen haben. Etwa deshalb, weil die Selbstverpflichtung ihnen gegenüber zu stark oder zu unflexibel ist, wie es z. B. bei einer starren, rigiden Persönlichkeitsstruktur im Sinne des „Typus melancholicus" von Tellenbach (1976) der Fall ist.

2.4.5 Pierre Janets Auffassung über Depression

Janet (1923) hat keine konsistente Theorie der Depression hinterlassen, aber seine Ansichten zu dem Thema erweisen sich von einer großen psychologischen Tiefe und von erstaunlicher Modernität. Er schreibt: „Das Problem der seelischen Ausgaben, der Kosten unserer Handlungen, wird einmal eines der Hauptthemen der Psychologie und der Psychiatrie sein (in: Hoffmann 1998, Seite 171). Der Gedanke, dass

Handlungen und seelische Operationen nach ihrer Komplexität und den Bedingungen, unter denen sie erfolgen, mehr oder weniger aufwändig, d.h. kräftekonsumierend sind, ist eine Auffassung, die heute in vielen modernen Theorien wieder auftaucht.

Welche Bedeutung hat diese Auffassung nun für die Entstehung von Depressionen? Gelingen Unternehmen im Sinne unserer Ziele und unserer Interessen nicht, so erleben wir einen Misserfolg. Auch „Schicksalsschläge" wie Verluste oder das Auftreten neuer gravierender Belastungen konfrontieren uns mit einer neuen Lage, an die wir uns anpassen müssen durch eine neue Regulation unseres Verhaltens. Janet meint dazu: Wir können in einem solchen Fall grundsätzlich zwischen drei Handlungsarten wählen: Wir können das erste Verhalten, das nicht zum Ziel geführt hat, ganz einfach wiederholen; wir können es wiederholen, indem wir seine Stärke, seine Dauer oder seine Struktur variieren, oder wir können, wenn die Bedingungen keinen Erfolg versprechen, unsere Bemühungen aufgeben. Das allerdings setzt voraus, dass wir auf die Befriedigung verzichten, die sie uns verschaffen sollten. Der zuletzt genannte Entschluss ist von großer Wichtigkeit. Es handelt sich dabei um einen Verzicht, der mit dem Gefühl seiner Notwendigkeit einhergeht, mit der Einsicht, dass sich etwas als unmöglich erwiesen hat. Einer der merkwürdigsten Beobachtungen, führt er weiter aus, die ich über die Charaktere depressiver Menschen gemacht habe, ist, dass sie sich als weitgehend unfähig erweisen, die Unmöglichkeit einer Sache einzusehen, und im Anschluss daran zu verzichten. Denselben Personen fällt es auch sehr schwer, die zweite Haltung einzunehmen, die darin bestehen würde, ihr Verhalten zu modifizieren. Dazu wären Flexibilität und Initiative die Voraussetzungen und dabei haben sie Schwierigkeiten. Sie greifen fast immer auf die erste Option zurück. Sie ist die älteste, die einfachste, die, die am wenigsten seelische Spannkraft voraussetzt. Und so wiederholen sie einfach ihr Verhalten und agieren genau so wie zuvor.

Solche Menschen „sitzen fest". An einer Stelle geht nichts mehr weiter, aber sie rennen unentwegt dagegen an. Es entstehen so ein oder mehrere Herde von „chronischem Kräfteverschleiß" und die Bilanz, d. h. das Verhältnis zwischen „Kräfteeinnahmen" (positiven Verstärkern) und Ausgaben wird immer ungünstiger. Es setzt nun eine Art „Bremsung" ein, die eine immer gravierendere Form annehmen kann. So kommt es zu einer drastischen Antriebsverminderung, alle Aktivitäten erscheinen in zunehmendem Maße schwierig und werden auf ein Minimum reduziert. Das Gefühl der Niedergeschlagenheit breitet sich aus und verlangsamt alle seelischen Vorgänge. Die Aktivitätsreduktion greift auch auf die tiefen vitalen Schichten über: Körperliche Funktionen verlangsamen sich und werden quasi auf ein Minimum reduziert, das gerade noch das Überleben gewährleistet. Eine Art „vitaler Traurigkeit" breitet sich aus. Es treten Gedanken hinzu, die eine Entwertung von vielem bedeutet, was dem Betroffenen lieb und teuer war oder von dem, was ihm Genugtuung oder Freude bereitete. Bei der tieferen Form der Depression, der Melancholie, treten katastrophisierende und herabsetzende Gedanken hinzu. Auf die Art verliert das Denken immer mehr an Differenziertheit und wird immer pauschaler in Richtung einer extrem negativen Sichtweise verzerrt. Die Hauptrichtung der Aufmerksamkeit wendet sich allmählich von der Welt ab und die ganzheitliche Beziehung zu ihr ist tief gestört. Die Aufmerksamkeit richtet sich nun vorwiegend auf das Selbst, sein Versagen und auf seine vermeintliche tiefgreifende Minderwertigkeit. In dieser Apathie kann das Individuum gerade noch überleben. Zwischendurch kommt es wieder zu ungeordneten Versuchen, doch noch aktiv zu werden, die aber so ungerichtet und unkoordiniert bleiben, dass sie meist zu bloßer Unruhe und kurzfristigem, hektischem Agieren führen. Auf diese Art entsteht ein verhängnisvoller Teufelskreis: gravierende Umweltereignisse verändern die Bilanz der Kräfte zum Negativen hin und führen damit erst einmal zu einer leichten depressiven Reaktion, wie wir sie schon beschrieben haben. Doch statt an einigen Stellen Verzicht zu leisten und sich so an die neue Lage anzupassen, wollen einige Menschen mit den alten Mitteln ihre alten Vorstellungen doch noch realisieren, rennen gegen unüberwindliche Hindernisse an und verschleißen noch mehr ihre Kräfte. Dadurch kommt es dann schließlich zu den Prozessen, die für die schwere klinische Form der Depression typisch sind. Hinzu kommt meist noch eine stark generalisierte Angst vor dem Handeln als solche, das jede weitere Umwertung und Anpassung noch hinauszögert.

Welche therapeutischen Maßnahmen sich aus diesen Modellen über die Entstehung von Depression ergeben, wollen wir nun im Hauptteil ausführlich behandeln.

Doch zuerst fassen wir die Bedingungen, die in den einzelnen Modellen diskutiert werden, noch einmal überblickartig zusammen (Abbildung 1).

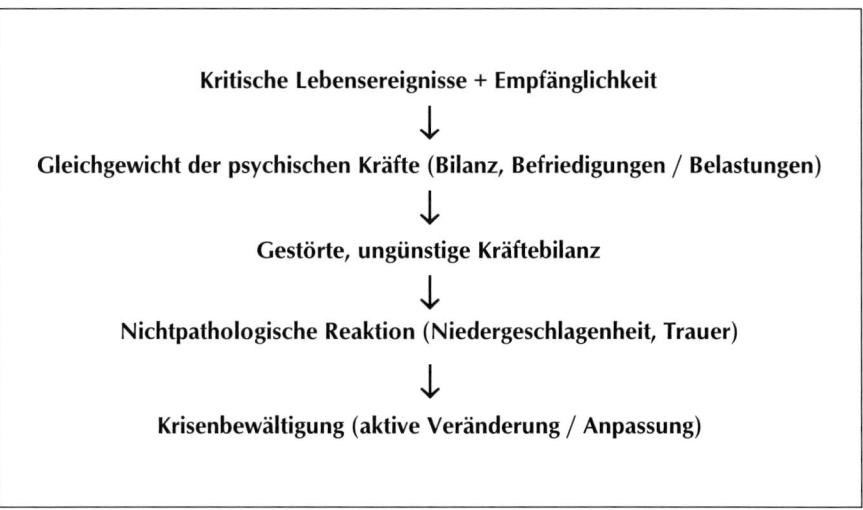

Kritische Lebensereignisse + Empfänglichkeit

↓

Gleichgewicht der psychischen Kräfte (Bilanz, Befriedigungen / Belastungen)

↓

Gestörte, ungünstige Kräftebilanz

↓

Nichtpathologische Reaktion (Niedergeschlagenheit, Trauer)

↓

Krisenbewältigung (aktive Veränderung / Anpassung)

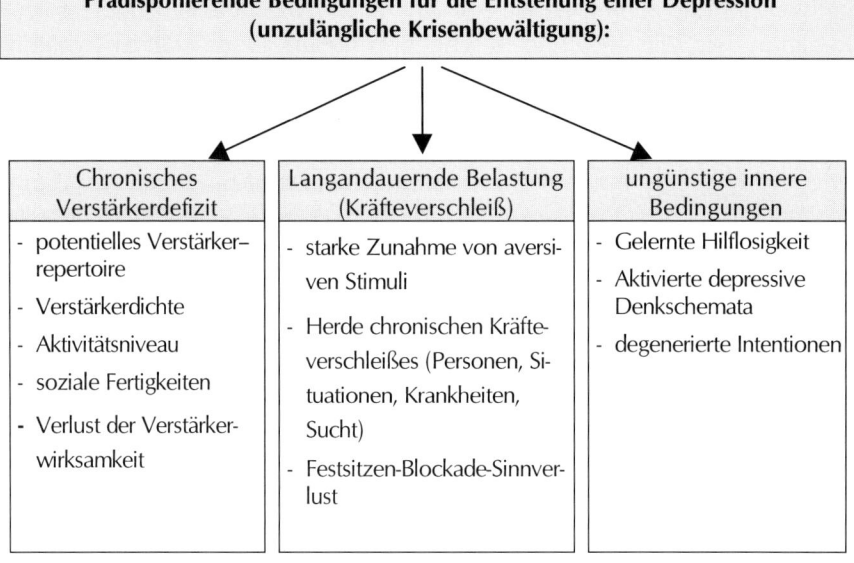

Prädisponierende Bedingungen für die Entstehung einer Depression (unzulängliche Krisenbewältigung):

Chronisches Verstärkerdefizit	Langandauernde Belastung (Kräfteverschleiß)	ungünstige innere Bedingungen
- potentielles Verstärker–repertoire - Verstärkerdichte - Aktivitätsniveau - soziale Fertigkeiten - Verlust der Verstärker-wirksamkeit	- starke Zunahme von aversiven Stimuli - Herde chronischen Kräfteverschleißes (Personen, Situationen, Krankheiten, Sucht) - Festsitzen-Blockade-Sinnverlust	- Gelernte Hilflosigkeit - Aktivierte depressive Denkschemata - degenerierte Intentionen

Abbildung 1

3 Verhaltenstherapie bei Depressionen

Wir beginnen mit einer kurzen phänomenologischen Betrachtung des Befindens depressiver Menschen, die notwendig ist, damit wir die innere Welt unserer Patienten besser verstehen können.

3.1. Die innere Lage depressiver Menschen

Beispiel

Ein 42-jähriger Patient, Herr B., berichtet: Innerhalb weniger Tage war sie voll da, die Depression. Es war entsetzlich. Als wenn sich ein schwerer Mantel über einen legt. Plötzlich war alles so schwer. Ein Riesengewicht auf der Brust und man läuft wie mit Bleibeinen durch die Gegend. Alles ist zu viel, zu anstrengend. Ich zwinge mich dazu, etwas zu essen, kriege aber kaum etwas runter. Alles ist so fremd. Man fühlt sich selbst als Fremdkörper, passt nirgendwo mehr hin. Ich fühle mich beobachtet, will mich am liebsten hinter dem Schrank verkriechen und verstecken. Es ist so lästig, Fragen zu beantworten. Selbst die harmlosesten führen zu einem großen Schrecken, weil man ja jetzt reagieren muß. Die Frage „Was ist los?" fürchte ich besonders. Was soll ich denn darauf antworten? Ich gehe dem allem aus dem Wege. Ich habe keine Lust zu reden, es ist so sinnlos, diese ganze Quatscherei. Man soll sich rasieren. Aber wofür soll ich mich rasieren. Es fällt so entsetzlich schwer, bloß die Hand zu heben und dann ist es so sinnlos...

Der ganze Zustand ist so schwer zu beschreiben. Ich empfinde Schuld und Trauer, weiß aber nicht wofür, weswegen. Ich denke an das Buch „Schuld und Sühne" von Dostojewski, kann aber auch nicht sagen, wieso genau. Alles ist so vage, so unscharf, auch der Schmerz. Wenn ich versuche, in der Gegenwart zu bleiben, geht das nicht. Die Gedanken schweifen immer weiter ab, entweder in die Vergangenheit oder in die Zukunft. Und wenn ich an die Zukunft denke, erscheint alles schlecht, alles sinnlos und eine Qual ohne Ende. Ein Gedanke jagt den nächsten: Es fängt mit dem Gedanken an die Rechnung an, die ich letzte Woche vergaß, zu bezahlen. Dann kommt mir plötzlich der Gedanke hoch: „Du kannst nicht einmal mehr das", und „du wirst immer weniger auf die Reihe kriegen, bis zum bitteren Ende". Dann tauchen Gedanken und geradezu Vorstellungen auf von sozialer Not und Verarmung. Wenn ich versuche, gegenzusteuern und mir zu sagen: "So weit kann es doch nicht kommen, ich bin doch verbeamtet, ich bin vollkommen abgesichert", so wirkt es nicht und alles fängt von vorne an. Alles ist nur noch schwarz. Es sind nicht einmal geordnete Gedankenketten, es sind Fetzen, die hochkommen. Die machen Angst. Plötzlich fallen mir vollkommen vergessene Details ein aus der Kindheit, wie Teppichmuster und dergleichen. Das erschreckt mich. Doch die Details sind beziehungslos. Ich kann sie nicht in mein aktuelles Leben einzuordnen, ihnen einen Sinn geben. Ich versuche, an etwas Positives zu denken. Aber es geht nicht. Ich versuche z. B. den Urlaub zu planen, aber gleich kommt der Gedanke: „Was soll das noch, in den Urlaub fahren", und alles ist wieder schwarz. Ich versuche es noch einmal und gebe dann vor Erschöpfung auf. In der Gegenwart können meine Gedanken nichts organisieren und in die Reihe bringen. Dann sage ich mir: „Ich bin faul, schaffe nichts, erledige nichts und bin trotzdem kaputt". Das macht mich nicht einmal betroffen, ich empfinde einfach nichts. Selbst wenn ich mir immer wieder bewußt sage: „Es wird schon wieder", hat das gar keinen positiven Einfluss. Die Gedanken laufen immer wieder in die Zukunft oder Vergangenheit, münden aber an keinem festen Punkt und reißen abrupt ab. In den schlaflosen Nächten habe ich mir mehr als einmal einen Herzinfarkt gewünscht. Einmal hielt ich es nicht mehr aus und wollte mir die Pulsadern aufschneiden. Als ich schon eine Schüssel mit warmem Wasser bereitgestellt hatte, kam mein Pudel ins Badezimmer. Er wollte Gassi gehen. So bin ich mit ihm rausgegangen. Zu Hause wieder angekommen, schüttete ich das erkaltete Wasser weg.

Kommentar

Folgende Aspekte des Erlebens des Patienten erscheinen uns wert, hervorgehoben zu werden:

- **Das allgemeine Erleben**
  Das grundlegendste und schmerzhafteste Erlebnis ist das der psychischen und körperlichen Kraftlosigkeit, der Schwere und Apathie. Der Mensch erlebt sein Verhalten und sich selbst als fremd und abgeschnitten von einer Welt, die überfordernd und bedrohlich erscheint. Sie hat keine oder kaum noch bedürfnisbefriedigende und so das

Handeln und das Selbst positiv unterstützende Momente. Der Anziehungscharakter der Welt ist abhanden gekommen.

- **Leiden am sinnlosen Tun**
Die Kranken erleben ihr Handeln, als sei es gegen die eigenen Bedürfnisse und gegen den eigenen Willen gerichtet. Das ist tatsächlich so, denn alles ist überlagert von einem tiefgreifenden Bedürfnis nach Ruhe, Schonung, Isolierung und Stillstand.
Von einem wirklichen Handeln in einer schweren Depression kann eigentlich kaum gesprochen werden. Ein normales Handeln wird immer von einem sinnhaften Ziel geleitet. Aber wenn eine auf Bedürfnisbefriedigung gerichtete Anziehung wegfällt, so gibt es keinen Sinn für das Tun. Alles wird als sinnlos, lästig, anstrengend oder bedrohlich erlebt ("man soll sich rasieren, wofür..."). Die Handlungen zerfallen in viele Bewegungsabläufe: „Es ist so entsetzlich, bloß die Hand zu heben". Vor der Depression wurden die Bewegungen automatisch und ohne Mühe ausgeführt. Sie waren organisiert und geführt von einem übergreifenden Sinn. Das führte dazu, dass sie ohne große Bewußtheit flüssig und leicht auszuführen waren. Der Plan "sich rasieren", läßt den nicht depressiven Menschen automatisch nacheinander zum Bad gehen, die Schranktür aufmachen, den Rasierer nehmen, ihn einschalten, zum Kinn führen usw. In der Depression wird jede Kleinigkeit, jede Bewegung zum bewußt zu bewältigenden und damit anstrengenden Problem. "Ich muß jetzt zum Bad gehen. Ich muß die Schranktür aufmachen, ich muß die Hand heben und um den Rasierer legen usw.". Dieser als fremd und krankhaft erlebte Verfall der eigenen, früher so vertrauten Handlungen läßt Angst entstehen, bis zu einer riesigen Scham vor sich selbst und einem tiefgreifenden Minderwertigkeitsgefühl.

- **Folgen des "sinnlosen" Tuns: Erschöpfung und falsches Zeiterleben**
Ersichtlich wird an dieser Stelle, dass - wie der Patient plastisch beschreibt - er sich zu jeder einzelnen Bewegung einen erneuten kräftezehrenden Impuls geben muß. Vorher reichte ein einziger Impuls (ich will mich rasieren) aus, um die gesamte Handlung samt ihren Unterteilen automatisch in einem Fluß und ohne größere bewußte Anstrengung zu vollziehen. Durch übermäßige Bewußtheit und Impulssetzung zu jeder einzelnen Bewegung verliert der Kranke sehr

viel Energie, die ihm selbst bei Gewohnheitshandlungen (Zähne putzen, Waschen, Anziehen) zusehends erschöpft werden läßt.

Zum anderen verändert sich sein Zeiterleben. Durch diese hohe Bewußtheit, bezogen auf die vielen Einzelbewegungen, hat er das Gefühl, sehr langsam voran zu kommen. Das wirft er sich dann auch vor, aber beim Blick auf die Uhr entspricht es nicht der Wahrheit. In der tiefsten Erschöpfung erlebt der Patient Leere. Dann vergeht die Zeit für ihn außerordentlich schnell, "sie ist einfach weg".

Damit ist das Erleben des Patienten in der Welt gestört und zu der Welt gestört. Halt, Geborgenheit und Sicherheit sind abhanden gekommen, aber auch der Bezug zur Zeit. Des weiteren erlebt der Patient seine inneren Prozesse und Funktionen als insuffizient. Die Wahrnehmung eines solchen höchst unverständlichen Zustandes ist selbst natürlich quälend und verstärkt alle die genannten Symptome. Die Registrierung des eigenen Verfalls bildet den Nährboden für Selbstvorwürfe und Selbstabwertungen, die aber wiederum sehr kräftezehrend, erschöpfungs- und depressionsfördernd sind.

- **Leiden unter den Gefühlen**

  Die Gefühlsregungen erscheinen dem depressiv Erkrankten nicht einzuordnen, "alles ist so vage, so unscharf, auch der Schmerz". Die Patienten spüren große, oft existentielle Angst, Unruhe, Trauer, Niedergeschlagenheit, Schmerz, Scham, Schuld und tiefste Verzweiflung. Die Gefühle werden als sehr körpernah erlebt. Sie sind intensiv, aber ungerichtet: Sie dienen nicht als Signale für ein geordnetes und auf ein bestimmtes Ziel gerichtetes Handeln. Die Ursachen und die Auslöser sind oft unklar, "plötzlich kommt die vibrierende Unruhe und die tiefe, schwere Angst über mich".

- **Die Unfähigkeit zu denken**

  Die genannten Gefühle führen zu fluktuierenden Assoziationen, zu intrusiv sich aufdrängenden Gedankenfetzen, die weder festzuhalten noch einzuordnen sind und dann immer wieder neue negative Erwartungen, besonders bezogen auf Katastrophen und eigenes Versagen, produzieren. Dem Patienten fällt es schwer mit seinen Gedanken in der Gegenwart, im hier und jetzt zu bleiben. Die Gedanken kreisen zum einen um die negative Vergangenheit, zum anderen um zukünftige Katastrophen und zum Dritten um die Minderwertigkeit der eigenen Person: „Du kannst nicht einmal mehr das". Längst vergessene traumatische Erinnerungen aus der Kindheit und Jugend tauchen plötzlich mit längst vergessenen Detailbildern auf. Von der Vergangenheit werden ähnliche Erlebnisse, also solche, die von Versagen, Mißerfolgen und Verlusten bestimmt sind, in die Zukunft projiziert. Dadurch entstehen schreckliche Prophezeiungen. Eine Kontrolle solcher Gedankenkarusselle ist nicht möglich, der Patient fühlt sich umso hilfloser und insuffizienter.

- **Leiden unter fehlgeschlagenen Bewältigungsversuchen**
  Früher erfolgreiche Bewältigungsversuche schlagen oft fehl aufgrund der Intensität der negativen Gefühle. Es ist nicht mehr möglich, die depressiven Gedanken zu relativieren und auf den Boden der Tatsachen zu stellen. Der Versuch, einzelne Gedanken zu erfassen, festzuhalten und daraus eine logische Gedankenkette aufzubauen, mißlingt. Spontan entstandene perserverative Gedankenketten, d.h. Grübeleien, die sich nur um Negatives drehen, können nicht abgestellt werden. Das erschöpft den Patienten noch mehr. In der tiefsten Erschöpfung tritt dann eine innere Leere ein, die jegliche Betroffenheit für einige Zeit unterdrückt. Dem folgen dann Selbstvorwürfe über die eigene Faulheit und das eigene Versagen, und der ganze Prozess wird wieder angefeuert.

Insgesamt gelingt es nicht, einen sinnhaften Realitätsbezug herzustellen, der eine angemessene Basis für Handeln darstellen würde. Auch Gedanken wie: "was möchte ich, was könnte ich für mich tun?" bleiben nicht stabil genug, um ein sinnvolles Handeln einzuleiten. In den schlaflosen Nächten haben die Patienten gar nichts zu tun und fühlen sich ganz auf sich selbst geworfen. Hier ist die Verzweiflung über sich selbst am größten, verbunden mit einer grausamen, körperumfassenden Unruhe. In unserem Beispiel sieht der Patient in der Nacht keine Möglichkeit des Bewältigens seiner schrecklichen Gefühle. Subjektiv gibt es für ihn nur die Möglichkeit, sich selbst zum Verschwinden zu bringen, zu sterben. Durch eine von außen erzwungene sinngebende Beziehung zur Realität (die das plötzliche Auftauchen des Gassi-gehen-wollenden Pudels schuf), entsteht gezwungenermaßen eine innere Sinnverbindung: "ich muß jetzt mit dem Pudel rausgehen" und die Verzweiflung über die eigene Existenz wird kurzzeitig abgemindert.

3.2 Die Phase der Stützung und Stabilisierung

Diese erste Therapiephase knüpft unmittelbar an dem Zustand der Patienten an und intendiert v.a. eine unmittelbare Beeinflussung der depressiven Symptomatik. Zum zweiten sollen mögliche besonders bedrohliche Belastungen abgefangen werden. Die Notwendigkeit dieser Phase ergibt sich unmittelbar aus der Lage der Patienten und auch aus dem Bestreben, die Voraussetzungen für längerfristigere Veränderungen zu schaffen.

Wir unterscheiden dabei noch einmal zwischen der Eingangsphase, dem Abschnitt, der vor allem diagnostischen Zwecken dient und dem Abschnitt, der die ersten geplanten therapeutischen Maßnahmen mit kurzfristiger Zielsetzung beinhaltet.

Mit der Eingangsphase sind die allerersten Kontakte zwischen Patient und Therapeut gemeint. Beide lernen sich kennen und der Therapeut gewinnt einen ersten Eindruck über den Patienten und seine Erkrankung. Dem Patienten wird ein erster stabiler Rahmen geboten und er erlebt, daß ein für ihn potentiell hilfreicher Prozeß in Gang gekommen ist. Diese Phase ist meist prägend für ein positives zwischenmenschliches Klima, birgt aber auf der anderen Seite auch die Gefahr von Fehlern und Fehlentwicklungen.

3.2.1 Die Eingangsphase

Was erwarten Therapeuten von neuen Patienten?

Heine und Drosmann (1960) fassen die Ergebnisse einer Anzahl von Studien über Erwartungen, die Therapeuten neuen Patienten gegenüber haben, wie folgt zusammen:

- Sie, die Patienten, zeigen ihm von vornherein, dass sie ihn als kompetenten Gesprächspartner für ihre Probleme anerkennen und akzeptieren.

- Sie sollen von Beginn an eine intensive persönliche Beziehung zum Therapeuten suchen und eingehen.

- In dieser Beziehung sollen sie sich so gut aufgehoben fühlen, dass sie von Anfang an bereit sind, offen und frei über ihre Person und über ihre Probleme zu sprechen.

- Eine Linderung ihrer Schwierigkeiten erwarten sie vor allem von einer guten, längerfristigen und prozessorientierten Zusammenarbeit mit dem Therapeuten und weniger von schnellen Hilfen, wie Ratschläge, Medikamente, Eingriffe in ihre Lebenssituation usw.

- Sie fühlen sich von Anfang an mitverantwortlich für das, was in der Therapie geschieht, und für die Ergebnisse, die daraus resultieren.

- Schließlich zeigen sie dem Therapeuten auf vielfältige Art und Weise Anerkennung und Dankbarkeit für die Hilfen, die sie erhalten.

Weiter wird aus den meisten Studien ersichtlich, dass Therapeuten relativ unabhängig von ihrem theoretischen Ansatz, sehr wenig darauf eingestellt sind, von vornherein eine aktive, strukturierende Rolle zu spielen, auch dann nicht, wenn ihnen eine starke Verunsicherung und eine vorwiegend passive Haltung bei dem Patienten schnell deutlich werden.

Nun werden auch Psychotherapeuten allmählich vom Leben erzogen, und es ist zu vermuten, dass sie mit zunehmender Berufserfahrung lernen, Abweichungen von ihrem Idealpatientenbild zu tolerieren und mit ihrem Verhalten aufzufangen. Aber dennoch ist die Diskrepanz zwischen diesen Erwartungen und dem Zustandsbild, das depressive Patienten zu Beginn einer Therapie bieten, so groß, dass sich daraus eine Reihe von besonderen Problemen ergeben. Fangen wir damit an, wie Depressive in der Regel anderen Menschen, auch ihren Therapeuten, begegnen.

3.2.1.1 Das Interaktionsverhalten Depressiver

Im Folgenden soll aufgezeigt werden, was die typischen Kennzeichen der Auseinandersetzung Depressiver mit ihrer Umwelt sind, bzw. wodurch sich die „depressive Interaktion" von anderen Formen menschlicher Begegnung unterscheidet. Dann wollen wir die Konsequenzen für die Therapeuten und ihr Verhalten diskutieren.

Linden (1976) hat aufgezeigt, dass die depressive Interaktion durch drei Grundverhaltensmuster der Patienten gekennzeichnet ist, nämlich das Appellationsverhalten, das Hostilitätsverhalten und das Deprivationsverhalten.

- **Appellationsverhalten**
  Hierzu zählen Klagen über psychisches und somatisches Befinden, Äußerungen negativer Zukunftserwartungen, Betonung der eigenen Unfähigkeit und Minderwertigkeit sowie suizidale Äußerungen. Appellationsverhalten schließt alle Verhaltensweisen mit ein, durch die der Depressive der Umwelt signalisiert, dass er selbst schwach und hilflos ist, dass er bestimmte Lebenssituationen nicht meistern kann und dass die Umwelt ihm unbedingt dabei Hilfestellung leisten muß.

- **Hostilitätsverhalten**
  Hierzu zählen vor allem fordernd anklagendes Verhalten, Reizbarkeit, Ungnädigkeit, Ablehnung von Kooperation, zum Teil auch querulatorisches und agitiertes Verhalten. Natürlich gehören auch offene verbale und motorische Akte der Feindseligkeit dazu.

- **Deprivationsverhalten**
  Hierzu zählen apathisches Verhalten, verlangsamte Reaktionen, inkonsistente Reaktionen, Initiativlosigkeit und Ausdruck von Interesse- und Lustlosigkeit. Es ist damit ein Teil der typischsten depressiven Symptomatik beschrieben. Kennzeichnend dafür ist, dass der Depressive Reaktionen nicht zeigt, die üblicherweise zur Verstärkung normalen Interaktionsverhaltens führen. Normalerweise erwartet man, dass, wenn man etwas sagt, der andere in einer deutlich wahrnehmbaren Form darauf reagiert. Bei Depressiven ist das keineswegs immer der Fall. Das bedeutet dann für den Interaktionspartner einen Verstärkerverlust, und sein Verhalten befindet sich unter Löschungsbedingungen. Von großer Bedeutung ist, dass im Rahmen eines Deprivationssyndroms typischerweise dem Gesprächspartner weitest-

gehend jedwede Zeichen für Anerkennung für seine (hier therapeutischen) Bemühungen für den anderen vorenthalten werden.

Diese charakteristischen Verhaltensmuster können als der Versuch angesehen werden, ein gewisses Maß an Kontrolle über die Beziehung zu gewinnen. Aber sie haben auch eine für alle Beteiligten negative Auswirkung: Der gesamte Umgang mit depressiven Menschen verändert im Laufe der Zeit seine Qualität. Am Anfang wird zwar das Appellationsverhalten vom Gesprächspartner bevorzugt wahrgenommen und ruft kurzfristig und prompt eine deutliche, von dem Bedürfnis zu helfen geprägte Reaktion hervor. Darauf wird aber vom Patienten in der Regel zu spät oder zu wenig positiv reagiert, in dem Sinn, dass er die Hilfsbemühungen anerkennen, Vorschläge aufgreifen würde usw. Parallel zu der Deprivation treten auch immer häufiger mehr oder weniger verdeckte Hostilitätsmanifestationen in den Vordergrund und prägen die therapeutische Atmosphäre. Auf die Art wird die gesamte Interaktion mit der Zeit als unattraktiv, ja geradezu als aversiv erlebt (Hautzinger und Hoffmann, 1980). Der Depressive erweist sich dabei als Musterbeispiel eines Menschen mit „hohem chronischem Ermüdungswert" (Hoffmann 2000): Für die vielen Mühen und für die Kraft, die im Umgang mit ihm investiert werden, erfolgt relativ wenig „Gegenleistung". Das kann dann ganz leicht umschlagen, und der Aktionspartner des Depressiven schlägt ganz andere Töne an.

Ein kurzes, fast tragikomisches Gespräch eines Paares dazu (Hautzinger und Hoffmann, 1980):

Sie: Wie stellste dir die Zukunft vor?
Er: Und du?
Sie: Ich hab' dich gefragt.
Er: Ach siehste ... (Pause) ... ich werd' immer vorgeschoben.
Sie: (freundlich, etwas lachend) Du mußt doch wissen, wie du dir die Zukunft vorstellst. Ich weiß es ja!
  (längere Pause)
Sie: (bittend, etwas flehen, unterwürfig)
  Sag mir doch mal bitte, mach doch mal Vorschläge.
Er: Weiß ich doch nicht.
Sie: (etwas vorwurfsvoll)
  Weiß ich doch nicht - Murkel, kannste doch nicht sagen: weiß ich doch nicht! Du mußt dir doch irgend'n Gedanken machen.

	(längere Pause)
Sie:	(vorsichtig fragend)
	Weißte denn damit was anzufangen?
Er:	Naja, ... ich bin ja doof!
Sie:	(bestimmt und rasch)
	Nein! Du bist nicht doof!
Er:	Doch
Sie:	Quatsch!
Er:	Mm
Sie:	Ach, nun red' doch nicht schon wieder so.
	(entmutigt, ungeduldig)
	Ich frag dich, wie du dir die Zukunft vorstellst, mach doch mal Vorschläge.
Er:	Eine Atombombe und alles ist weg!
Sie:	(lacht, ungläubig)
	So stellst du dir die Zukunft vor.
Er:	Mm!
Sie:	Du bist ja ein Dummkopf!

Für unsere Belange ist es notwendig, über diese allgemeinen Feststellungen hinaus, die Auswirkungen depressiven Verhaltens auf die Therapeuten und die Folgen für den Therapieverlauf differenzierter zu analysieren.

3.2.1.2 Auswirkungen depressiven Verhaltens

Berücksichtigt man die Erwartungen, die Therapeuten in der Regel an ihre Patienten haben, und vergleicht man das darin zum Ausdruck kommende gewünschte Patientenverhalten mit dem depressiver Menschen, so wird unmittelbar deutlich, dass dessen Rückwirkungen auf Therapeuten auf vielen Ebenen beträchtlich sein werden. Als erstes können wir eine deutliche Veränderung der Gefühlslage und der Befindlichkeit feststellen, je nachdem mit welchem Aspekt des depressiven Interaktionssyndroms sie jeweils konfrontiert werden. Als zweites wird dadurch ihr Verhalten in der Therapie in einer charakteristischen Weise geprägt.

Im einzelnen lassen sich die in Tabelle 3 aufgeführten Auswirkungen feststellen.

Charakteristisch für die Situation des Therapeuten ist ein hin und her schwanken zwischen diesen Reaktionen, je nachdem welcher Aspekt des Patientenverhaltens gerade im Moment am stärksten auf sie einwirkt. Dadurch kann es zum Verlust von Verhaltenskontinuität und einer einheitlichen, konsistenten inneren Haltung dem Patienten gegenüber kommen. Daraus resultieren oft schon in der Eingangsphase gravierende Fehleinschätzungen und Fehler, die sich dann weiter fortsetzen können.

Tabelle 3:
Auswirkungen auf Befindlichkeit und therapeutisches Verhalten

Auswirkungen auf ...

	die Befindlichkeit	das therapeutische Verhalten
Appellation	Mitgefühl Sorge Verantwortung Überfürsorglichkeit Überengagement oder Druck Gefühl, vereinnahmt zu werden Überforderung Hilflosigkeit	Aktionismus vorzeitige Veränderungsversuche Verhalten wirkt getrieben und mangelhaft reflektiert oder vorzeitiges, resigniertes Aufgeben
Hostilität	innere Unruhe Ärger Gereiztheit beleidigt sein Enttäuschung kalte Aggression latente bis offene Feindseligkeit	Verlust der Empathie „Zurückschießen" Flucht in stereotype, vorgefertigte Maßnahmen Konfrontation und Maßregelung als Folge persönlichen Beleidigtseins zunehmende Vermeidungstendenzen
Deprivation	Unlust Ermüdung Motivationsverlust Indifferenz innere Ablehnung	fordern bis zur Überforderung provozieren und antreiben oder zunehmende Abwendung

3.2.1.3 Fehleinschätzungen und Fehler in der Eingangsphase

1   Der erste Fehler, den Therapeuten im Umgang mit Patienten umso häufiger begehen, je unerfahrener sie sind, ist gleichzeitig der gravierendste: Es wird zu früh und zu schnell zu viel „Therapie" oder „Verhaltenstherapie" versucht. Die Haltung, die bei den Therapeuten dahinter steht, ist erst einmal ganz ehrbar und ist eine direkte Reaktion auf appellatives Depressionsverhalten. Der leidende und hilflose Eindruck, den die Patienten meist von Anfang an immer wieder erwecken, ruft Mitgefühl, Besorgnis und Verantwortungsbewußtsein hervor und damit das Bestreben, auf der Stelle therapeutisch zu intervenieren, um den Zustand des Patienten zumindest einigermaßen zu entschärfen. Ein solcher Anspruch kann zu höchst problematischen Interventionen führen. Sehen wir uns zwei Beispiele an:

Ein Patient berichtet im Erstgespräch, dass er aufgrund von Veränderungen am Arbeitsplatz völlig überfordert sei und sich nicht mehr dazu in der Lage fühle, sich die nötigen neuen Kenntnisse anzueignen. Statt dies erst einmal als Ausdruck der inneren Not und der vom Patienten subjektiv empfundenen Aussichtslosigkeit aufzunehmen, versucht es der Therapeut sofort mit „kognitiver Therapie". Er läßt den Patienten, nachdem dieser gerade mal 15 Minuten in der für ihn völlig neuen Situation ist, eine „empirische Überprüfung" durchführen: Aufgrund welcher realen Vorkommnisse läßt sich der Beweis erbringen, er sei objektiv völlig überfordert, was hat er in seinem Leben alles schon gelernt, und wieso kann er dann schließen, dass er diesmal lernunfähig sei, usw., usw.

Eine Patientin klagt weinend in einer der ersten Sitzungen über allabendliche Telefongespräche mit der Mutter, bei denen sie sich gedemütigt fühle, weil diese an allem herummäkele und sie mit Ratschlägen überschütte. Sie stehe, wie seit eh und je, dieser Art der Mutter völlig hilflos gegenüber. Der Therapeut verliert keine Zeit und will auf Anhieb dieses seit Jahren anhaltende Drama erledigen: Was macht sie in diesen Gesprächen alles falsch, was ist zu ändern, wie soll sie sich das nächste Mal verhalten, wie kann sie sich endgültig abgrenzen und wie kann sie der Mutter unmißverständlich klar machen, dass sie sich ab nun aus allem herauszuhalten habe? Dann versucht sie die Patientin, die der Auflösung nahe ist, in die Finessen der „Platte mit Sprung" einzuweihen und schlägt eine Reihe von Rollenspielen dazu vor.

Hier steht das gut gemeinte Bestreben im Vordergrund, die Not der Patienten dadurch zu mindern, dass möglichst früh dringend notwendig erscheinende Verbesserungen, etwa an depressiven Denkschemata oder an mangelndem assertivem Verhalten, bewirkt werden sollen. Allerdings zeugt ein solches Ansinnen von einer völligen Fehleinschätzung der inneren Lage des Patienten und der zwischenmenschlichen Situation. Der Therapeut, der aus dem Stand solche grundlegenden Veränderungen einleiten will, verkennt, dass der Patient in einer solch frühen Phase weder darauf eingestellt ist, noch in der Lage ist, solche grundlegenden Veränderungen in ganz ichnahen Bereichen auch nur ins Auge zu fassen, geschweige denn dazu imstande wäre, sie zu realisieren. Er hätte unter dem Einfluss einer schweren depressiven Symptomatik auch überhaupt nicht die notwendige Kraft, um große Selbstreflektionsprozesse oder grundlegende Verhaltensveränderungen auch nur zu versuchen. Der Therapeut weiß darüber hinaus auch noch viel zu wenig über den Patienten, seine Persönlichkeit und seine Lebenslage und kann nur blindlings irgendeine Intervention versuchen, die sich unter Umständen völlig kontraproduktiv auswirkt. Schließlich und nicht zuletzt ist am Anfang einer Therapie in den meisten Fällen die Beziehung noch viel zu wenig gefestigt, um eine solch massive Einflußnahme zu tragen, vor allem aufgrund der starken Ambivalenz, die typisch ist für die Beziehungsaufnahme depressiver Menschen. Welchen Schaden frühe massive unbedachte Interpretationen z.B. anrichten können, läßt sich an folgendem Beispiel erahnen: Eine junge, 25-jährige Frau, die seit einem halben Jahr an einer Depression leidet (mit gravierenden Zukunftsängsten, starker Verunsicherung bezüglich ihrer Fähigkeiten und ihrer Zukunft und mit panikartigen, sozialen Rückzugstendenzen) erfährt in der zweiten Sitzung von ihrer Verhaltenstherapeutin: „Sie haben eine Machtproblematik. Sie werden es nie schaffen, zu irgendjemand ein vernünftiges Verhältnis zwischen Nähe und Distanz herzustellen, es sei denn, Sie verändern Ihre ganze Beziehung zu Ihren Mitmenschen. Sie sind eine sehr kranke Frau." Alles in allem erfolgen solche Fehler aufgrund einer gravierenden Verkennung der Lage Depressiver.

2   Eine andere gravierende, aber nicht selten anzutreffende Fehleinschätzung des Zustandes depressiver Menschen macht sich dann bemerkbar, wenn es darum geht, die Klagen der Patienten über ihren körperlichen Zustand zur Kenntnis zu nehmen und bei dem weiteren therapeutischen Vorgehen zu berücksichtigen. Klagen über körperliche Beschwerden werden oft abwertend als „Somatisierung" abgetan, mit dem Unterton, dass Patienten dadurch auf eine niedrigere Ebene, eben die des körperlichen, ausweichen wollen, um sich nicht, auf der höheren psychischen Ebene, ihren Problemen stellen zu müssen. Dafür wollen sie dann auch noch Mitgefühl und Schonung, wird weiter unterstellt. Bei dieser Auffassung haben wir es schlicht mit einer grundlegenden Unkenntnis über depressive Erkrankungen zu tun oder, was fast noch schlimmer ist, mit einer Art ideologisch bedingten Geringschätzung des Körperlichen, das allemal auf Psychisches zurückgeführt werden müsse. Ihre Klagen über schnelle Ermüdbarkeit bis hin zur Erschöpfung, die im schlimmsten Fall die Ausführung oder allein die Vorstellung selbst einfacher Bewegungen zu einer Qual werden läßt, beruht nicht auf „kognitiven Verzerrungen". Ihr Bedauern über ihre aktuell verminderte Leistungs- und Konzentrationsfähigkeit sind kein Ausdruck eines „negativen Selbstbildes" und bilden auch keinen Versuch, die Umwelt zu beeindrucken, um sich Privilegien zu erpressen - sie sind real und bilden einen integralen Bestandteil des depressiven Syndroms. Wird dem zu wenig Rechnung getragen in dem Sinn, dass sie von Therapeuten bagatellisiert oder ignoriert werden, so kann es dadurch zu schwerwiegenden therapeutischen Fehlern kommen. Sind Patienten durch frühe Instruktionen (z.B. Aktivierungsversuche) objektiv überfordert, so steigern sich dadurch nur ihre Insuffizienzgefühle und sie können in gravierende mentale und körperliche Erschöpfungszustände geraten. Ein Bedürfnis nach Ruhe und Erholung, von Patienten geäußert, darf nicht als „Vermeidung" abgetan werden. Im Gegenteil, eine der wichtigsten Aufgaben der Therapeuten in der ersten Phase besteht darin, den Patienten so zu entlasten, dass er wieder einigermaßen zu Kräften kommen kann. Dies zu gewährleisten ist alles andere als eine „Verstärkung der Depression", wie oft fälschlicherweise angenommen wird. Kommt es in dieser Beziehung zu Fehleinschätzungen, so folgen leicht zu wenig reflektierte, zu schnelle und letztlich falsche „Therapiemaßnahmen", die meist das Gegenteil von dem bewirken, was sie bezwecken. Depressive Patienten bloß „nach dem Lehrbuch" behandeln zu wollen, unabhängig vom Zustand des einzelnen Menschen, kann sich als gravierender Fehler erweisen.

3   Bislang haben wir vor allem Fehleinschätzungen aufgegriffen, die sich aus dem appellativen, Hilfe suchenden Teil des Depressiven ergeben und aus der objektiven geringen Leistungsfähigkeit. Aber auch die anderen Anteile, das Deprivationsverhalten und die zum Vorschein kommende ambivalente Haltung, bis hin zu Hostilitätsmanifestationen, können zu Missverständnissen Anlass geben. Es kommt dabei zu Fehlattributionen dieser Verhaltensanteile, die sich sehr negativ auf die Beziehung zum „guten" Patienten und die gesamte Therapiesituation auswirken. Die wichtigsten sind:

„Der depressive Patient ist unmotiviert": Weil er nicht im Sinne des guten Patienten alle Vorschläge gleich in die Tat umsetzt, die zu seinem Besten gemacht werden.

„Er will in Wirklichkeit nichts verändern, sondern sich bloß ausweinen, um Mitleid zu erlangen": Therapeuten sprechen in solchen Fällen oft abfällig von einer „Jammerdepression" und fühlen sich als „seelische Mülleimer" mißbraucht. Aber in Wirklichkeit sind sie bloß mit Menschen konfrontiert, die lediglich von ihrem elementaren Recht Gebrauch machen, die Störung auch wirklich zu haben, die die Therapeuten eben diagnostiziert haben.

„Er ist in Wirklichkeit ein unkooperativer, destruktiver Mensch, dem nichts gut genug ist, was man ihm anbietet": In Wirklichkeit handelt es sich dabei vorwiegend um den Ausdruck tiefgreifender Selbstzweifel und des weitgehenden Verlustes des Interesses an der Umwelt. Dabei spielen auch eine große Unentschlossenheit, die Angst, Verpflichtungen einzugehen und ein gewisser Negativismus eine Rolle. Dadurch vermittelt der Patient den Gesprächspartnern den Eindruck, dass sie nie genug tun oder die richtigen Vorschläge machen, aber auch darum handelt es sich um Symptome einer Depression und nicht um eine durchgängige böswillige Haltung.

„Er braucht es offensichtlich, dass es ihm schlecht geht": Man glaubt anhand der Biografie herausgefunden zu haben: Kaum ist er halbwegs aus seinem Loch heraus, so sucht er sich schon das nächste. Häufig wird dann auch noch versucht, eine solche unsinnige These durch vage Vermutungen über ein „unbewußtes Bedürfnis nach Strafe" oder über einen „latenten Masochismus" zu untermauern. Auch eine andere sehr beliebte Begründung ist die a priori Postulierung eines beträchtlichen sekundären Krankheitsgewinns.

Ein angehender Therapeut schreibt in seinem Bericht über ein Erstgespräch: „Die Patientin fing ohne Vorwarnung an, mich mit Klagen zu überschütten über ihre Schlaflosigkeit, über ihre Eheschwierigkeiten und Trennungsängste, über ihr Leben, das aus den Fugen geraten sei, über Angst, sich mit der Zukunft zu befassen und über ihre Arbeitsstörungen. Auf meine Frage, was wir denn davon gleich behandeln könnten, war sie unfähig, eine klare Wahl zu treffen. Daraus wird deutlich, dass sie momentan alle ihre Beschwerden braucht, um nicht Ordnung in ihr Leben bringen zu müssen. Meinen Versuch, ihr jetzt und gleich dabei zu helfen, hat sie ja auch zurückgewiesen, indem sie die Hilflose spielte. Ich erwarte eine äußerst schwierige Therapie mit einer unzureichend motivierten Patientin voller Widerstände".

4 Steht ein Therapeut unter dem Einfluß solcher Fehleinschätzungen, so gerät er zunehmend in eine ambivalente, ja widersprüchliche Haltung. Sein Bedürfnis, möglichst schnell zu helfen, ist, unter dem Einfluß des quasi permanenten Hilfeersuchens seitens des Patienten, sicherlich echt. Doch darin liegt auch die Gefahr, dass er zu vorschnellen Maßnahmen greift, die den Patienten überfordern. Wenn der Therapeut nicht schnell lernt, seine Ansprüche an den Zustand des Patienten anzupassen, so wird er angesichts der Erfolglosigkeit vieler seiner Bemühungen immer häufiger zu den eben geschilderten Fehlattributionen greifen, allein schon aus Dissonanzreduktionsgründen. Er scheitert dann angeblich nicht daran, dass er eine falsche Strategie verfolgt hat, sondern an negativen Besonderheiten der Patienten. In einigen Fällen wird er auch die Situation eher depressiv bearbeiten und anfangen, über eigene Unfähigkeiten und Unzulänglichkeiten nachzugrübeln. Aber dazu kommt es glücklicherweise nicht allzu häufig.

Alles in allem läuft in der Therapie etwas schief, wenn Therapeuten zwischen verschiedenen, oft widersprüchlichen Einstellungen und Stimmungen hin und her schwanken. Ihr Tun ist dann zu wenig kritisch reflektiert, es läuft zu sehr den diversen Aspekten der Symptomatik hinterher. Es besteht eine zu geringe innere Distanz zu dem ganzen Geschehen, die nicht mit Indifferenz und Teilnahmslosigkeit verwechselt werden darf, denn ein Minimum an Distanz ist unentbehrlich, wenn es darum geht, die Übersicht zu behalten.

5 So kann es auch zu einem Phänomen kommen, das im Umgang mit depressiven Menschen, außerhalb und innerhalb der Therapiesituation, eine große Rolle spielt, nämlich der Gefahr, von der Depression selber angesteckt zu werden. Es beginnt damit, dass der Therapeut sich am Anfang der Begegnung von den Problemen der Patienten zugeschüttet fühlt. Dann fängt er an, ihre Lebenslage aus deren depressiven Sicht zu betrachten. Bei so viel Unglück und Problemen, zusammen mit einer solch grundlegenden Unfähigkeit des Betroffenen, auf dem Hintergrund eines so allgegenwärtigen Versagens, ist in der Tat alles aussichtslos und es gibt keine Hoffnung und keine vernünftige Basis für einen Therapieerfolg. Und so geht es weiter. Eine solche Sichtweise ist keine gute Voraussetzung für eine erfolgreiche therapeutische Arbeit. Je nach den Attributionen, die gerade im Vordergrund stehen, kann eine solche, durch Entmutigung, Hilflosigkeit und schließlich Resignation geprägte Haltung, mit einer abwechseln, bei der Ungeduld, Gereiztheit und Ablehnung im Vordergrund stehen.

Unterliegen Therapeuten diesen oder anderen Fehleinschätzungen und kommt es zu frühen Fehlern, so nutzen ihnen Engagement und guter Wille recht wenig.

Doch versuchen wir nun die Bedingungen für einen günstigeren Ablauf zu beschreiben.

3.2.1.4 Schwerpunkte der Eingangsphase

Die wichtigsten Funktionen, die die therapeutische Eingangsphase zu erfüllen hat, sind folgende:

- Erste Informationserhebung

- Einleitung und Förderung einer erfolgversprechenden interpersonellen Beziehung

- Therapeutische Funktion, evtl. Einleitung einer Krisenintervention

Im folgenden sollen die einzelnen Teile ausführlich erläutert werden.

Erste Informationserhebung

Es ist unerläßlich, dass der Therapeut sich schon in den ersten Gesprächen einen Überblick über die gravierendsten Symptome, über die Gesamtproblemlage sowie über die wichtigsten Momente der aktuellen Lebenssituation verschafft, damit er eine Anzahl von Entscheidungen treffen kann, die seine weitere Vorgehensweise bestimmen. Dennoch darf bei Depressiven die Informationserhebung nicht in einem routinemäßigen und schematischen Abfragen bestehen, das ohne Rücksicht auf den Zustand und die Situation des Patienten, im Dienste eines „Vollständigkeits-bedürfnisses" veranstaltet wird. In vielen Fällen haben der Umgang mit Patienten sowie Maßnahmen, die auf eine unmittelbare Verbesserung des Befindens ausgerichtet sind (allerdings die richtigen!), Priorität vor dem Erfassen langfristig auch noch so nützlicher Informationen.

Deshalb ist zu Beginn der Therapie die Informationserhebung schwerpunktmäßig vorzunehmen, d. h. es werden vorerst die Daten erfaßt, die notwendig sind, um die allernächsten Schritte abzuklären. Einzelne Punkte werden später vervollständigt und weitere werden hinzugezogen. Haben Therapeuten, z. B. im Rahmen des Kassenverfahrens, einen Antrag zu erstellen, so müssen sie von Fall zu Fall einschätzen und entscheiden, welche diagnostischen Maßnahmen jeweils angesichts des Zustandes des Patienten schon möglich und sinnvoll sind.

Gleich zu Beginn aber soll der Therapeut versuchen, sich Informationen über folgende Fragen zu verschaffen:

Aktuelle Situation

- Welches sind momentan die Hauptbeschwerden aus der Sicht des Patienten?

- Woran leidet er am meisten?

- Gibt es Situationen oder Anlässe, bei denen die gravierendsten Beschwerden besonders häufig oder besonders stark auftreten? Lassen sich diese Anlässe vermeiden oder abstellen?

- Wie sieht der durchschnittliche Tagesablauf des Patienten aus?

- Zu welchen Menschen hat er häufig Kontakt? Wie erlebt er ihn?

- Gibt es Situationen oder Momente, bei denen der Patient Emotionen erlebt, die inkompatibel sind mit Niedergeschlagenheit oder Angst?

- Nimmt der Patient Medikamente ein und wenn ja, welche?

- Leidet der Patient unter anderen Erkrankungen?

Entstehung der Depression

- Wann ungefähr hat die Depression begonnen?

- Haben bestimmte kritische Lebensereignisse oder Entwicklungen zum Zeitpunkt des Ausbruchs der Depression oder im Zeitraum

54

davor stattgefunden? Bringt der Patient sie subjektiv mit der Verschlechterung seines Zustandes in Zusammenhang?

– Gab es frühere depressive Episoden oder andere Formen von Affektstörungen (zum Beispiel manische oder hypomanische Zustände)?

Belastungen

– Gibt es für den Patienten momentan besondere Belastungen (sozial, beruflich, gesundheitlich, usw.)?

– Erwartet er in der Zukunft besondere Belastungen? Gibt es zukünftige Ereignisse, die ihn beunruhigen oder ihm Angst machen?

– Hat der Patient momentan Leistungen zu erbringen, die ihm besonders schwer fallen oder bei denen er Angst hat zu versagen? Welche Konsequenzen befürchtet er in einem solchen Fall?

– Fürchtet er vor bestimmten Personen zu versagen oder von ihnen kritisiert zu werden?

– Sitzt er an irgendwelchen Entscheidungen fest, die er nicht treffen kann?

– Bleiben bestimmte wichtige Dinge unerledigt? Welche möglichen „Sekundärschäden" sind dabei zu befürchten?

Weitere wichtige Informationen

– Woran glaubt der Patient zu leiden? Weiß er, dass er eine Depression hat? Was versteht er darunter?

– Hat der Patient die Hoffnung, dass sich sein Zustand und/oder sein Zustand verbessern lassen?

– Hat er irgendwelche Vorstellungen darüber, wie das geschehen kann?

– Will er es unbedingt allein schaffen und hält Hilfe für entwürdigend?

– Traut er es sich zu, es mit Hilfe schaffen zu können?

– Denkt der Patient manchmal, dass es besser sei, nicht mehr am Leben zu sein? (Zur weiteren Vorgehensweise, siehe Spezialliteratur zur Einschätzung des Suizidrisikos)

- Gibt es noch irgend etwas, das der Patient über sich oder sein Leben erzählen möchte?
- Gibt es etwas, wobei der Patient unmittelbar Hilfe haben möchte?
- Hat er noch irgendwelche Fragen an den Therapeuten?
- Ist es für den Patienten akzeptabel, dass der nächste Termin (erst) am .... stattfindet?

Neben den Informationen, die v.a. im Gespräch mit dem Patienten gewonnen werden, können auch standartisierte Instrumente eingesetzt werden. Wir wollen einige kurz vorstellen.

Instrumente zur Informationserhebung

Zur Erfassung depressiver Phänomene und zur Differentialdiagnose gibt es strukturierte und teilstrukturierte Verfahren zur Selbst- und Fremdbeurteilung. Andere Instrumente betreffen den Therapieverlauf.

Verfahren zur Selbstbeurteilung

- *BDI (Beck-Depressionsinventar)*
  Ein international sehr gebräuchliches Verfahren ist das BDI von Beck und Steer (1987). Das BDI dient der Beurteilung der Schwere der Depression und ist außerdem gut für die Messung des Therapieerfolges geeignet. Dem Patienten werden 21 Items vorgelegt (wie traurige Stimmung, Pessimismus, Versagen, Unzufriedenheit, Schuldgefühlen etc.). Sie haben jeweils das Ausmaß und die Häufigkeit des Auftretens dieser Items während der letzten Woche einzuschätzen. Der Punktsummenwert ergibt den Schweregrad der Depression abgestuft zwischen: keine Depression, schwacher, mäßiger und schwerer Depression. Allerdings fehlen Symptome wie beispielsweise psychomotorische Agitation, Hypersomnie und Appetitzunahme. Validität und Reliabilität des BDI sind hoch.

- *Die allgemeine Depressionsskala (ADS)*
  Die ADS (Hautzinger und Bailer, 1992) ist ein Siebverfahren für depressive Störungen. Vorhandensein und Dauer der Beeinträchtigung durch depressive Symptome werden in 20 Items erfragt (Niedergeschlagenheit, Trauer, Erschöpfung, Verunsicherung, Hoffnungslosig-

keit, Einsamkeit, Selbstabwertung, Antriebslosigkeit, Weinen, Rückzug, Angst, körperliche Beschwerden und motorischen Hemmung). Der Punktsummenwert ergibt den Schweregrad der Depression. Reliabilität und Validität liegen zwischen .80 - .90, sind demnach sehr hoch.

Verfahren zur Fremdbeurteilung

- *Die Hamilton Depressionsskala (HAMD)*
  Die HAMD (Hamilton, 1986) ist ein sehr verbreitetes Fremdbeurteilungsverfahren für Therapeuten. Die Schwere der Depression kann mit Hilfe von 17 Items hinreichend eingeschätzt werden (bezogen auf depressive Stimmung, Schuld, Suizidalität, Arbeitsverhalten, depressive Hemmung, Erregung, Angst, Schlafstörungen, somatische Beschwerden, Hypochondrie, Krankheitseinsicht, Tagesschwankungen, Depersonalisation, Derealisation, paranoide und Zwangsgedanken). Korrelationen mit den BDI liegen im mittleren Bereich, das Instrument ist relativ valide. Leider werden motivationale, affektive und kognitive Symptome wenig berücksichtigt, die ja wichtige Ansatzpunkte für die Therapie bilden.

- *Das Inventar depressiver Symptome (IDS)*
  Das IDS (Rush et. al., 1986) ist ein differenzierteres Fremdbeurteilungsinstrument. Mit Hilfe von 30 Items werden Schlafstörungen, Stimmung, Apathie, Konzentrations- und Entscheidungsvermögen, Selbstbewertung, Zukunftssicht, Suizidalität, Interesse/Beteiligung am Leben, Energielosigkeit, Lust, sexuelles Interesse, psychomotorische Verlangsamung bzw. Agitiertheit, somatische Beschwerden, Erregung und Angst erfaßt. Reliabilität und Validität sind sehr gut. Das Verfahren ist auch bei bipolaren Störungen anwendbar.

Neben den genannten Fragebogenverfahren gibt es sehr differenzierte und strukturierte Interviewverfahren, die die Exploration und Diagnoseerfindung erleichtern. Dazu gehören das teilstrukturierte AMDP-System und das strukturierte SKID (s. Hautzinger, 1993).

- *Die visuellen Analogskalen (VAS)*
  Der Patient wird beim VAS (Fähndrich und Linden, 1984) aufgefordert, täglich sein Befinden kurz auf 6 Ratingskalen anzukreuzen. Sie beziehen sich auf Stimmung, den inneren Grad der Unruhe, Aktivitätsgrad, körperliches Befinden, Schlaf und Gesamtzustand. Über die Einschätzungen und damit zusammenhängenden Tagesereignisse kann mit dem Patienten während der Therapie gesprochen werden.

- *Beurteilung des subjektiven Therapienutzens*
  Zur Beurteilung des subjektiven Therapienutzens schlägt Hoffmann (1983) folgende Möglichkeit vor:
  Der Patient erhält ein Formblatt folgenden Inhalts: Die wichtigsten Ergebnisse dieser Sitzung für mich sind: (10 freie Zeilen)
  Die Nützlichkeit dieser Sitzung schätze ich folgendermaßen ein:
  1=sehr hoch - 6=völlig nutzlos
  Die Aufzeichnungen des Patienten erlauben v.a. einen Überblick über folgendes:
  Was von den vom Therapeuten intendierten Inhalten ist überhaupt bei ihm angekommen und wie hat er sie verstanden? Es gibt dem Therapeuten die Gelegenheit Fehlinterpretationen des Patienten zu korrigieren und seine Vorgehensweise einer kritischen Überprüfung zu unterziehen. Die Aufzeichnungen des Patienten sollten möglichst über den gesamten Therapieverlauf vorgenommen werden. Ein interessanter Vergleich ist dann möglich, wenn der Therapeut aus seiner Sicht dieselben Einschätzungen vornimmt. Durch Vergleich besteht die Möglichkeit, die Verständnisbasis zwischen den beiden zu überprüfen und festzustellen, was der Patient für nützlich hält und was der Therapeut für wichtig erachtet.

Therapeutische Funktion einschließlich Beziehungsaufbau

Alles, was sich in einer Therapie ereignet, ist gleichzeitig sowohl konkrete, inhaltlich bestimmbare Psychotherapie, als auch etwas, was die Beziehung zwischen Therapeut und Patient tangiert. Es gibt keine spezifische therapeutische Aktion, die nicht *in einer gewissen Weise* mit dem Patienten durchgeführt wird und auf die dieser auf seine Art reagiert. Also tangiert sie die Beziehung. Auf der anderen Seite ist die Vorstellung einer reinen Beziehungsarbeit sinnlos: Sie muß zwangsläufig einen Inhalt haben und nach bestimmten psychologischen Prinzipien vor sich gehen.

Aus dem Grund werden die therapeutischen Inhalte der Eingangsphase und ihre Rückwirkungen auf die Beziehung im folgenden zusammen besprochen (Hoffmann, 1999). Wir haben die Eingangsphase definiert als der am Anfang stehende Abschnitt, der im Gesamtprozess gesehen eher der Vorbereitung geplanter und reflektierter Therapiemaßnahmen dient. Aber dennoch hat sie auch schon wichtige Auswirkungen auf den Patienten und stellt Weichen für die Zukunft.

Welches sind die wichtigsten möglichen positiven Effekte der Eingangsphase und wie können sie vom Therapeuten optimiert werden?

- *Die Therapiesituation bietet von Anfang an dem Patienten einen geordneten Rahmen.*
  Er begegnet einem Gesprächspartner, den er zu festgesetzten, periodisch wiederkehrenden Zeitpunkten, an einem konstanten Ort wiedertreffen wird. Dieser Gesprächspartner, der ein qualifizierter und autorisierter professioneller Helfer ist, wird ab nun eine besondere Verantwortung für den Patienten tragen. Das allein wirkt sich meist unsicherheitsreduzierend und stabilisierend aus. Therapeuten können diese positiven Effekte dadurch positiv verstärken, dass sie diesen Rahmen durch eindeutige Absprachen deutlich werden lassen und die formale Struktur des nächsten Abschnitts klar aufzeigen. Etwa: Erst einmal fünf Gespräche von circa 50 Minuten, um die Probleme des Patienten gemeinsam zu erörtern, zum Schluss eine gemeinsame Entscheidung über eine weitergehende Therapie usw.

- *Der Patient erhält von Anfang an die Gelegenheit, sich in einer gewissen Art seinem Gesprächspartner gegenüber darzustellen.*
  Wie komplex depressives Verhalten in der weiteren Interaktion sein kann, haben wir schon erläutert. Doch zu Beginn werden depressive Patienten in der Regel einen „selbst-protektiven Selbstdarstellungsstil" wählen: Durch appellatives Verhalten werden sie versuchen, sich sozusagen öffentlich als Hilfsbedürftige darzustellen. Der Grad des Einblicks, den sie in andere Bereiche zulassen, wird dadurch bestimmt sein, welche Risiken sie damit verknüpfen, mehr von sich preiszugeben. Reagiert der Therapeut im Sinne der Erwartungen mit impliziten oder explizit formulierten Hilfsangeboten (Sie können im einfachsten Fall darin bestehen, dass weitere Termine angesetzt

werden), so kommt es dadurch zu einer Bestätigung der Selbstwirksamkeitserwartungen, mit denen jeder Mensch an jede soziale Situation herangeht: Durch meine Art der Selbstdarstellung beabsichtige
ich einen gewissen Effekt bei meinem Gesprächspartner zu hinterlassen, um ein möglichst großes Ausmaß an Kontrolle über sein Verhalten zu erlangen. Ein in diesem Sinne erfolgreicher erster Kontakt
kann schon ein Erfolgserlebnis bedeuten. Auch allein deshalb ist es
falsch, depressiven Patienten gleich zu Beginn „widersprechen" zu
wollen, auch wenn ihre Schilderungen uns noch so „depressiv-ver-
zerrt" vorkommen. Sie sind ein Teil ihrer Selbstdarstellung und es ist
ihnen ein Bedürfnis, diese so „anzubringen", dass der Gesprächspartner möglichst voll darauf eingeht. Das geschieht dadurch, dass er
signalisiert, dass er sie aufgenommen hat, ihren Ernst erfaßt hat und
sie von nun an berücksichtigen wird und nicht dadurch, dass er
schon versucht, Korrekturen anzubringen.

Außerdem ist es unentbehrlich, dem Patienten Raum zum Sprechen
zu lassen. Nachdem der Therapeut das Gespräch eröffnet hat und
der Patient die Bereitschaft zeigt, über sein Anliegen zu sprechen,
soll er die Gelegenheit erhalten, es ungehindert zu tun. Dabei bestimmt er die Auswahl der Themen, die Reihenfolge, und die Aus-
führlichkeit, mit der er auf die einzelnen Punkte eingeht. In diesem
Stadium ist es ungünstig, ihn zu früh durch Fragen nach Details zu
unterbrechen. Am Ende des Gesprächs muß er unbedingt die Empfindung haben, dass er alles sagen konnte, was er sich vorgenommen hatte. Es ist, wie wir gesehen haben, nicht angebracht, ihn dabei
durch eigene Kommentare, voreilige Interpretationen oder gar schon
durch Ratschläge oder Empfehlungen zu unterbrechen. Jeder
Therapeut sollte die Gelegenheit benutzen, den Patienten beim Erst-
kontakt möglichst „unbehandelt und unbeeinflußt" zu beobachten,
und möglichst vorurteilslos das aufzunehmen, was ein Mensch, den
er bislang nie gesehen hat, ihm anbietet.

- *Schon durch die ersten Geschehnisse in der Therapie kann es beim
Patienten zu einer Ordnung und Strukturierung des Erlebens und des
Denkens kommen, die sich positiv auf sein Befinden auswirken.*
Bislang haben die meisten Patienten relativ ungeordnet und kurzfristig Versuche unternommen, gegen ihre Symptome anzukämpfen
und ihre Probleme in den Griff zu bekommen. Dabei wechselten
sich eigene Lösungsversuche mit der Hoffnung auf die Hilfe anderer
ab. Das Ergebnis ist meist ein Hin und Her, eine große Konfusion der

Gefühle und der Überlegungen, Sorgen und Selbstvorwürfe sowie lange Grübeleien über Ursachen und Lösungsmöglichkeiten.

Im festen Rahmen der therapeutischen Begegnung wird er dazu ermuntert, eine erste kohärente Darstellung seiner Situation und seiner Anliegen zu geben. Der Therapeut wird sich weitgehend zurückhalten und sich höchstens durch Zeichen von Aufmerksamkeit, Interesse und Verständnis bei seinem Redefluß unterstützen (solche Rückmeldungen sind in der Regel unerläßlich, um bei jedem Menschen einen Redefluß aufrechtzuerhalten).

Oft nimmt die erste Selbstdarstellung die Form einer endlosen Serie von Klagen und Beschwerden an, und viele Therapeuten haben das Gefühl, unter der Last, die der Patient bei ihnen abläd, erst einmal zusammen zu brechen. Sie fühlen sich überwältigt von der Fülle der Probleme und es entsteht oft die bange Frage: Wie kann ich einem solchen Menschen in einer solchen Situation denn überhaupt helfen? Dieser Effekt kommt vor allem dadurch zustande, dass Depressive aufgrund ihrer Erkrankung weitgehend die Differenzierungsfähigkeit verloren haben, vor allem dann, wenn es um ihre eigenen Belange geht. Sie neigen dazu, sich alle Probleme auf einmal vor Augen zu führen und haben dann das Gefühl, vor einem Berg zu stehen, der ihnen unüberwindlich erscheint. Übernehmen Therapeuten unreflektiert diese Perspektive, so können sich sehr schnell auch bei ihnen Ratlosigkeit, Mutlosigkeit und Hilflosigkeit breit machen.

Das Mittel dagegen, in ihrem eigenen Interesse und in dem der Patienten, ist Sektorisierung. Durch gezielte Fragen, Hinweise und Zusammenfassungen hilft der Therapeut dem Patienten in weiteren Gesprächen, sein Denken in einem ersten Schritt zu ordnen. Die Gesamtsituation wird zunächst in Einzelprobleme zerlegt. Diese werden im nächsten Schritt unterteilt in dringliche und aufschiebbare, dann in leichter lösbare und in schwer lösbare. Auf die Art relativiert sich allmählich der Eindruck eines unentwirrbaren Knäuels und einer aussichtslosen Lage. Die Gesamtsituation wird überschaubarer.

Gleichzeitig wird schon dadurch in dieser allerersten Phase eine Förderung der Selbstreflexion beim Patienten eingeleitet. Diese Funktion erweist sich erfahrungsgemäß als ein wichtiger Puffer bei Belastungen, Verlusten und Traumatisierungen. So werden von der depressiven Denkentdifferenzierung und von Affekten überwältigte ordnende und strukturierende Ich-Funktionen am Anfang vom Therapeuten unterstützt und auch ein Stück weit ersetzt. Sie fungieren bei Depressiven eine Zeit lang geradezu als eine Art Hilfs-Ich, das temporär wichtige Aufgaben übernimmt.

Die Entlastung, jemanden an der Seite zu haben, der die Dinge auch aus einem anderen Blickwinkel zu betrachten vermag, erweist sich dann als eine große Hilfe. Allein durch das Verbalisieren von Problemen und der damit verbundenen Probleme kann deren Energie aufgebraucht werden.

- *Die Intensität der negativen Emotionen sinkt und der Patient fühlt sich kurzfristig immer wieder erleichtert.*
Durch das Reden allein wird das Gedankenchaos in eine Gedankenkette gebracht. Im Bewußtsein können viele belastende Gedanken parallel auftauchen, aber Reden ist immer sequentiell und dadurch müssen die einzelnen Inhalte geordnet werden. Gedanken müssen beim Reden auch zu Ende gebracht werden, erst dann kann ein Themenwechsel erfolgen. Auf die Art wird der Patient dazu kommen, vieles auszusprechen, was er normalerweise nicht zu Ende denkt. Dadurch erledigen sich einige Inhalte bis zu einem gewissen Grad, und das kann zu einem Gefühl der Erleichterung führen. Zusätzlich werden die klarer strukturierten Gedanken zeitweilig von diffusen Gefühlen befreit und es kommt bezüglich dieser Emotionen zu einer erleichternden Energieabfur. Diese Effekte erfolgen ohne aktives Eingreifen des Therapeuten, allein dadurch, dass der Patient die Gelegenheit zum Sprechen erhält.

- *In emotionaler Hinsicht können von Anfang an auch weitere positive Effekte erzielt werden. Dies geschieht durch die Art, in der der Therapeut sich auf das Erleben, das Befinden und die Lage des Patienten „einstimmt".*
Der Begriff der Eingestimmtheit oder des „Attunement" bezeichnet in der Entwicklungspsychologie die affektive und kognitive Einstimmung der Bezugsperson auf das Kind respektive die wechselseitige Einstimmung der Beteiligten aufeinander. „Diese Konzeptualisierung hat natürlich einen engen Bezug zur Empathie und zum einfühlenden Verstehen, geht aber in bestimmten Aspekten darüber hinaus. In der Psychotherapie ist dieses „Attunement" eine wesentliche Voraussetzung dafür, dass der Therapeut dem Patienten als „sichere Basis" zur Verfügung stehen kann, um so eine gesunde Entwicklung explorativer und selbstrealisierender Verhaltensweisen zu unterstützen. Forschungen zur nonverbalen Einstimmung von Therapeuten auf

ihre depressiven Patienten ergaben beispielsweise: Je besser diese bereits zu Beginn der Therapie auf mimischer Ebene ist (z.B. unterstützend und ermunternd auf depressive Klagen), desto besser wird das spätere Ergebnis (Schauenburg, 2000, S. 58).

Auf die Art geht von den Therapeuten und ihrem Verhalten ein komplexes Ensemble an Stimuli für mit Depression antagonistischen emotionalen Reaktionen aus, die beim Patienten Veränderungen in vier Bereichen fördern:

- Sie verstärken positive Aspekte des Selbstkonzeptes.

- Sie verstärken die Selbstexploration und fördern dadurch angstbeladenes Material zutage, das in der Folge bearbeitet werden kann.

- Sie reduzieren Angst und andere bedrohliche emotionale Re- aktionen.

- sie verstärken Annäherungsverhalten an andere Menschen und konterkarieren soziale Vermeidungstendenzen.

• *Auch gezielte Informationen, die der Therapeut von Anfang an, wenn es sich im Gespräch ergibt, über die Depression als Erkrankung und ihre Hintergründe einfließen läßt, produzieren nachweislich starke positive Effekte.*

Wir wissen aus der Befragung vieler depressiver Patienten nach einer Besserung ihres Zustandes, welche der Äußerung während der Depression, die wir am Anfang gemacht haben, ihnen besonders hilfreich vorkamen. Wir haben sie „**beruhigende Versicherungen**" genannt. (Hoffmann, 1976; Hoffmann und Hofmann, 2000): Die wichtigsten sind:

- Der Patient ist kein Einzelfall, auch andere Menschen leiden häufig unter ähnlichen Gefühlen und Gedanken.

- Die Genese der Störung ist bekannt. Es handelt sich nicht um einen „unheimlichen Zustand", sondern um einen, über den wir viel wissen.

- Die Störung ist zwar unangenehm, aber nicht gefährlich. Der Patient wird nicht in „geistiger Umnachtung" enden und sein Gehirn ist nicht „kaputt".

- Eine Depression ist kein Beleg für Untüchtigkeit, Faulheit oder irgendeine Form von Versagen dem Leben gegenüber. Sie ist eine Krankheit wie jede andere auch.

- Man kann die Störung beseitigen. Es gibt wirkungsvolle Hilfen, wie spezielle Medikamente und eine gezielte Psychotherapie.

- Die Ziele in der Therapie werden schrittweise bestimmt. Der Patient muß keine Angst davor haben, sich von einem Moment zum anderen radikal verändern zu müssen.

- Er wird mit Hilfe des Therapeuten schon bald die ersten kleinen Erfolge erleben.

- Eventuelle Verschlechterungen seines Zustandes können in der Therapie aufgefangen werden. Rückschläge bedeuten nicht, dass die Therapie gescheitert ist und der Therapeut aufgeben wird.

- *Eine unmittelbare Entlastung erfährt der Patient dadurch, dass der Therapeut erst einmal den Zustand und die Sichtweisen des Patienten akzeptiert, ohne sie zu bewerten und gleich verändern zu wollen.*
Dabei bildet der Therapeut ein Modell für die Annahme des depressiven Zustandes. Oft bilden depressive Menschen eine sekundäre Depression, eine Art „Pfropfdepression" aus. Sie entsteht dadurch, dass er sein aktuelles „Versagen" etwa seine desolate körperliche Verfassung, seine Schwierigkeiten im Leistungsbereich, sein Interesseverlust usw. mit dem prädepressiven Zustand vergleicht. Dadurch gerät er in eine tiefgreifende Inkongruenz mit sich selber: Er kann sich nicht akzeptieren so wie er jetzt ist und traut sich nicht mehr zu, die Lage zu wenden. Er stellt Forderungen an sich, die aus Orientierungslosigkeit und Energiemangel ohne Konsequenzen bleiben, vermag aber innerlich von momentan unerfüllbaren Ansprüchen an sich selber nicht abzulassen. In diesem Sinne muß eine zu feste Bindung an alte Normen, Ziele oder Idealbilder gelockert werden. Der Therapeut dient dabei als Stütze, mildert ab und schwächt so die Selbstvorwürfe, die nur noch mehr Druck erzeugen würden. Der Patient wird fokussiert auf den Ist-Zustand, auf seine derzeitige Lage samt ihren schwierigen Bedingungen. Über die Zukunft wird später geredet. Eine solche Therapeutenhaltung hilft dem Patienten, sich besser anzunehmen. Er lernt seinen Zustand mit anderen, persönli-

cheren Augen zu sehen und sich selbst gegenüber eine mitleidigere Einstellung einzunehmen.

- *Alles in allem erfährt der Patient, dass ein Prozess in Gang gekommen ist, der allein dafür eingeleitet wurde, um ihm persönlich in seiner schwierigen Lage zu helfen (Hoffmann, 2000).*
Dieser Prozess evoziert einmal Hoffnung auf eine Verbesserung des eigenen Zustandes und der Lebenssituation. Dass diese gerade bei Depressiven immer wieder durch Unsicherheit, Zweifel, Negativismus bis hin zur totalen Entmutigung und zeitweiligen Verzweiflung konterkariert wird, wissen wir. Man warte deshalb als Therapeut nicht zu früh auf deutliche Äußerungen, mit denen der Patient etwas Positives kundtun würde. Dennoch: Ein Therapiebeginn stellt aus seiner Sicht ein bedeutsames Ereignis dar, das am Anfang eines neuen Lebensabschnittes stehen kann. Der eingeleitete Therapieprozess hat für viele depressive Patienten den Charakter eines stützenden Korsetts, das ihnen Halt gibt. Dafür ist zumindest am Anfang eine geradezu straffe Organisation des Therapieablaufs von entscheidender Bedeutung. Unsicherheit im Bezug auf das eigene Verhalten sowie Antriebs- und Hilflosigkeit verlangen eine Vorgehensweise, bei der der Patient zumindest am Anfang der Therapie ständig Anregungen, präzise Instruktionen und kurzfristige Rückmeldungen erhält.
Wie das zu geschehen hat, werden wir ausführlich bei der Beschreibung kurzfristig wirksamer Therapiemaßnahmen sehen.

3.2.1.5 Ergebnisse der Eingangsphase

Die Eingangsphase einer Therapie ist um so zufriedenstellender einzuschätzen, je deutlicher folgende Effekte erzielt wurden:

Aus der Sicht des Patienten

- Er hatte die Möglichkeit sich selber und seine Problemlage so darzustellen, wie er es beabsichtigt hat.

- Er ist in der Lage, den Therapeuten als einen professionellen Helfer zu akzeptieren.

- Er hat den Eindruck, dass seine Gedanken und Gefühle anfangen, sich zu ordnen.
- Es wurden keine Ansprüche an ihn gestellt, die ihm Angst machten und keine Veränderungen abverlangt, die er nicht realisieren konnte.
- Er hat Informationen über seine Krankheit erhalten und Reaktionen seitens des Therapeuten erfahren, die ihm erlauben, mehr zu sich selber zu stehen.
- Er hat das Gefühl, dass ein Prozess begonnen hat, der ihm schon etwas Halt gibt und auch in der Zukunft geben wird.
- Auch in besonderen Situationen wird er sich auf den Therapeuten verlassen können.

Aus der Sicht des Therapeuten

- Er ist in der Lage, mit ausreichender Sicherheit eine oder mehrere Diagnosen zu stellen.
- Er hat einen ausreichenden Überblick über die Gesamtproblemlage des Patienten und einen ersten Eindruck über ihn als Menschen.
- Er versteht einigermaßen die Zusammenhänge und kann wichtige Entwicklungen beim Patienten nachvollziehen.
- Er hat eine ausreichende Kenntnis über eventuelle suizidale Tendenzen und kann das Risiko einschätzen. Er kennt aktuelle und unmittelbar bevorstehende Belastungen, die zu starken negativen Reaktionen führen könnten.
- Er weiß, ob der Zustand des Patienten besondere Maßnahmen erfordert.
- Er kann seine zukünftigen Reaktionen einigermaßen verläßlich einschätzen, so dass er einen klassischen ambulanten Therapieablauf (Termine im Abstand von einigen Tagen) vertreten kann.
- Er kann sich persönlich vorstellen, über einen längeren Zeitraum mit dem Patienten verhaltenstherapeutisch zu arbeiten.

3.2.1.6 Depressionsspezifische besondere Probleme in der Eingangsphase

Der Beginn einer Therapie kann immer Unsicherheiten, Konflikte und der Anfang von möglichen Fehlentwicklungen mit sich bringen. An dieser Stelle wollen wir uns jedoch auf einige Probleme beschränken, die typisch für den Umgang mit depressiven Patienten sind.

Der Zustand des Patienten verlangt vom Therapeuten, dass er besondere Maßnahmen ergreift oder einleitet.

• Praktizierende Therapeuten haben die Verpflichtung zu prüfen, ob sie aufgrund ihrer Ausbildung, ihrer Erfahrung, ihrer zeitlichen Kapazität und ihrer eigenen momentanen Verfassung in der Lage sind, die therapeutische Verantwortung für einen bestimmten Patienten mit einer bestimmten Erkrankung und einem determinierten Schweregrad übernehmen können. Wenn sie aus irgendwelchen Gründen sich dazu nicht in der Lage sehen, dann ist es besser, dies in einer für den Patient nicht diskriminierenden Weise kundzutun, und gleichzeitig dafür zu sorgen, dass ihm eine bessere Betreuungsmöglichkeit zur Verfügung gestellt wird.

• Der Zustand des Patienten kann es erfordern, dass der Therapeut, im Einverständnis des Patienten, Kontakt zu Dritten herstellt, um dessen Betreuung zu gewährleisten. Dabei ist in erster Linie an Ärzte zu denken. In vielen Fällen erscheint eine medikamentöse Behandlung, z.B. antidepressiver Art, unerläßlich. So ist es z. B. absolut notwendig, dass unbedingt gleich ein Facharzt aufgesucht wird, wenn wahnhafte Symptome (z.B. Versündigungs-, Verarmungs- oder Krankheitswahn) das Bild verkomplizieren. Aber auch bei gravierenden somatischen Symptomen, wie schweren Schlafstörungen oder Essstörungen, haben Psychotherapeuten nicht das Recht, es erst einmal (für unbestimmte Zeit) mit „sanften" psychotherapeutischen Mitteln versuchen zu wollen. Auch schwere Süchte und Abhängigkeiten „nebenbei" mittherapieren zu wollen, kann zu einem sehr problematischen Unternehmen werden.

- Obwohl Verhaltenstherapeuten bei schwer depressiven Patienten von ihrem Ansatz her gehalten sind, die Frequenz und die Dauer der Kontakte zu intensivieren, hat jede ambulante Therapie ihre Grenzen in dieser Hinsicht. Wenn der momentane Zustand eine Betreuungsdichte erforderlich macht, die der einzelne Therapeut nicht zu leisten vermag und so keine ausreichende Kontrolle über die Reaktionen des Patienten erhält, so ist die Einleitung einer Therapie nicht zu verantworten. Der Therapeut muß dann erklären, dass seiner Einschätzung nach zunächst eine stationäre Aufnahme erforderlich ist.

- Therapeuten sollten gleich zu Beginn Kontakt zu Angehörigen aufnehmen, wenn es notwendig erscheint, dass diese, im Sinne von Mediatoren, einen gewissen Teil der Betreuung übernehmen. Unter Umständen muß deren Bereitschaft dazu als Voraussetzung für eine ambulante Therapie eingeholt werden. Wir können nur jeden Therapeuten davor warnen, sich einen schwer depressiven Menschen von Partnern oder Familienangehörigen „vor die Tür setzen zu lassen", nach dem Motto: So, jetzt sind Sie dran, wir können oder wollen überhaupt nichts mehr damit zu tun haben.

- In einigen Fällen ist es erforderlich, dem Patienten dabei behilflich zu sein, sich zeitweilig oder endgültig von bestimmten Belastungen zu befreien. Es kann sich zum Beispiel um eine Krankschreibung handeln, wenn er momentan den Anforderungen seines Berufsalltags nicht mehr gewachsen ist. In anderen Fällen wird die zeitweilige Unterbrechung der konfliktreichen Beziehung zu einem Menschen notwendig sein. Oft müssen auch Anforderungen, wie bevorstehende Prüfungen oder andere Verpflichtungen, deren erfolgreiche Bewältigung voraussichtlich nicht möglich ist, abgesagt werden. Vom Therapeuten ausgegebene Durchhalteparolen, auch noch mit falscher theoretischer Begründung („keine Vermeidung") können in einigen Fällen lebensbedrohlich sein.
Gelegentlich werden von Menschen in schweren inneren Notlagen Ansinnen an Therapeuten gestellt, von denen diese sich gleich und unmißverständlich distanzieren müssen. Z.B.: Sie müssen meine Frau dazu bringen, wieder zu mir zurückzukehren, sonst will ich nicht weiterleben. Solche Ansprüche an Therapeuten sind besonders dann

gefährlich, wenn es sich um Depressive handelt, die über Therapeuten eine Art „Handel mit dem Schicksal" betreiben wollen.

Sicherlich ist die schwerste Komplikation überhaupt bei der Therapie depressiver Menschen eine eventuelle Suizidgefährdung. Zu diesem Thema müssen wir auf die Spezialliteratur verweisen. Dennoch wollen wir im Anhang einige Hinweise für die Abschätzung des Suizidrisikos geben.

Zusammenfassung

Mögliche positive Effekte der Eingangsphase

- Die Therapiesituation bietet von Anfang an dem Patienten einen geordneten Rahmen.

- Der Patient erhält von Anfang an die Gelegenheit, sich in einer gewissen Art seinem Gesprächspartner darzustellen.

- Schon durch die ersten Geschehnisse in der Therapie kann es bei dem Patienten zu einer Ordnung und Strukturierung des Erlebens und des Denkens kommen, die sich positiv auf sein Befinden auswirken.

- Probleme werden nach Dringlichkeit und nach dem Schwierigkeitsgrad geordnet (Sektorisierung).

- Durch das Reden kann die Intensität der negativen Emotionen sinken, und der Patient fühlt sich kurzfristig immer wieder erleichtert.

- Die Art, in der der Therapeut sich auf das Erleben, das Befinden und die Lage des Patienten „einstimmt", kann ihn in emotionaler Hinsicht entlasten.

- Gezielte Informationen, die der Therapeut von Anfang an über die Depression als Erkrankung und ihre Hintergründe einfließen läßt, produzieren nachweislich positive Effekte („beruhigende Versicherungen").

- Der Patient erfährt eine Entlastung dadurch, dass der Therapeut erst einmal den Zustand und die Sichtweise des Patienten akzeptiert, ohne sie zu bewerten und gleich verändern zu wollen.

- Der Patient erfährt, dass ein Prozess in Gang gekommen ist, der allein dafür eingeleitet wurde, um ihm persönlich in seiner schwierigen Lage zu helfen.

Therapeutenfehleinschätzungen und Fehler in der Eingangsphase
- Zu schnell zu viel „Therapie"
- Bagatellisierung der körperlichen Beschwerden
- Fehlattributionen depressiver Symptome
- Zu wenig Distanz und Reflektiertheit im Umgang
- Ansteckung durch depressive Sichtweise

3.2.2 Informationserhebung und –verarbeitung

Zur Planung und Durchführung einer Verhaltenstherapie bei Depressiven sind mehrere Kategorien von Informationen von Wichtigkeit, wenn es darum geht, für den individuellen Menschen sinnvolle und erreichbare Ziele zu formulieren, gestaffelte therapeutische Interventionen zu planen und durchzuführen. Die einzelnen Schwerpunkte sind sicherlich nicht der Reihe nach „abzuarbeiten", sondern in dem Maße, wie der Therapeut den Patienten besser kennenlernt, vervollständigt er seine Kenntnisse über die einzelnen Bereiche. Eine Reihe von Informationen mußten gleich zu Beginn, während der Eingangsphase, erhoben werden. Auch sie sind nach und nach zu präzisieren, zu ergänzen und auf den letzten Stand zu bringen. Die einzigen Bereiche, die wir vorschlagen, sind auch nicht völlig voneinander getrennt, sondern überschneiden sich zum Teil.

3.2.2.1 Methoden der Informationserhebung

Im wesentlichen kommen folgende Methoden zur Anwendung:
- das Interview
- die Beobachtung von Patienten in natürlichen Situationen

- das Durchführen von Rollenspielen als experimentelle Analogien natürlicher Situationen

- das Auswerten von Berichten, Tagebüchern und Selbstbeobachtungsbögen des Patienten über seine Reaktionen in bestimmten Situationen (Anleitung zur Selbstbeobachtung)

- das Auswerten von Berichten wichtiger Bezugspersonen

- allgemeine Auskünfte über den Patienten oder über bestimmte Reaktionsweisen (fremdanamnestische Daten)

- standardisierte Fragebögen, beispielsweise zum Abfragen der Beschwerden und des Befindens, sowie zum Therapieverlauf (siehe S. 56-58)

- das gezielte Beobachten des Patienten in der Therapiesituation

3.2.2.2 Schwerpunkte der Informationsverarbeitung

Informationen über den jeweils aktuellen Zustand und die aktuelle Lebenssituation

Der Therapeut muß über die Befindlichkeit des Patienten während der ganzen Therapie auf dem Laufenden bleiben. Er soll die depressiven Symptome, die Stimmungstiefs und Grübeleien kennen, die jeweils im Vordergrund stehen, ihren Schweregrad und näheres über die jeweiligen Auftretensbedingungen, wenn sie starken Schwankungen unterliegen. Auch solche Situationen sind besonders wichtig, die sich im Sinne einer zeitweiligen Besserung auswirken, wie z.B. ein Erleben von Erfolgen oder von mit Depression inkompatiblen Emotionen.

Aber auch Ereignisse im Alltag des Patienten, die für ihn wichtig sind, sind permanent ein Thema der Therapie. Sie müssen so ausführlich zur Sprache kommen, wie der Patient es für notwendig hält.

(Oft wird die Auffassung vertreten, in der Therapie sei die Beschäftigung mit Tagesereignissen unnütz oder sogar kontraindiziert. Sie würden Patienten dazu dienen, „abzulenken" und eine geplante, geordnete Therapie, die in die Tiefe geht, würde dadurch erschwert, verzögert oder sogar verhindert. Das ist sicher nicht richtig. Es ist völlig unsinnig, einen Menschen im luftleeren Raum, d. h. abgehoben von den aktuellen Ereignissen in seinem Leben therapieren zu wollen. Außerdem zeigt sich eine Störung, wie eine Depression ja gerade darin, wie er bestimmte

Vorkommnisse wahrnimmt, bewertet, und wie er darauf reagiert. Von daher bilden aktuelle Situationen meist ein sehr gutes Material, um eine antidepressive Therapie zu praktizieren. In diesem Zusammenhang wird oft die Frage gestellt: „Mache ich denn eigentlich Verhaltenstherapie, wenn ich mich mit solchen Sachen beschäftige?" Es ist durchaus möglich, eine rationale Antwort darauf zu geben: Verhaltenstherapie findet dann statt, wenn die Arbeit darin besteht, psychologische Prinzipien, wie das Überprüfen von Denkhypothesen, das Erlernen von Problemlöseverhalten, die Einleitung von erfolgversprechenden Aktivitäten usw. zur Anwendung zu bringen. Dabei ist es erst einmal gleichgültig, ob dies im Rahmen mehr standardisierter Programme oder mehr frei aus dem spontanen Gespräch mit dem Patienten heraus geschieht.)

Die wichtigsten Mittel, um diese Art von Informationen zu sammeln, ist die gezielte Befragung im direkten Gespräch und der Einsatz von Instrumenten, wie Tages- oder Wochenprotokolle.

Soziale Beziehungen

Welches sind die wichtigsten Kontaktpersonen des Patienten? Zu welchen Gelegenheiten finden Kontakte statt? Laufen sie über gemeinsame Aktivitäten? Wie ist die Beziehung jeweils einzuschätzen? Welche Menschen haben Verstärkerwert oder eine aversive Qualität? Mit wem bestehen Konflikte, zu wem Abhängigkeiten? Läßt sich die Beziehung zu einer Person als „Herd chronischen Kräfteverschleißes" deuten?

Eigenarten der Funktionsweise des Patienten

Hier kann unterschieden werden zwischen momentanen depressionsspezifischen, wie einem depressivem Denkstil, oder mehr überdauernden, wie der Grad der sozialen Fertigkeiten, der Verstärker- und Aktivitätsbreite, usw. Es geht auch um das Selbstkonzept, Selbstwirksamkeitserwartungen, besondere Talente und Fähigkeiten, Wertvorstellungen und Aussagen zur Persönlichkeitsstruktur (und eventuell auch zu Persönlichkeitsstörungen).

Stellung zur Vergangenheit

Hat der Patient „Theorien" über wichtige Entwicklungen und Ereignisse in seinem Leben (z.B. auch sein Krankheitsmodell)? Welches sind wichtige Relikte aus der Vergangenheit, die ihn heute noch beschäftigen, unterhält er „offene Rechnungen" zu bestimmten Personen, leidet er an Traumatisierungen?

Stellung zur Zukunft

Zukunftsperspektive, Ziele und Pläne kurzfristiger oder langfristiger Art, Sinnvorstellungen über sein weiteres Leben, Selbstverwirklichungswünsche, Befürchtungen, Ängste bezüglich der Zukunft, Orientierungslosigkeit, Mutlosigkeit, Hoffnungslosigkeit.

Entstehungsbedingungen der Depression - Verhaltensanalyse

In diesem Zusammenhang geht es um die Verhaltensanalyse, und zwar um die Makroanalyse. Was ist das? Es handelt sich dabei um ein psychologisches Modell, das einfach die Frage des Therapeuten beantworten soll: Wie kann ich es mir erklären, dass mein Patient in den Zustand geraten ist, in dem ich ihn jetzt vorfinde? und insbesondere die Frage, aufgrund welcher Bedingungen er an einer Depression erkrankt ist? Wer meint, als Therapeut darauf verzichten zu können, sich eine fundierte Meinung über diese Frage zu bilden, weil ja im Manual stehe, wie Depressionen zu behandeln seien, mit dem möchten wir uns nicht weiter herumstreiten: Weder ihre Auffassung noch sie sind ernst zu nehmen.

Selbstverständlich können wir uns in unserer Funktion über Monate nur dann mit Menschen beschäftigen, wenn wir sie und ihre Geschichte einigermaßen verstehen. Das bedeutet, dass wir mit ausreichender Evidenz nachvollziehen können, wie ihre Persönlichkeit funktioniert, was ihnen widerfahren ist und welche Folgen es für sie hatte. Wenn wir uns aber darüber Gedanken machen, dann sind wir schon dabei, eine Verhaltensanalyse zu erstellen. Sie ist keine bloße Pflichtübung oder eine überflüssige Spielerei, sondern die absolute Voraussetzung für eine geordnete Therapie.

Selbstverständlich muß eine Verhaltensanalyse in dem Sinne theoriegeleitet sein, und zwar muß sie auf dem Boden halbwegs fundierter psychologischer Modelle der Störungen, um die es geht, erfolgen. Da diese

Modelle jedes für sich schwerpunktmäßig verschiedene Aspekte der Depression und ihrer Ätiologie abbilden, ist eine Kombination von Konstrukten der diversen Theorien durchaus legitim. Es geht einzig und allein darum, mit Hilfe sinnvoller psychologischer Gedankengänge die Entwicklung eines Menschen in einer depressiven Erkrankung kulminiert zu rekonstruieren, um ihn verstehen zu können, und um daraus Hinweise für seine Therapie abzuleiten.

Versuchen wir die Entstehung einer Depression zu erklären, so benötigen wir ein komplexes Modell, in dem verschiedene Momente miteinander interagieren. Wir unterscheiden zwischen:

- **Prädisponierende Bedingungen**: Momente aus der Vergangenheit, wie Erziehungsstile, Modelldarbietungen, besondere Lebensmomente (z.B. frühe Todes- oder Krankheitserfahrungen), besondere Lebenserfahrungen, die ihre Spuren hinterlassen haben. Sie sind dann von Relevanz, wenn sie im Rahmen der theoretischen Vorstellung mit der späteren Entstehung einer Depression in einen sinnvollen Zusammenhang gebracht werden können.

- **Auslösende Momente**: Lebensereignisse und Entwicklungen, die vor allem in einem Zeitraum bis zu sechs Monaten einen starken Einfluss ausgeübt haben, in dem Sinne, dass sie ein existierendes Gleichgewicht gestört haben und eventuell zuerst zu einer „natürlichen" depressiven Reaktion geführt haben. Dabei ist zu erläutern, wie ihr Einfluss psychologisch gefasst werden kann. Zum Beispiel läßt sich ein Ereignis eher als Anlass für Verstärkerverlust oder als Zunahme von Belastungen und aversiver Stimulation interpretieren? Haben sie zur Reaktivierung von Hilflosigkeitseinstellungen, von depressiven Denkschemata geführt? Verlangten sie eine Anpassung und einen Verzicht, die nicht geleistet wurden? Sitzt der Patient innerlich an ihnen fest? Usw.

- **Depressionssteigernde oder aufrechterhaltende Bedingungen**: Beispiel sind Momente innerhalb des Individuums oder in der Umwelt, die eine Anpassung an die neu entstandene Lebenssituation behindern oder verhindern, z.B. ein geringes Aktivitätsrepertoire, mangelnde soziale Fertigkeiten, überhöhte Ansprüche, usw. Herrscht eine geringe Verstärkerdichte in der Umwelt? Kommt es zu einem chronischen Kräfteverschleiß, usw.?

Lassen sich in der Person oder der Situation des Patienten für Depression typische Vulnerabilitätsfaktoren aufzeigen, wie Mangel an emotional positiven und unterstützenden Sozialbeziehungen, Ressourcen- und Fertigkeitsdefizite, keine Berufstätigkeit, ein geringes Selbstwertgefühl, usw.?

(Es lassen sich auch zwei Formen von „Persönlichkeitsorganisation" aufzeigen, bei denen, bei kritischen Umweltveränderungen, das Risiko für die Entstehung einer depressiven Störung vergrößert ist. Die eine zeigt eine starke personelle Dependenz mit einem großen Bedürfnis nach emotionaler Unterstützung und Hilfe durch andere und eine starke Angst vor Zurückweisung oder Trennung und Verlust. Die andere wurde von Tellenbach (1974) als „Typus melancholicus" genannt. Sie ist einmal geprägt durch „Inkludenz", d. h. ein starkes Angewiesensein auf feste, altbewährte Strukturen und eine große Intoleranz gegenüber Veränderungen. Die andere nennt er „Remanenz", und versteht darunter das ständige quälende Gefühl, hinter dem Selbstanspruch zurückzubleiben, fast unabhängig davon, was jemand gerade wirklich getan hat. Es handelt sich letztlich um ein ständiges Gefühl des Schuldens gegenüber den Forderungen an sich selbst.)

Schließlich sind unter aufrechterhaltenden Bedingungen auch alle Formen von zu vermutendem „sekundärem Krankheitsgewinn" zu fassen.

Aktuelle Probleme

Im wesentlichen können wir unterscheiden zwischen momentanen Problemen, die mehr von der aktuellen Depression bedingt sind, wie schnelle Ermüdbarkeit oder extrem starke Grübeltendenzen und überdauernden „Lebensproblemen", die oft kausal an der Entstehung der Depression beteiligt waren. Zu den letzteren gehören z.B. langanhaltende, chronische Belastungen, eine konfliktbeladene Partnerschaft, nicht geglückte Anpassung an ein Lebensereignis oder aber innere Momente, wie eine Blockade, ein überhöhtes Anspruchsniveau, soziale Ängste usw.

Umgang mit dem Patienten

Motivation des Patienten zu bestimmten Veränderungen, Widerstände gegenüber bestimmten Formen von Einflussnahme, „Privatsphäre", die der Patient aus der Therapie heraushalten will, Neigung zu Reaktanz oder Konformität, besondere Empfindlichkeiten, spezielle Momente in der Beziehung zum Therapeuten.

3.2.2.3 Informationsverarbeitung: Ein Beispiel

Wir wollen nun einige Aspekte der Informationsverarbeitung anhand eines Beispiels verdeutlichen, allerdings mehr stichwortartig (auf die sich daraus ergebenden Therapiemaßnahmen und deren Durchführung wollen wir später gelegentlich zurückkommen).

Beispiel: Frau Wand

Aktueller Zustand

Frau Wand, 55, verheiratet, ist seit anderthalb Jahren an einer Depression erkrankt. Sie ist seit über einem Jahr in stationärer psychiatrischer Behandlung, und gilt weitgehend als therapieresistent. Sie soll bald entlassen werden, damit ein „letzter Versuch" vor der Unterbringung in einer Institution für Chronischkranke gemacht werden kann (Aussage des behandelnden Arztes). Sie erscheint zum Erstgespräch in Begleitung einer Krankenschwester als sehr gepflegte Frau mit höflichen, aber auch sehr viel Distanz signalisierenden Umgangsformen. Sie bezeichnet sich selber spontan als eine „totale Versagerin", die ihr Leben und das ihres Ehemannes „aus Schwäche und aus Minderwertigkeit" völlig ruiniert habe. Sie solle jetzt in eine eigene Wohnung ziehen, weil ihr Mann sie „zurecht verstoßen habe". Sie sei völlig am Ende und wolle nichts mehr vom Leben. Sie säße den ganzen Tag teilnahmslos herum und nähme an therapeutischen Klinikaktivitäten nur teil, weil man es von ihr verlange. Niemand habe sich bislang die Mühe gegeben, sie richtig zu verstehen. Man habe ihr nur schwachsinnige Erklärungen, banale oder idiotische Ratschläge gegeben oder habe versucht, ihren Mann schlecht zu machen. Sie habe alle Medikamente „rauf und runter" ausprobieren müssen, aber nichts habe geholfen. Von weiteren therapeutischen Gesprächen verspreche sie sich nichts. Sie ist während des ganzen Gespräches bemüht, die Fassung zu bewahren, doch manchmal merkt man ihr eine tiefgreifende Verzweiflung an. Sie widerspricht aber nicht, als ihr ein Termin am übernächsten Tag gegeben wird.

Kurze Anamnese

Die Patientin ist als Einzelkind bei den Eltern aufgewachsen. Die Familienanamnese ist unauffällig. Den Vater (selbständiger Geschäftsmann) schildert sie rückblickend als extrem tüchtig, fleißig und als einen Menschen, dem Arbeit und Pflichterfüllung alles bedeutet hätten. Als Erzieher sei er streng, aber gerecht gewesen, habe sich keiner Gefühlsduselei hingegeben und sei immer darauf aus gewesen, ihr die wahren Werte des Lebens zu vermitteln. An die Mutter hat sie kaum Erinnerungen. Sie starb, als die Patientin sieben Jahre alt war. Keine andere Frau sei seither in die Wohnung eingezogen. In der Schule sei sie gut in ihren Leistungen, aber sozial eher zurückgezogen gewesen. Die meisten Mitschülerinnen seien ihr albern und oberflächlich vorgekommen. Bis zur Mittleren Reife hatte sie eine gute Freundin, die aber wegzog. Anschließend Eintritt in das Geschäft des Vaters. Bis zu ihrer Heirat lebte sie mit dem Vater zusammen. Mit 33 heiratete sie einen Geschäftspartner ihres Vaters, der gleichzeitig ihre erste Beziehung war. Die Ehe blieb kinderlos, keine Angabe über die Gründe. Der Ehemann habe von der Persönlichkeit und von der Lebensphilosophie viel Ähnlichkeit mit dem Vater gehabt. Zwei Jahre nach der Heirat machten die beiden sich selbständig und eröffneten ihre eigene Firma. Man habe mindestens zwölf Stunden am Tag, sieben Tage in der Woche gearbeitet, und habe gemeinsam, mit harter Arbeit zwar, ein kleines Vermögen erwirtschaftet. Der Ehemann und sie hätten ein vorzügliches Team abgegeben, „er an vorderster Front, sie in der Etappe". Der Mann habe sie für ihre tüchtige Mitarbeit reichlich belohnt, mit netten Kleidern, mit Schmuck, aber auch mit Anerkennung. Sie sei immer stolz gewesen, seine Frau zu sein, und habe sich bemüht, neben ihrer Mitarbeit im Geschäft das Einfamilienhaus zu einem kleinen Paradies zu gestalten. Gemeinsame Aktivitäten seien Restaurant- und Theaterbesuche, auch zusammen mit zwei Ehepaaren (Geschäftspartner) gewesen. Kauf einer Eigentumsferienwohnung auf einer Insel. An seinem 60. Geburtstag eröffnete ihr der Mann, er werde das Geschäft aufgeben. Finanziell seien sie mehr als abgesichert. Er werde auch das Haus verkaufen und eine Eigentumswohnung anschaffen. Er habe alles im wesentlichen schon geregelt und wolle sie damit überraschen. Er selbst habe noch für ein Jahr diverse Nachfolgegeschäfte abzuwickeln. Sie solle es sich erst einmal gut gehen lassen und Pläne für die gemeinsame Zukunft machen. Sie sei wie vor dem Kopf gestoßen gewesen, weil sie die Geschäftsaufgabe sehr überraschte und die Art, wie ihr das mitgeteilt wurde, sehr unvermittelt vorkam. Drei Wochen nach Geschäftsaufgabe und Umzug in die Wohnung erste depressive

Anzeichen. Zuerst Verdrossenheit und Lustlosigkeit, dann zunehmende Niedergeschlagenheit „ohne Grund", Antriebsverlust und schnelle Ermüdbarkeit. Sie habe stundenlang auf der Couch gelegen, über alles mögliche nachgegrübelt oder einfach in die Luft gestiert. Sie verstand sich selber nicht mehr. Sie habe versucht, alles vor dem Mann, der die meiste Zeit außer Haus verbrachte, zu verbergen, weil er sicher kein Verständnis dafür gehabt hätte. Sie entwickelte zunehmend Schuldgefühle und Angst, den Mann zu enttäuschen. Sie befürchtete auch zunehmend, dass alles bislang an ihr „Fassade" gewesen sei, und dass sie in Wirklichkeit schwach und eine Versagerin sei. Dann wollte sie sich wieder dagegen auflehnen und grübelte stundenlang darüber nach, wie sie im Leben wieder „ihren Mann" stehen könne und fand keine befriedigende Antwort. Sie verfiel manchmal in stuporähnliche Zustände, die mit Phasen extremer Unruhe und Agitiertheit abwechselten. Dann spürte sie so etwas wie Tatendrang, den sie aber in keine Richtung lenken konnte. Schließlich stellte sie ihr Mann zur Rede und verlangte eine Erklärung für Veränderungen an ihr, die ihm schließlich doch aufgefallen waren. Sie sagte, sie fühle sich krank, aber mehrere ärztliche Untersuchungen ergaben keinen Befund. Nun forderte der Mann sie auf, sich doch endlich zusammenzunehmen und schickte sie erst einmal, zwecks Abschalten, für zwei Monate auf die Insel. Dort Verschlechterung des Zustandes und Suizidversuch mit Tabletten. Der Mann holte sie ab und habe während des ganzen Rückflugs kein einziges Wort mit ihr gewechselt. Erste Klinikeinweisung. Nach vier Monaten Entlassung und erneute Einweisung nach vierzehn Tagen. Vor sechs Monaten eröffnete ihr ihr Mann, dass er das gemeinsame Leben mit ihr nicht mehr fortsetzen wolle. Er verlange noch mehr vom Leben, auch in partnerschaftlicher Hinsicht. Es würde ihr an nichts fehlen, und er habe ihr eine eigene Wohnung angemietet, die er auch schon weitgehend eingerichtet habe.

Spezielle Anamnese

Frau Wand gibt an, als Kind, als Jugendliche und als Erwachsene keinerlei psychische Probleme gehabt zu haben. Auch jetzt sei sie nicht krank, zumindest nicht seelisch, sondern sie sei ein Nichts, das nicht verdiene, dass es ihr besser gehe. Ihr Mann müsse sie leider so ertragen. Ihr einziger Trost sei, dass dies dem Vater erspart geblieben sei.

Stichwortartige Zusammenfassung der relevanten Informationen

- **Aktueller Zustand**: Unverändert; aktuelle Ereignisse: geplante Klinikentlassung am 15. Juni, Einzug in die eigene Wohnung

- **Soziale Beziehungen**: Zum Mann: nach wie vor große emotionale Abhängigkeit; sie definiert sich, wie seit eh und je, als die Frau an seiner Seite, seine Person wird stark idealisiert, ja „verklärt", keine Anzeichen für irgendwelche Aggressionen oder Vorwurfshaltungen. Kein Kontakt zu alten Bekannten aus dem Berufsleben, weil sie das Gefühl hat, total das Gesicht verloren zu haben; anderen Menschen gegenüber nimmt sie eher eine überhebliche Haltung an und hält sich „für etwas Besseres".

- **Funktionsweise**: Depressionsbedingt: totaler Negativismus, extreme Verbitterung, starke entwertende und herabsetzende Tendenzen, Traueranfälle mit starkem Weinen und Verzweiflung, anschließend Erschöpfung bei stark reduziertem Antrieb, extreme selbstherabwürdigende Tendenzen bis hin zur Selbstbeschimpfung, Rollen- und Identitätsverlust, innerlich kämpft sie verzweifelt immer wieder gegen ihr Schicksal an (Kräfteverschleiß), das sie nicht akzeptieren will. Schuldgefühle wegen vermeintlichem Versagen, extrem geringe Selbstwirksamkeitstendenzen.

- **Aktuelle Stärken**: Selbstdisziplin, Rest von Stolz.

- **Aktuell wirksame Verstärker**: persönliche Pflege, Ordnung halten in ihrem Leben, „sich nicht gehen lassen", sich dem Vater würdig erweisen, Hauptverstärker wären anerkennende oder sogar versöhnliche Zeichen seitens ihres Mannes.

- **Überdauernde Funktionsweisen**: gute soziale Umgangsformen, gute soziale Fertigkeiten, Ansätze zum „Typus melancholicus" nach Tellenbach (Ordnung, Gewissenhaftigkeit, usw.), große Wichtigkeit des Bildes, das andere von ihr haben (vor allem der Mann) „keine

Gefühlsduselei", Strenge mit sich selber und mit anderen, geringes Verstärker- und Aktivitätsrepertoire).

- **Stellung zur Vergangenheit**: starke Idealisierung des Vaters und der Beziehung zum Mann, Verstoß durch den Mann als extremes Trauma bei selbstdestruktiver Verarbeitung, rückblickend starkes Kompetenzgefühl: „damals war ich wer".

- **Stellung zur Zukunft**: Ziele Pläne, Zukunftsperspektive tendieren gegen Null, kann sich ein Leben ohne ihren Mann nicht einmal vorstellen, starke innere Widerstände dagegen und totale Ablehnung einer solchen Zukunft, starke Angst vor dem Alleinsein, keinerlei Vorstellungen über zukünftige Aufgaben oder über ein soziales Leben, starke suizidale Ideen, gelegentlich direkt Suizidwünsche bei völlig ungelöstem Hauptkonflikt, Suizidgefahr sehr groß bei Klinikentlassung und erster Zeit in der neuen Wohnung.

Entstehung der Depression (kurze Verhaltensanalyse)

- **Prädisponierende Bedingungen**: Es können zwei Arten von Bedingungen eruiert werden, die bei kritischen Lebensveränderungen für die Entstehung einer depressiven Reaktion prädisponieren. Einmal das direkte Vorbild des Vaters, der ein Modell gegeben hat, für eine Persönlichkeitsstruktur, die sehr unflexibel ist und anfällig für gravierende Lebensveränderungen. In der Pflichterfüllung, vor allem in der Arbeit, sah er geradezu die Voraussetzungen für jegliches berechtigte Selbstwertgefühl. Ferner verlangt eine solche Persönlichkeit, dass man sich den Bedingungen, die einem von den Führenden (Mann) gesetzt werden, unterordnet, ohne sie in Frage zu stellen oder gar dagegen zu rebellieren. Deswegen empfand sie ein totales Gefühlt der Hilflosigkeit, als sie mit den Entscheidungen des Mannes konfrontiert wurde. Auch Schwäche zu zeigen, selbst in schweren Zeiten, wäre ein Zeichen von mangelnder Selbstdisziplin und damit verpönt. Eine zweite Art von prädisponierenden Bedingungen ist teilweise auch durch diese frühen Erfahrungen bedingt, teilweise sind sie das Ergebnis der Lebenssituation mit dem Mann, vor allem der Art der Beziehung. Frau Wand verfügte im vordepressiven Zustand über ein sehr eingeschränktes Verstärkerrepertoire. Zudem sind die Verstärker pyramidal angeordnet, d.h. die Verstärkung durch den Mann ist das Fundament für alle anderen. Damit einher geht ein sehr geringes Aktivitätsrepertoire, das sich weitgehend auf Arbeit und Aktivitäten gemeinsam mit dem Mann beschränkte, zusammen mit der Haushaltsversorgung und der Pflege der eigenen Person. Die Beziehung zum Mann definierte sich weitgehend über die gemeinsame Arbeit. Sie war auch Hauptgesprächsthema. Als weiterer Vulnerabilitätsfaktor kommt das ungenügende Netz von sozialen Beziehungen hinzu.

- **Auslösende Bedingungen**: Vor allem zwei Ereignisse haben starke negative Folgen für die Patientin. Einmal die Geschäfts- und Hausaufgabe. Sie erfolgen rein auf Initiative des Mannes und haben ihre Lebenssituation grundlegend verändert. Während der Mann durchaus noch Gelegenheit zu Geschäftsaktivitäten hatte, fiel bei ihr in kurzer Zeit weitgehend jede Möglichkeit weg, die alten verstärkenden Aktivitäten auszuführen (Wegfall der diskriminativen Stimuli für operantes Verhalten). Als direkte Konsequenz davon fielen auch die üblichen Verstärker für dieses Verhalten weg, etwa in Form von Anerkennung durch den Mann und von Selbstverstärkung. Dasselbe galt, wenn auch in geringerem Maße, für den Hausverkauf. Nach diesen Veränderungen war ihre Umwelt durch eine sehr geringe Verstärkerdichte gekennzeichnet.

Auch die Interaktionen der Partner waren drastisch reduziert. Früher waren sie mehr oder weniger den ganzen Tag zusammen, nun war sie größtenteils allein. Auch die Kommunikation beider betraf vornehmlich geschäftliche Angelegenheiten, und nun fehlte es ihnen an Ersatzthemen. Es fiel der Patientin schwer, alternative Aktivitätsmöglichkeiten zu finden. Einmal aufgrund ihres Selbstverständnisses „Ich bin eine kompetente Frau der Tat, die Arbeit bedeutet mir alles", dann aufgrund ihres eingeschränkten Aktivitäts- und Verstärkerrepertoires. Schließlich kam es zu einem Wirksamkeitsverlust durchaus noch erreichbarer Verstärker: Das Einrichten der Wohnung z.B. bedeutete ihr nicht mehr viel, Kontakt zu den wenigen Bekannten auch nicht viel.

Die Folge der Löschungsbedingungen war eine drastische Reduktion des operanten Verhaltens und des Antriebs, dazu eine zunehmende

Niedergeschlagenheit und eine Proliferation von Grübeleien usw. (Ersatzhandlungen).

Bei beginnender Depression versuchte die Patientin mit allen Mittel ihren Zustand vor dem Mann zu verbergen. Sie fing in zunehmendem Maße an, Versagensängste und Selbstvorwürfe zu entwickeln. Die Aufforderung zu verreisen, erweckte in ihr den Eindruck, abgeschoben zu werden, und sie sah darin den Beweis ihres Versagens und ihres bevorstehenden Niedergangs. Nun verlor sie völlig die Rolle als nützliche Partnerin auf der Seite des Mannes und traute sich nicht mehr zu, durch eigenes Zutun sich wieder eine angemessene Stellung erobern zu können. Die Folge davon war eine totale Hoffnungslosigkeit, die zum Suizidversuch führte. Im Moment des Entschlusses zum Suizid spielte sie eine Art Vabanquespiel. Würde er gelingen, wäre das eine letzte Tat, durch die sie jenseits aller Schwäche rehabilitiert würde, würde sie gerettet, so würde vielleicht alles anders.

- **Aufrechterhaltende Bedingungen**: In der Klinikzeit wurde die Depression durch mehrere Faktoren aufrechterhalten. Sie war zu keiner Zeit zu einer Anpassung an die neu entstandene Lebenssituation in der Lage, sondern hing innerlich völlig an den alten Zeiten. Nur über eine Rückkehr der früheren Lebensbedingungen (enges Zusammenleben mit dem Mann, usw.) konnte sie sich vorstellen, wieder „gesund" zu werden (degenerierte Intentionen). Sie wies damit eine typische Blockade der Lebensentwicklung auf. An diesem unerfüllbaren Wunsch saß sie fest, und ihre Kräfte verschlissen sich immer mehr in einem endlosen Kampf gegen ihr Schicksal und in unnützen Grübeleien über die Ursachen ihres Unglücks. Dann folgten wieder Versuche „sich aufzuraffen" mit einer ungerichteten hektischen Aktivität ohne jede Wirkung.

Schließlich führte die durch den Mann herbeigeführte endgültige Trennung geradezu zu einem Identitätsverlust. Nun war sie nur noch „ein Stück Dreck" und entwickelte eine Zeitlang geradezu eine apathische Lähmung bis hin zum Stupor. Dann verzehrte sie sich wieder in fast wahnhaften Schuldgefühlen: Sie hatte das Leben ihres Mannes ruiniert und ihr Zustand war die gerechte Strafe dafür. Diese sich abwechselnden Zustände hatten gemeinsam, dass sie jeden Ansatz einer Anpassung an die neue Lebenssituation verhinderten.

Aktuelle Probleme

Das dringlichste Problem, das ganz im Vordergrund steht, ist die äußere, aber vor allem auch die innere Umstellung, die erforderlich ist, damit die Patientin ihr Leben außerhalb der Klinik, in einer neuen Wohnung und in einer neuen Umgebung beginnen kann, wohl wissend, dass sie es ohne ihren Mann wird führen müssen. Vor allem die innere Blockade, die ihr ein weiteres Leben als von ihrem Mann verstoßene Ehefrau als völlig inakzeptabel erscheinen läßt, verhindert jede weitere Entwicklung. An der Stelle ist durchaus die Möglichkeit einer panikartigen „Kurzschluss-reaktion" aus einer Verzweiflungshaltung heraus gegeben, auch in Form eines erneuten Suizidversuches. Ein zweites Problem, das sich direkt an das erste anschließt, ist der Aufbau einer Art zweiten Identität, bestehend aus einem Verstärker- und Aktivitätssystem, sowie aus einem Selbstkonzept und einer Zukunftsperspektive, die einigermaßen akzeptabel und konsistent sind. Dem muß allerdings eine Auseinandersetzung mit dem Mann vorausgehen und die Verarbeitung des Traumas der Trennung in einer nicht selbstdestruktiven Art und Weise.

Als Voraussetzung für die Lösung dieser Lebenskernprobleme steht die Abschwächung mehr depressionsbedingter Probleme, wie Strukturierung des Alltags, Umgang mit kräfteverzehrenden und schmerzhaften Grübeleien, Überwindung der Isolation, usw.

Umgang mit der Patientin

Die Patientin wird momentan jedem Versuch, ihre Lebensphilosophie und insbesondere ihre Einstellung zum Mann zu verändern, oder auch nur in Frage zu stellen, mit äußerstem Widerstand begegnen. Dadurch würden mit Sicherheit auch die bescheidensten Ansätze zur Aktzeptierung eines Therapeuten in seiner helfenden Rolle zerstört werden. Zu Beginn ist nur eine Hilfe, die sich vor allem auf eine sachliche Unterstützung bei der Bewältigung der Alltagsprobleme beschränkt, erfolgversprechend. Die Patientin hat gelernt, Kompetenz und Autorität zu respektieren. Ein nicht aufdringliches Hervorheben dieser Qualitäten seitens des Therapeuten ist durchaus angebracht. Zu den wenigen aktuell wirksamen Verstärkern gehören das Ausüben ihrer eigenen Kompetenz bei der Regelung praktischer Probleme, ihre Genauigkeit und Ordnungsliebe sowie ihr Bedürfnis, eine untadelige Erscheinung für andere abzugeben.

3.2.2.4 Therapieziele

Ein wichtiger Schritt der Verarbeitung relevanter Informationen ist das Aufstellen von Therapiezielen. Obwohl sie nach den Bedingungen des Einzelfalles individuell zu formulieren sind, lassen sich durchaus einige oft wiederkehrende Schwerpunkte festhalten.

Einige wichtige Therapieziele bei Depressionen

- Besseres Verständnis der eigenen Lage und der Erkrankung

- Abmilderung depressiver Symptome, wie Grübeln usw., Aufbau von anti-depressivem Verhalten (Aufbau ausgesuchter Aktivitäten, emotionale Aktivierung)

- Korrektur depressionsbedingter Funktionsweisen, z.B. Aufbau depressiver Denkweisen

- Korrektur überdauernder Funktionsweisen, wie z.B. sozialer Fertigkeiten

- Bearbeitung von grundlegenden Lebensproblemen, wie z.B. von sozialen und beruflichen Konflikten, mangelnden Anpassungsleistungen, Vereinsamung, usw.

- Aufarbeitung von Relikten aus der Vergangenheit, wie Traumatisierungen

- Aufbau von Zukunftsperspektiven, Erfüllung von Selbstverwirklichungswünschen, usw.

Aus den bisherigen Überlegungen über die Therapie von Frau Wand lassen sich folgende vorläufige Therapieziele ableiten. Mit der Nummerierung ist nicht unbedingt eine zeitliche Abfolge gemeint.

Eher kurzfristiger Art:

1. Angebot einer „Anlaufstelle", die am Anfang bei Bedarf jederzeit in Anspruch genommen werden kann (Telefonkontakte, Zusatztermine, usw.)

2. Hilfe bei der Zurechtfindung in der und bei der Gewöhnung an die neue Umgebung (Wohnung, Wohngegend)

3. Enge, kurzfristige Tagesstrukturierung

4. Ermunterung zu bestimmten Aktivitäten, wie Ordnung schaffen, Gegenstände prüfen, kleine Anschaffungen machen, usw.

5. Förderung minimaler sozialer Kontakte

6. Angebot als akzeptierender Gesprächspartner für Klagen und sogar für negativistische Äußerungen usw.

Eher längerfristiger Art:

7. Hilfe bei der Auseinandersetzung mit der aktuellen Lebenssituation und mit der Vergangenheit

8. Suche nach geeigneten Verstärkern und weitere Aktivierung, Wiederaufnahme intensiverer sozialer Kontakte

9. Disput von Annahmen und Ansichten zu ihrer Lebenssituation und zu ihrer Zukunft

10. Unterstützung bei der zu erwartenden Auseinandersetzung mit dem Ehemann, konstruktiver Umgang mit Schuldgefühlen, Scham und Aggressionen, Förderung einer zunehmenden Assertivität

11. Weitere Aktivierung eigener Werte und Bedürfnisse

12. Hilfe bei der Schaffung einer „neuen Identität" und Lebensperspektive

Um die therapeutische Vorgehensweise bei Depressionen weiter zu illustrieren, bringen wir im Anhang den Behandlungsplan für den an Depression erkrankten Mann, Herrn B., dessen innere Lage wir schon eingangs dargestellt haben.

Zusammenfassung

Schwerpunkte der Informationserhebung

- **Aktuelle Lebenssituation und aktueller Zustand**, z.B. die quälend-sten Symptome, der Schweregrad und Auftretensbedingungen, Tagesabläufe mit Aktivitäten und Leerlaufphasen, Erleben von Erfolgen und von mit Depression inkompatiblen Emotionen, wichtige Momente der aktuellen Lebenssituation.

- **Soziale Beziehungen**, z. B. die wichtigsten Kontaktpersonen, Quali-tät der Beziehung zu ihnen (Verstärkerwert, neutrale oder aversive Qualität), Konflikte, Abhängigkeiten, Herde chronischen Kräftever-schleißes, Eignung als Mediator usw.

- **Eigenarten der Funktionsweise**: *momentan depressionsspezifische Funktionsweisen* (z. B. aktivierte depressive Denkschemata usw.) und *überdauernde Funktionsweisen* (z. B. soziale Fertigkeiten, Verstärker- und Aktivitätsbreite, besondere Talente und Fähigkeiten, Wertvor-stellungen, Persönlichkeitsstruktur usw.)

- **Stellung zur Vergangenheit.** „Theorien" über wichtige Empfindun-gen und Ereignisse, insbesondere auch Krankheitsmodell, wichtige Relikte aus der Vergangenheit, Traumatisierungen usw.

- **Stellung zur Zukunft.** Zukunftsperspektive, Ziele und Pläne, Sinn-vorstellungen über das weitere Leben, Selbstverwirklichungswün-sche, Befürchtungen, Ängste

- **Entstehungsbedingungen der Depression:**

    - Prädisponierende Bedingungen wie frühe Einflüsse und beson-dere Lebenserfahrungen

    - Auslösende Momente wie Lebensereignisse und Entwicklungen im Zeitraum vor dem Ausbruch

    - Depressionssteigernde oder aufrechterhaltende Bedingungen

    - Innere: mangelnde soziale Fertigkeiten, bestimmte Formen der Persönlichkeitsorganisation

    - Äußere: geringe Verstärkerdichte in der Umwelt

- **Aktuelle Probleme und Belastungen,** z. B. konfliktbeladene Partnerschaft, Arbeitslosigkeit

- **Umgang mit dem Patienten.** Motivation, Widerstände, besondere Empfindlichkeiten, Beziehung zum Therapeuten usw.

3.2.3 Kurzfristige Therapiemaßnahmen

Der auf die Eingangsphase folgende Therapieabschnitt wird dadurch definiert, dass vor allem Maßnahmen zur Anwendung kommen, die kurzfristige Zielsetzungen haben (Hoffmann, 1976). Unter längerfristigen Zielsetzungen verstehen wir solche, die darauf abzielen, die innere und die äußere Situation der Patienten therapieüberdauernd zu verändern. So werden Traumatisierungen aufgearbeitet und deren Folgen korrigiert, die Aktivitätsstruktur wird einer veränderten Lebenssituation angepaßt, die Werte- und Motivationssysteme werden einer kritischen Überprüfung unterzogen, je nach den Bedingungen des Einzelfalls. Diese Maßnahmen haben selbstverständlich auch zum Ziel, den depressiven Zustand positiv zu beeinflussen, respektive zum Abklingen zu bringen, aber sie zielen darüber hinaus auf bleibende Veränderungen in der Funktionsweise und in der Lebenssituation der Betroffenen ab. Kurzfristige Maßnahmen hingegen richten sich mehr auf die momentane Situation, also auf eine unmittelbare Beeinflussung der depressiven Symptomatik. Insofern stellt dieser erste Teil der Therapie eine Art Krisenintervention dar. Seine Notwendigkeit ergibt sich unmittelbar aus der Lage der Patienten, aber auch aus dem Bestreben, die Voraussetzungen für längerfristige Veränderungen zu schaffen.

Welches ist die typische Lage, die kurzfristige Maßnahmen erforderlich machen? (Hofmann und Hoffmann, 2000)

- Die Intensität der negativen Emotionen und der Zustand der körperlichen Schwäche sind so groß, dass therapeutische Maßnahmen, die komplexe längerfristige Maßnahmen bezwecken, noch gegenindiziert sind.

- Die Patientin bemüht sich verzweifelt wieder aktiv zu werden und nach alten Maßstäben zu handeln. So werden ständig überholte Intentionen und Einzelelemente von alten Verhaltensplänen aktiviert, die aber an den für die Depression typischen Kräfte- und Organisationsverhältnissen scheitern müssen. Auf die Art wechseln sich Phasen der Unruhe und Agitiertheit und solche der Entmutigung und der körperlichen Erschöpfung ab.

- Die Patientin zeigt in der Depression ein extrem geringes Maß an Selbstkongruenz; sie verurteilt sich aufgrund ihres Zustands und sie erlebt sich deshalb als noch minderwertiger, als dies infolge der Depression schon der Fall ist.

- Die Patientin steht einer möglichen therapeutischen Hilfe und der Person der Therapeutin noch recht ambivalent gegenüber. Sie schwankt hin und her zwischen Appellen ihr doch zu helfen, bis hin zu deutlichen Anklammerungstendenzen einerseits, und Skepsis, Negativismus, Hoffnungslosigkeit, ja manchmal versteckte Feindseligkeit andererseits.

Bei den kurzfristigen therapeutischen Maßnahmen stehen nun folgende Ziele im Vordergrund:

- Hilfen bei der Alltagsbewältigung und bei der Bewältigung spezieller depressiver Symptome
- Hilfen zur Steigerung der Selbstkongruenz

Wir wollen uns nun ausführlich mit Maßnahmen zu den einzelnen Zielen beschäftigen. Doch zuerst geben wir einen kurzen Überblick.

Kurzfristige Therapiemaßnahmen

- **Hilfen bei der Alltagsbewältigung und bei der Bewältigung spezieller depressiver Symptome.**

  Kräfteersparnis im Alltag

  Kräfteersparnis bei Aktivitäten

  Strukturierung von Tagesabläufen

  Kräfteersparnis im Umgang mit Personen

  Kräfteersparnis im Umgang mit Problemen

  der Therapeut als Hilfs-Ich

  Instruktion von Mediatoren

  Kräfteerwerb im Alltag

  Aktivitäten zur Kontrolle depressiver Symptome

  - Welche Aktivitäten eignen sich dafür?

  - Den Patienten erzählen lassen

  - Körperlich-sportliche Betätigung

  - Einfache Konzentrationsübungen

  - Aktivitäten aus ehemals positiven Lebensphasen

  Aktivitäten zur Überwindung von Blockaden

  - Notwendige Dinge erledigen lassen

  - Aufheben von Blockaden und von Festsitzen

  Aktivitäten zur Stimmungsaufhellung

  - Das Prinzip der seelische Mobilisierung

  - Anleitung zu „vollständigen Aktionen"

  - Therapeutische Aktivierung: Kriterien der Ausführung

- **Hilfen zur Steigerung der Selbstkongruenz**

  Lernen, die eigene Depression besser zu verstehen

  Vermittlung eines „demokratischen Selbstregulationsmodus"

  Wahrhaftigkeit des Selbst schaffen

3.2.3.1 Hilfen bei der Alltagsbewältigung und bei der Bewältigung spezieller depressiver Symptome

Viele depressive Patienten berichten immer wieder über Schwierigkeiten „über den Tag zu kommen". Nach dem (oft verfrühten) Aufwachen empfinden sie nicht selten eine starke Angst, weil sie keine konkreten Vorstellungen über die Gestaltung des Tagesablaufs haben oder weil Aktivitäten von ihnen selber oder von anderen erwartet werden, die sie glauben, nicht bewältigen zu können. Sie befürchten, dass sie zu wenig Kraft dazu hätten oder die Energie, die ihnen verbleibt, schlecht mobilisieren und einsetzen zu können. Sie beklagen sich zumeist auch darüber, dass sie sehr schwer in Gang kommen und dann sehr schnell den Mut verlieren, weiterzumachen. Oft treten auch innerhalb des Tagesablaufs im Anschluss an bestimmte Aktivitäten „Leerlaufphasen" ein, die mit Ruhe und Erholung nicht das Geringste zu tun haben, sondern im Gegenteil eine Art Erschöpfung darstellen, bei der vermehrt Niedergeschlagenheit und Selbstvorwürfe eintreten.

Der Versuch, depressiven Patienten kurzfristig dabei zu helfen, ihren Alltag besser zu bewältigen, wird in der Literatur fast immer ausschließlich unter dem Aspekt „Aktivierung" behandelt, mit dem Ziel, dadurch positive Rückwirkungen (Verstärker genannt) auf den Zustand zu erzielen. Das bedeutet, in einer anderen Terminologie, die Bilanz der zur Verfügung stehenden Kräfte durch erhöhte „Einnahmen" zu verbessern. Dabei wird übersehen, dass es genauso notwendig ist, die Bilanz und damit den Gesamtzustand durch eine unnütze oder momentan unzumutbare „Kräfteverausgabung" (sogenannte „schwarze Löcher") günstig zu beeinflussen. Fangen wir an der Stelle an.

3.2.3.1.1 Kräfteersparnis im Alltag

An der Stelle handelt es sich darum, den Patienten dazu zu bringen, bestimmte Typen von Aktivitäten ganz zu unterlassen oder aber auf ein Minimum zu beschränken. Das sind vor allem Aktivitäten, die die Konzentrations- und Merkfähigkeit stark beanspruchen. Wenn es darum geht, depressiven Menschen dabei zu helfen, kräftemäßig nicht über ihre Verhältnisse zu leben und ihre „Ausgaben" vernünftig zu organisieren und zu dosieren, so gibt es mehrere Ansatzpunkte dafür. Die Maßnahmen können bestimmte Aktivitäten betreffen, insbesondere den Umgang mit bestimmten Personen oder die Beschäftigung mit bestimmten

Problemen. Ist dies nicht möglich, so benötigt der Patient in vielen Fällen eine gezielte Hilfe dabei. Schließlich kann eine rationellere Organisation des Alltags sich sehr förderlich auswirken.

Kräfteersparnis bei Aktivitäten

Die Wahrscheinlichkeit, dass jemand im depressiven Zustand von Aktivitäten überfordert wird und dadurch ein depressionsverstärkender Effekt entsteht, bis hin zur Erschöpfung, hängt von folgenden Faktoren ab:

- **Von der Schnelligkeit, mit der eine Aktion ausgeführt werden muß**
  Patienten berichten immer wieder darüber, dass sie große Probleme haben, wenn sie mit Situationen konfrontiert sind, die schnelle Reaktionen erfordern.

- **Von der Dauer der Aktivitäten**
  Dieselbe Tätigkeit kann relativ gut gelingen, wenn sie zeitlich nicht zu sehr ausgedehnt ist. Sie kann sehr schnell zu Unlust, Überforderung und Erschöpfung führen, wenn sie zeitlich ein für den Kranken zuträgliches Maß überschreitet. Ein Beispiel dafür ist längeres Warten, das bei vielen depressiven Menschen sehr schnell zu einer Exazerbation ihrer Symptomatik führt. Warten ist eine relativ schwierige Aktivität, bei der bestimmte Verhaltenstendenzen aktiviert sind, und diese Aktivierung muß aufrechterhalten werden. Gleichzeitig müssen diese Verhaltenstendenzen unter Kontrolle gehalten, d. h. gehemmt werden, denn der Zeitpunkt zum Handeln ist noch nicht gekommen. Das ist bei Menschen, die auf einem sehr geringen Kräfteniveau funktionieren, ein Unterfangen, das sie leicht überfordert, und sie berichten immer wieder darüber, wie negativ sich ein längeres Warten auf sie auswirkt.

- **Von der Komplexität von Situationen und der Schwierigkeit von erforderlichen Anpassungen**
  In den meisten Fällen läßt sich der Abfall der körperlichen und psychischen Leistungsfähigkeit, der der Erschöpfung zugrunde liegt, nicht durch die Menge der von außen registrierbaren geleisteten Arbeit erklären. Eine Kranke Janets, die stundenlang Romane lesen

konnte, fiel nach wenigen Minuten in einen akuten Erschöpfungszustand, wenn sie ihrem Kind Märchen vorlesen wollte. Die Menge der effektiv geleisteten Arbeit, so kann man aus den Reaktionen der Patientin schließen, muß im zweiten Fall beträchtlich größer sein als im ersten, obwohl eine oberflächliche Beobachtung zu einem entgegengesetzten Ergebnis führen würde. Was macht den „erschöpfenden" Charakter der zweiten Tätigkeit aus, verglichen mit der ersten? Betrachtet man die Aktionen, die besonders häufig zu Müdigkeit im Sinne von Erschöpfung führen, so fällt auf, dass es sich vornehmlich um solche handelt, die eine komplexe Anpassung verlangen. Allein lesen ist eine Tätigkeit, die zwar ein Minimum an Konzentration, Aufmerksamkeit und Ausdauer verlangt, aber eine relativ einfache Tätigkeit ist, weil nur eine geringe Anzahl an relevanten Bedingungen berücksichtigt werden muß. Seinem Kinde vorlesen ist eine wesentlich komplexere Handlung. Sie erfordert neben der Rezeption und Reproduktion eines Textes eine soziale Anpassung an die Reaktionen des Kindes. Neben dem eigentlichen Lesen muß angemessenes „Mutterverhalten" realisiert werden, also in einer gewissen Art eine Anpassung an die Rolle der „guten Mutter". Gleichzeitig ist der eigenen Stimmung und den eigenen Bedürfnissen, die oft im Gegensatz zu denen des Kindes stehen, bis zu einem gewissen Grad Rechnung zu tragen, sollte der ganze Vorgang nicht schnell zu Überdruß führen.

Anpassungen sind besonders dann erforderlich, wenn Milieuwechsel stattfinden. Deshalb besteht für Depressive auch die Empfehlung, möglichst Ortswechsel, z.B. längere Reisen, zu vermeiden.

Aber auch alltägliche Ereignisse können Anpassungsleistungen fordern und dadurch für den Betroffenen schwierig werden, wenn sie bestimmte Eigenarten aufweisen. Für manche stellt sich die Notwendigkeit, einen Einkauf vorzubereiten (Einkaufsliste erstellen, Auswahl angemessener Kleidung usw.) zusammen mit der Drohung der unausweichlichen sozialen Begegnungen eine höchst komplizierte Tätigkeit dar. Das Sichten und Auswerten der Post mit den sich daraus ergebenden Überlegungen und dem evtl. daraus entstehenden Handlungsbedarf können Ereignisse darstellen, deren kräftezehrender Charakter schon im voraus geradezu eine Lähmung entstehen läßt. Im Anschluss daran können dann, wie bei unserer Patientin, Erschöpfungszustände auftreten, die für Außenstehende kaum noch nachvollziehbar sind. Doch zumindest Therapeuten müssen solche

Abläufe kennen und verstehen, um ihnen vorbeugen zu können oder in der Lage zu sein, den Betroffenen gezielt zu helfen.

Der erste therapeutische Gesichtspunkt zu einer besseren Alltagsbewältigung durch Kräfteersparnis bei Aktivitäten betrifft also die Schwierigkeiten bei Aktivitäten, die die oben genannten Charakteristika aufweisen. Es ist oft erforderlich, dass in der Therapie gezielte Maßnahmen ergriffen werden, um sie zu reduzieren, im Interesse einer besseren Erholung.

Strukturierung von Tagesabläufen

Ein anderer zentraler Aspekt der Kräfteersparnis bei Aktivitäten betrifft eine entlastende Ordnung, die den Tagesablauf überschaubarer und damit besser bewältigbar macht.

Am Anfang der Therapie lernt die Patientin zusammen mit der Therapeutin einzelne Tage genau vorzustrukturieren anhand von Tagesprotokollen (Hoffmann, 1976). Zunächst sollen lediglich solche Handlungen geplant und aufgebaut werden, die der Patientin eine äußere Struktur, Halt und Sicherheit vermitteln. Das sind vor allem ganz einfache Tätigkeiten, wie Gewohnheitshandlungen und früher automatisch vollzogene Alltagshandlungen. Selbst zu ihnen war die Patientin anfangs aus Kräftemangel und innerer Desorganisiertheit kaum in der Lage. Sie brachte die Energie nicht auf, um sich den Impuls zum Handlungsbeginn zu geben (im normalen Zustand bemerkt man diesen Impuls gar nicht). In einer frühen Therapiephase ist es wichtig, sie darauf hinzuweisen, dass sie nicht unbedingt so etwas wie Freude, Spaß oder Erfolgserlebnisse bei der Ausführung der Tätigkeiten verspüren muß. Die Aktivitäten sind ja auch von ihrer Art her wenig dazu geeignet. Es ist ausreichend, wenn es ihr gelingt, sie in einer einigermaßen neutralen Verfassung zu absolvieren.

Durch strikte Anweisungen der Therapeutin zu Zeit, Dauer und Ort der einfach auszuführenden Handlungen fühlte sich die Patientin innerlich besser organisiert, und der kräfteverzehrende Eigenimpuls wurde mit der Zeit kaum mehr notwendig. Bei einer solchen einfachen Form der Aktivierung, wie sie zu Beginn der Therapie oft unverzichtbar ist, können zusätzliche Hilfen, wie Kurzkontakte am Telefon, eingebaut werden. Das äußere Gerüst, das vorgegeben wird, führt zu einer größeren inneren Straffung, bei der Tätigkeiten immer mehr wie selbstverständlich ausgeführt werden. Zusätzlich fungieren sie als wichtiges Abschirmmittel gegenüber gedanklichen Intrusionen in Form von Grübeleien und sich unkontrolliert ausbreitenden Emotionen. In die Strukturierung sollten auch Erholungspausen (bis hin zu sich hinlegen) eingearbeitet werden. Aktivitäten und Erholung sollen möglichst strikt getrennt sein, um eine Regenerierung zu ermöglichen. Eine zögerlich mit geringer Kraft ausgeführte Aktivität ist keine, eine Erholungspause mit intrusiven Grübeleien bringt keine Erholung. Beides führt zu starkem Kräfteverschleiß.

Kräfteersparnis im Umgang mit Personen

Eine besondere Berücksichtigung verdient der soziale Umgang depressiver Menschen und seine Konsequenzen. Sehr häufig wird im Rahmen einer Depressionstherapie eine soziale Aktivierung „auf Teufel komm raus" empfohlen. Man sieht in der Tendenz der Patienten, sich erst einmal weitgehend zurückzuziehen, eines der Hauptübel in dem Sinne, dass dadurch die Depression aufrechterhalten würde. Vor einer solchen unreflektierten Haltung kann nur gewarnt werden. Hier zugrunde liegt die naive, stark ideologisch gefärbte Auffassung, dass die Hinwendung zu anderen Menschen immer gut sei, weil ja der Mensch ein soziales Wesen sei und dergleichen Platitüden mehr. Dadurch werden Patienten oft sehr früh unter einen Druck gesetzt, der mehr als kontraproduktiv ist, weil ihnen suggeriert wird, dass ihre „Rettung" in etwas bestünde, dem sie aufgrund ihrer Befindlichkeit sehr stark aus dem Weg gehen wollen.

Auch hier muß wieder sorgsam abgewägt werden, welche Wirkungen welche sozialen Aktivitäten auf den momentanen Zustand der Patienten haben sollen. Dann können wir unterscheiden zwischen sozialen Interaktionen, die „Verstärkerwert" haben und sich damit positiv auswirken und solchen, die im Augenblick besser eingeschränkt werden sollten.

Zu den letzteren gehören mit Sicherheit Personen, mit denen gravierende Konflikte bestehen, vor allem dann, wenn zu vermuten ist, dass sie kausal an der Entstehung der Depression mit beteiligt sind. Nicht selten neigen Therapeuten dazu, Patienten geradezu dazu nötigen, in solchen Fällen „klaren Tisch" zu machen, die Konflikte zur Sprache zu bringen, „auszudiskutieren", „aufzuarbeiten" und sich endlich „durchzusetzen", in der illusorischen Hoffnung, dadurch der Depression sozusagen den Boden zu entziehen.

Was die Kranken im Vorfeld ihrer Depression nicht selten in die Erschöpfung getrieben hat, waren außerordentliche und kräfteraubende Ver-

94

suche, gerade dies zu bewerkstelligen und sie sind damit nicht zum Erfolg gekommen. Ausgerechnet jetzt , wo die kräftemäßigen Mittel, die sie einsetzen könnten, um ein vielfaches reduziert sind, wo sie von Zögerlichkeit, Selbstzweifeln und Unsicherheiten heimgesucht werden, sollen sie solche „Lösungen" geradezu erzwingen!

Besonders kompliziert und pathogen erweisen sich chronische Konflikte, die im engsten Kreis, vor allem im Familienkreis, anzutreffen sind. So erweisen sich Partnerschaftsstreitigkeiten, Konflikte zwischen Eltern und Kindern oder andere Auseinandersetzungen zwischen engsten Angehörigen, wie Geschwistern, als kritische, krankmachende Bedingungen, die im Vorfeld von Depressionen überdurchschnittlich häufig anzutreffen sind.

Je enger eine Beziehung ist, desto größer ist die Möglichkeit jedes der Protagonisten auf die Gefühle des anderen Einfluss zu nehmen. Bei weniger intimen Kontakten geht es vorwiegend um sachliche Dinge, und wir verfügen über recht allgemeine Verhaltensstrategien, um den Umgang mit anderen mehr oder weniger zufriedenstellend zu regeln. Gefühle bleiben bei solchen Interaktionen, außer in besonderen Fällen, weitgehend ausgeklammert. Bei der größeren Nähe, die für enge Beziehungen typisch ist, wird alles wesentlich komplizierter. Es geht dabei nicht nur um sachliche Transaktionen („wer macht den Einkauf?"), sondern auch darum, jeweils zwei unterschiedliche Gefühlslagen aufeinander abzustimmen, um eine möglichst große beiderseitige Zufriedenheit zu erzielen („Wie sage ich ihm, dass er nun endlich dran ist, ohne ihn wieder zu beleidigen und ohne dass ich wieder den Eindruck habe, ihn darum bitten zu müssen?"). Funktioniert die gegenseitige Beeinflussung zum beiderseitigen Vorteil einigermaßen reibungslos, so sind beide gut aufeinander eingespielt. Den weitgehend sich ergänzenden Interessen können durch erprobte Umgangsstrategien meist ausreichend genüge getan werden. Kommt es zu Konflikten, Interessen- oder Meinungsverschiedenheiten, so werden die Transaktionen komplizierter, heikler und verlangen viel mehr Kraft, damit das gemeinsame Leben einigermaßen aufrechterhalten werden kann. Treten anstelle erpresserische oder Bestrafungsmechanismen, so wird der Gefühlsaufwand überdimensional groß. Über kurz oder lang kommt es zu einem Bruch oder einer der Protagonisten wird „krank". Das bedeutet: Er gibt auf der einen Seite seine Unterlegenheit zu und bekennt sich als das schwächste Glied. Oft entwickelt er aber gleichzeitig aus den Krankheitssymptomen heraus andere Strategien, um die Auseinandersetzung weiterzuführen.

Bestimmt eine solche Konstellation die dynamischen Verhältnisse eines depressiven Menschen, so ist die pathogene und depressionsaufrechterhaltende Interaktion am Anfang so weit wie möglich einzuschränken. In einigen Fällen wird man davon ausgehen müssen, dass sie erst einmal ganz zu unterbinden ist, damit es überhaupt zu einer Besserung des Patienten kommen kann. Dann ist unter Umständen eine klare Indikation für einen stationären Krankenhausaufenthalt gegeben, bei einer zeitweisen völligen Abschirmung vor kritischen und überfordernden Kontakten. Auf keinen Fall aber darf unter völliger Verkennung der Möglichkeiten in der Krankheit eine Auseinandersetzung gefordert oder gar erzwungen werden.

Kräfteersparnis im Umgang mit Problemen

Bei der Vorgehensweise der „beruhigenden Versicherungen" (siehe Seite 63 - 64), die aus mehr allgemeinen Informationen über die depressive Störung bestehen, werden neue „Hüllen" oder „Kategorien" im kognitiven System der Patienten etabliert, die nach und nach mit hoffnungssteigernden und handlungsorientierten Inhalten gefüllt werden. Eine zweite Kategorie von entlastenden Aussagen, die Therapeuten zur Stütze ihrer Patienten machen sollten, helfen diesen ihren derzeitigen Ist-Zustand erst einmal anzunehmen. Sie sollen in einem ersten Schritt dazu verhelfen, eine zu feste Bindung an alte Ansprüche und Ziele zu lockern und eine verständnisvollere Haltung sich selber gegenüber einzunehmen.

Dafür gibt es eine Reihe von Voraussetzungen, die den Patienten verdeutlicht werden:

- Das subjektive Gefühl der Schwäche, die mangelnde Ausdauer und schlechte Konzentrationsfähigkeit, die der Patient empfindet, sind nicht eingebildet oder ein Anzeichen für sich gehen lassen. Er ist in der Tat in vielerlei Hinsicht beeinträchtigt. Dieser Zustand ist zwar vorübergehend, aber real. Es ist für Patienten außerordentlich entlastend festzustellen, daß der Therapeut sie im vornherein über kognitive Defizite aufklärt: „Ich vermute, Sie haben Probleme sich auf eine Sache zu konzentrieren und Zusammenhänge herzustellen. Ich nehme an auch Ihre Merkfähigkeit ist beeinträchtigt und darüberhinaus fällt Ihnen Planen und Entscheiden besonders schwer. Aber ich kann Ihnen versichern, daß diese Schwierigkeiten voll und ganz verschwinden werden, nur momentan müssen Sie damit leben und wir werden das berücksichtigen."

- Bestimmte Probleme werden deshalb „vertagt", alles, was nicht unbedingt jetzt angegangen werden muß, wird auf „bessere Zeiten" vertagt. Vertagen darf nicht mit „verdrängen" gleichgesetzt werden. Das Problem wird als solches erkannt und anerkannt, aber die Beschäftigung damit wird dann erfolgen, wenn die inneren und äußeren Bedingungen günstiger sind. Der Patient erhält immer wieder vom Therapeuten ausdrücklich die Erlaubnis, so vorzugehen. Bspw. fühlte sich eine Patientin enorm unter Druck, nachdem ein fester Termin mit Freunden verabredet worden war. Als sie mit Einverständnis des Therapeuten ihnen mitgeteilt hatte, dass sie gegebenenfalls kurz vorher absagen würde, wenn es ihr schlecht ginge, fühlte sie sich auf der Stelle erheblich besser und sah dem Termin mit Gelassenheit entgegen.

- Stabilisierung und Erholung haben absoluten Vorrang. Das Beste, das der Patient im Moment für sich tun kann, ist, dem Therapeuten auf diesem Weg zu folgen. Ungeduld, Selbstvorwürfe und Entmutigung wegen zu geringer Leistung sollen auf diesem Weg immer wieder aufgefangen werden. Außer wenn es absolut notwendig ist, eine „Lebensblockade" aufzulösen (siehe Seite 110 -114), wird die Beschäftigung mit bestimmten Problemen zurückgestellt. Dies soll auch dann geschehen, wenn sie als Teilursache der Depression eine Rolle spielen oder von großer Wichtigkeit für die Zukunft sind.

Der Therapeut als Hilfs-Ich

Eine große Entlastung ergibt sich aus der speziellen Rolle, die Therapeuten am Anfang gegenüber schwer depressiven Patienten einnehmen sollen. Es fällt denjenigen, die sich der klassischen Vorstellung über ihre Tätigkeit verpflichtet fühlen, am Anfang nicht leicht, das Verhalten den Patienten gegenüber zu realisieren, das wir als das eines „Hilfs-Ichs" bezeichnen. Worin besteht es?

- Im Dienst der notwendigen Kräfteersparnis übernimmt der Therapeut Aufgaben, die eine gesunde stabile Persönlichkeit selber zu leisten in der Lage ist. Bei einem schwer depressiven Menschen aber funktioniert dies ungenügend und wäre darüberhinaus zu energieraubend. Gesunde Menschen sind in der Lage, Informationen über potentielle Gefahrenquellen, aber auch über Hilfsmöglichkeiten zu sammeln, und sich so auf eine realistische Art zu orientieren. Als Ergebnis davon spiegeln sie verschiedene Alternativen und Lösungsmöglichkeiten kognitiv durch, behalten die bei, die am wirksamsten Angst reduzieren und setzen sie in dieser Funktion immer wieder ein. Diese Rolle muß bei einem Depressiven zumindest am Anfang weitgehend der Therapeut übernehmen. Er redet immer wieder beruhigend, Angst reduzierend und Hoffnung steigernd auf den Patienten ein. Er kann sich dabei nicht darauf verlassen, dass das einmal Gesagte „verstanden" worden ist, dass ihm geglaubt wird, und dass der Patient daraus für ihn positive Schlussfolgerungen zieht (siehe beruhigende Versicherungen, Seite 63-64).

- Eine solche positive Einflussnahme ist unter Umständen so notwendig, dass die Therapiesitzungen in der üblichen Frequenz dafür nicht ausreichen. Es sollten da zusätzliche Kurzkontakte eingeplant werden, bis hin zu täglichen kurzen Sitzungen und mehreren, zu einem bestimmten Zeitpunkt verabredeten Telefonkontakten (worauf übrigens zu achten ist, dass es immer der Patient ist, der anruft). Besonders in kritischen Momenten, wie kurz nach dem Aufstehen oder im Anschluss an bestimmte Aktivitäten, erweisen sich solche Kontakte oft als unentbehrlich. Dabei fragt der Therapeut nach, verstärkt, hilft über Enttäuschungen und Frustrationen hinweg, versucht allzu depressiver Interpretationen vorsichtig in Frage zu stellen, ermutigt und drückt seine Anteilnahme und Hilfsbereitschaft immer wieder aus.

- In der Phase ist es meist auch notwendig, mit Verhaltensanweisungen zu operieren. In einigen Fällen, um zeitraubende und ermüdende Entscheidungsprozesse beim Patienten abzukürzen, wird der Therapeut unmittelbar und unmissverständlich eine Alternative favorisieren und sie quasi „verschreiben". Er wird auch öfters dem Patienten einfach sagen: „Jetzt tun Sie bitte dies oder jenes", meist mit einer kurzen Begründung, aber auch ohne auf Zweifel und endloses Zögern des Patienten einzugehen. Als Frau Wand eines Tages Symptome einer möglichen körperlichen Erkrankung an sich feststellte und dem Therapeuten mitteilte, überlegte sie immer wieder hin und her, ob sie sich für eine etwas aufwändige diagnostische Maßnahme anmelden sollte. Beim nächsten Treffen sagte ihr der Therapeut ohne Umschweife: „So, ich habe jetzt eine Telefonnummer, nun gehen Sie bitte ans Telefon und machen Sie einen Termin aus.". Frau Wand tat es auf der Stelle. Selbstredend sollen keine „Lebensentscheidungen" auf diese Art getroffen werden, aber alles muß nicht all das, was den Patienten betrifft, „sokratisch" erarbeitet werden, in seinem eigenen, wohlverstandenen Interesse.

• Die von uns kurz beschriebene Rolle stößt, wie schon bemerkt, oft auf Widerstand bei Therapeuten, die sich dabei überfordert, missbraucht oder einfach unwohl fühlen. Die Haupteinwände sind:
Dadurch würden ja nur Apathie, Abhängigkeit und Versorgungsansprüche beim Patienten verstärkt. Das ist bis zu einem gewissen Grad sicherlich der Fall, aber im Interesse einer Verbesserung des Zustandes und der Möglichkeit weiterführender Arbeit, muß dies in Kauf genommen werden. Darüber hinaus wird ständig in der Therapie ausgelotet, wie aktivierbar Patienten schon sind und inwieweit ihr stabilisiertes Ich schon in der Lage ist, diese Funktionen sukzessive zu übernehmen.
„Ich bin doch kein Kindermädchen", hört man auch gelegentlich. Doch man möge bitte bedenken, dass Depressionen sehr wohl mit zeitweiligen tiefgreifenden, regressiven Tendenzen einhergehen können. In dieser Hinsicht ist der Vergleich verständlich, aber in der Sache dann doch falsch. Es geht in Wirklichkeit nicht um ein bloßes „Betütteln", sondern um ein komplexes, fein auf den anderen abgestimmtes, differenziertes Verhalten. Es erweist sich aus der Sicht der Patienten als extrem hilfreich, und sehr häufig berichten sie gegen Ende der Therapie, dass die Art, wie der Therapeut am Anfang mit ihnen umging, sie über Wasser gehalten hätte. (Doch man erwarte übrigens nicht unbedingt anerkennende und verstärkende Kommentare seitens des Patienten. Therapeuten müssen über weite Strecken in der Lage sein, sich selbst zu verstärken.)
Sicher kollidiert eine solche Auffassung von Therapeutenverhalten gelegentlich mit einem festgefahrenen, etwas hochnäsigen Berufsverständnis. Doch es gibt dazu oft keine Alternativen. Ernsthaft warnen müssen wir allerdings vor einer Position, wie sie uns ein Kollege einmal nahebringen wollte. Er sei von Anfang darauf aus, „depres-

sive Patienten mit kompromissloser Strenge mit ihrer Verantwortung als Erwachsene zu konfrontieren, er selber müsse sich schließlich auch so verhalten."

Instruktion von Mediatoren

Zu einer weiteren Entlastung kann der gezielte, in der Therapie induzierte Einsatz von Mediatoren führen. Das Mediatorenkonzept, eine sehr frühe verhaltenstherapeutische Strategie, bezieht konsequent die natürliche Umwelt der Patienten in die Therapie mit ein. Ein Teil der „therapeutischen Arbeit" wird ihnen damit übertragen. Da sie (Partner, Eltern usw.) im natürlichen Lebensfeld der Patienten agieren, können sie sehr schnell und gezielt in einem therapeutisch förderlichen Sinne einwirken. In einer frühen Therapiephase sollen Partner instruiert werden, durch relativ einfache Verhaltensmaßnahmen an einer Verbesserung des depressiven Zustandes mitzuwirken. Später, vor allem dann, wenn gravierende Konflikte vorhanden sind, muß eine weitere partnerschaftszentrierte Intervention erfolgen.

Die wichtigsten frühen Maßnahmen sind:

1. Der Partner soll ungefähr auf demselben Informationsstand über Depressionen gebracht werden, wie der Patient selber.

2. Er muß Verständnis für den Zustand des Patienten entwickeln, und Vorwürfe, Kritik usw. unbedingt unterlassen. Es dürfen auch keine moralischen Appelle oder gut gemeinte, unter Druck setzende „Hilfestellungen" erfolgen, die leicht zu einer Überforderung führen können. Der Partner sollte auch für Anzeichen von Erschöpfung und für Anzeichen von Suizidgefährdung sensibilisiert werden.
   Auf der positiven Seite soll er Vorschläge und Anregungen machen, aber es dem Patienten überlassen, ob er darauf eingeht. Wichtig ist weiter ernst gemeinte positive Verstärkung für Aktivitäten und zukunftsorientierte Äußerungen. Nützlich ist eine empathische, hilfsbereite Haltung dem anderen gegenüber, ohne dass das zu Verwöhnung oder gar Entmündigung führt.

100

3. Der Partner sollte trotz seiner Betroffenheit nicht auf den Gedanken kommen, dass es vorwiegend von seinem Engagement abhängt, ob der Kranke wieder gesund wird. Man muß auch unter Umständen irrationale Schuldgefühle („Was habe ich bloß falsch gemacht?") mit ihm bearbeiten. Er sollte auch dabei unterstützt werden, trotz allem sein Leben weiterzuführen, weil eine „Ansteckung" durch die Depression des anderen, zu einer Katastrophe für beide führen würde.

3.2.3.1.2 Kräfteerwerb im Alltag

Bei dem Versuch, depressiven Patienten den Alltag erträglicher zu machen und produktiver im Sinne einer fortschreitenden Besserung, wird Aktivierungsmaßnahmen von jeher eine große Rolle zugeschrieben. Allerdings wird dieses Thema in der Fachliteratur oft sehr oberflächlich und zum Teil falsch behandelt. So haben wir im vorangegangenen Abschnitt darauf hingewiesen, dass unter Umständen die Unterbindung bestimmter Typen von Aktivitäten ein sehr wichtiges Therapieziel sein kann. Das wird oft übersehen. Zum zweiten wird nicht genug unterschieden zwischen verschiedenen Typen von Aktivierungsmaßnahmen, mit jeweils anderen Zielsetzungen. Statt dessen wird meist pauschal gefordert, nach „verstärkenden" oder „angenehmen" Aktivitäten Ausschau zu halten, ohne näher zu spezifizieren, was darunter zu verstehen sei. Diesen wird dann eine Art Allheilfunktion zugeschrieben, so als seien sie in jeder Situation und in jeder Hinsicht „gut gegen Depressionen". Schließlich wird das therapeutisch wichtige Problem der Modalitäten der Ausführung und der Rolle, die Therapeuten dabei zu spielen haben, fast völlig ausgeklammert.

Beginnen wollen wir mit der Frage, mit welchen Typen von Aktivierung wir es in der Depressionstherapie zu tun haben. Wir behandeln sie unter der Rubrik „Kräfteerwerb", weil sie alle, im günstigen Falle, zu einer direkten Verbesserung der Befindlichkeit der Patienten führen sollen. Wir behandeln sie auch unter dem Aspekt „kurzfristige Zielsetzungen" und Hilfen bei der Alltagsbewältigung ,weil sie direkte Implikationen für die ganz aktuelle Lebenssituation der Patienten haben. Wichtige Aktivierungsmaßnahmen aber bilden einen wichtigen Anteil auch weiterführender Therapieabschnitte. Das wird an den entsprechenden Stellen deutlich werden.

Folgende Typen lassen sich unterscheiden:

– Aktivitäten, mit denen Kontrolle über depressive Symptome erlangt werden sollen

– Aktivitäten, die notwendig sind, um Blockaden zu überwinden

– Aktivitäten, die zu einer unmittelbaren Stimmungsaufhellung und zu einem inneren Kräftezuwachs führen sollen

Wir wollen die einzelnen nun ausführlicher behandeln.

Aktivitäten zur Kontrolle depressiver Symptome

Bei der Schilderung kräftesparender Maßnahmen haben wir die Strukturierung von Tagesabläufen und das Einplanen von Maßnahmen beschrieben, die dem Leben des Patienten mehr Halt und Sicherheit geben sollen. Wir haben dabei Alltagshandlungen empfohlen, die kräftemäßig wenig aufwendig sind und im prädepressiven Zustand weitgehend automatisiert ablaufen. Neben dem Bestreben, dem Tag des Patienten ein allgemeines Gerüst geben zu wollen, können darüber hinaus bestimmte Aktivitäten eingesetzt werden, vor allem mit den folgenden Zielsetzungen:

– Erleben erster Selbstwirksamkeitserfahrungen bei der Kontrolle von depressiven Symptomen, wie mangelnde Konzentration, Grübeleien, sich unkontrolliert ausbreitenden Emotionen usw.

– Reduktion einer verallgemeinerten Hilflosigkeitseinstellung in Bezug auf die Lebensbewältigung

– allgemeine Aktivierung, die zum Ausgangspunkt einer Verbesserung des körperlichen und seelischen Befindens werden soll

Welche Aktivitäten eignen sich dafür?

In der Literatur wird allgemein empfohlen, nach Aktivitäten zu suchen, die „angenehm" seien, dem Patienten „Spaß" bereiteten oder zumindest ihm früher „Spaß" bereitet hätten. Durch solche Empfehlungen wird die Natur einer Depression geradezu verkannt. Sie besteht ja zum großen Teil darin, dass Interessen, positive Valenzen und Sinn stiftende Zusammenhänge weitgehend kollabiert sind. So beschweren Therapeuten sich auch immer wieder darüber, dass ihre Patienten klagen würden, dass nichts ihnen mehr Spaß mache, sie keine Freude bei Gedanken an bestimmte Tätigkeiten empfänden, die ihnen früher angenehm gewesen seien oder die sie als sinnvolle Schritte auf dem Weg zu einem persönlichen Ziel empfunden hätten - aber dieser Effekt ist unausweichlich, wenn es sich um einen richtig depressiven Menschen handelt. Es erweist sich also als nicht besonders nützlich, sich bei der Suche nach geeigneten Aktivitäten an einem Konzept wie „Spaß" oder ausschließlich an der früheren Wirkung zu orientieren.

Wir schlagen daher folgende Auswahlkriterien vor:

- Die Aktivität soll dem Patienten gut bekannt sein und er soll sie (im prädepressiven Zustand) mühelos beherrschen. Er soll ein deutliches Bild vom Anfang, vom Verlauf und von der Beendigung haben.

- Der Schwierigkeitsgrad soll so gewählt sein, dass sie mit großer Wahrscheinlichkeit zum Abschluss gebracht werden kann. Misserfolge in dem Stadium haben in der Regel sehr schlimme Folgen und sollten unter allen Umständen vermieden werden.

- Von der Kraftanstrengung, die sie verlangt, soll sie den Patienten nicht zu sehr ermüden oder sogar erschöpfen. Wichtig ist, dass er die Kriterien kennt, die den Übergang zur Erschöpfung anzeigen. Ein Patient sagte: „Dann habe ich gespürt, wie die Unruhe wieder da war und dann brach ich meine Tätigkeit gleich ab, ehe ich wieder innerlich abstürze. Das habe ich gelernt und es ist eine Riesenhilfe."

- Der Patient soll in der Lage sein, seine Aufmerksamkeit während der ganzen Ausführung auf einem gewissen Niveau zu halten. Er soll ausreichend auf sie „hingelenkt" sein und dabei von Störfaktoren, wie Grübeln, negativen Emotionen usw. „abgelenkt".

- Er soll die Bedingungen, die Voraussetzung für die Ausführung sind, möglichst selbst herstellen können und nicht dabei auf Zufälle oder auf besondere Umstände angewiesen sein. Auf die Art kann er sie, wenn sie erfolgreich ist, selber dann gezielt einsetzen, wenn es notwendig ist.

Erfolgskriterien sind:

- Die Aktivität wird bis zu Ende ausgeführt, der Patient erlebt sich als jemand, der sie aktiv und selbständig durchführt, und er erlebt, dass sie depressive Symptome bis zu einem gewissen Grad in den Hintergrund drängt. Es wird ausdrücklich darauf hingewiesen, dass er dabei nicht auf große positive Gefühle warten soll, die sich nicht unbedingt einstellen müssen, damit das Ganze erfolgreich ist.

- Die Gegenwart anderer Menschen stellt bei solchen Aktivitäten immer ein Risiko dar. Sie erschweren die Lage der Patienten, weil sie sich dabei auf eine recht komplexe Art mit ihnen befassen müssen („Was denken sie" usw.). Je nach Schweregrad des depressiven Zustandes empfiehlt es sich, zu Beginn Aktivitäten auszusuchen, die die Patienten allein ausführen können. Soziale Erschwernisse können dann sukzessive eingebaut werden.

Es ist unmittelbar einsichtig, dass die jeweils für einen bestimmten Patienten hilfreichen Aktivitäten individuell, mit ihm oder für ihn, ausgesucht werden sollen. Dennoch lassen sich einige allgemeine Hinweise darüber geben, was sich für viele als nützlich erweist.

Den Patienten erzählen lassen

Es erweist sich als sehr hilfreich, Patienten dazu zu bewegen, klar und deutlich über bestimmte Themen zu reden. Üblicherweise, wenn sie sehr niedergeschlagen sind, neigen sie dazu, über ihr Leid und über die vermeintlichen Ursachen ihrer Krankheit zu reden. Aber es ist möglich, sie im Laufe des Gesprächs auf andere Themen zu lenken, die auf den ersten Blick weniger „tiefgründig" erscheinen und oft fälschlicherweise als Ablenkung oder als Zeitverlust in einer Psychotherapie gelten. Doch vergessen wir nicht, dass jeder Mensch das Bedürfnis hat, sich und bestimmte Aspekte seines Lebens (vor allem auch erfolgreiche) einem wichtigen Gesprächspartner nahe zu bringen, sich selber darzustellen und über seine Stärke und besondere Kenntnisse zu berichten. Dadurch, dass Therapeuten Interesse dafür zeigen und Raum dafür geben, aktivieren sie sie und bringen sie dazu, das Material, gedanklich wie verbal, in eine bestimmte Ordnung zu bringen. So befragte ich Frau Wand am Anfang ausführlich über ihren beruflichen Werdegang, über die Art der Geschäfte, die sie am liebsten tätigte, über die Strategien, die sie im Umgang mit Klienten anwendete usw. Auch Themen wie ihre Vorstellungen über eine angemessene Wohnungsausstattung im Gegensatz zu der, die ihr Mann für sie arrangiert hatte, kamen zur Sprache. Mit der Zeit wurden die am Anfang stockend und wie widerwillig vorgebrachten Antworten immer ausführlicher, bis deutlich wurde, dass sie ein Bedürfnis entwickelte, auch über für sie weniger schmerzhafte Themen mit mir zu reden. Merkt man, dass Patienten auf ein bestimmtes Thema „anspringen", so kann man daraus auch Aktivitäten ableiten, die sie für sich allein ausführen können, wie bestimmte Sachverhalte zu rekonstruieren, sich über Details zu informieren usw.

Körperlich-sportliche Betätigung

In mehreren Feldexperimenten stellte Thayer (1989) ein gesteigertes subjektives Energiegefühl nach einer leichten körperlichen Betätigung fest. So führt zum Beispiel ein zehn-minütiges rasches Gehen („Briskwalk") zu einem deutlich erhöhten Gefühl der Kraft und zu einer erniedrigten Anspannung im Erleben. Außerdem ließ sich (allerdings bei nicht depressiven Patienten) im Anschluss an solche Betätigungen eine positivere Einschätzung der Lebensumstände und ein vermehrter Optimismus nachweisen. Darüber hinaus konnte belegt werden, dass sie auch langfristig positive Effekte auf Erholungsprozesse haben.

Je nach Präferenz können neben solchen mehr sportlichen Betätigungen auch mehr körperliche Arbeiten, wie Gartenarbeit und Aufräumen, empfohlen werden. Allerdings sollten sie nicht von vornherein aversiv sein, und sie sollten im Umfang genau abgesprochen werden, damit sie den Patienten nicht überfordern, und damit keine Sättigung auftritt. Der Wechsel von absoluten Ruhephasen, einfacher körperlicher Betätigung und sukzessive eingebauten klärenden Gesprächen über den Zustand des Patienten stellt auch die zentralen Inhalte der japanischen Morita-

Therapie dar, die mit sehr gutem Erfolg bei depressiven und psychasthenischen Zuständen angewendet wird.

Einfache Konzentrationsübungen

Sie werden am besten am Anfang vom Therapeuten demonstriert und in seiner Gegenwart durchgeführt. Dann soll der Patient sie selbständig, zum Beispiel zur Kontrolle von schmerzhaften Grübeleien, durchführen.

So übt er z. B. regelmäßig, sich in Gedanken auf bestimmte Inhalte zu konzentrieren. Er sitzt dann mit geschlossenen Augen, die linke Hand auf dem Knie, und er soll an nichts anderes denken als an seine linke Hand. Er soll sich die linke Hand ganz genau vorstellen, ihre Gegenwart spüren, obwohl sie sich nicht bewegt. Dann bewegt er langsam die Finger und konzentriert sich auf die dabei entstehenden Empfindungen. Zuerst dauern die Übungen 20 bis 30 Sekunden, dann eine Minute. Dann geht er auf dieselbe Art vor mit der anderen Hand, mit den Füßen usw. Bei anderen Übungen richtet er seine Gedanken auf eine Zahl, z. B. auf die Acht. Er konzentriert sich auf ihre Form, auf ihre Einzelelemente, ohne zuzulassen, dass er durch andere Gedanken abgelenkt wird. Dann geht er auf andere Ziffern über. Eine andere Übung besteht darin, zur Ablenkung von schmerzhaften Inhalten ausgehend von Tausend jeweils um vier rückwärts zu zählen. Weiter kann man ihn dazu anleiten, seine Aufmerksamkeit auf ein Bild an der Wand zu richten, und dabei vom ersten Eindruck zu immer präziseren Details über zu gehen, mit dem Ziel, es am Schluss so genau wie möglich zu beschreiben. Andere Übungen haben zum Inhalt, z. B. Tiere in alphabetischer Reihenfolge aufzuzählen oder einen Spaziergang so detailliert wie möglich zu beschreiben. Am besten erklärt man dem Patienten den Sinn solcher Übungen damit, dass es sich um ein „Gehirntraining" handelt: Das Gehirn, das aufgrund seines Zustandes „aufgewühlt" sei und ständig von irgendwelchen negativen Empfindungen „bombardiert" werde, müsse wieder lernen, sich immer besser auf einfache, nicht schmerzhafte Inhalte zu konzentrieren und sich immer besser gegenüber Störungen abzuschirmen.

Aktivitäten aus ehemals positiven Lebensphasen

So geben wir z. B. Patienten eine Liste von Objekten (Fahrrad, Schreibtisch, Auto, Garten usw.), und er hat die Aufgabe, zu jedem möglichst positive persönliche Erinnerungen, Überlegungen usw. zu aktivieren. Dasselbe geschieht auch mit wichtigen Situationen aus seinem Leben, von denen wir aus der Anamnese erfahren haben, dass er sie vorwiegend mit positiven Assoziationen, Erfolgen usw. verknüpft. Zu diesen mehr auf die gedankliche und die Gefühlsebene abzielenden Aktivierungsversuche kommen auch Aktivitäten, von denen man sich eine besondere, Symptom reduzierende, positive Wirkung verspricht.

Andere Aktivitäten zielen darauf ab, an besondere Stärken oder Vorlieben anzuknüpfen, die sich aus der Persönlichkeitsstruktur oder aus dem Vorleben der Patienten ergeben.

Frau Wand war ihr Leben lang jemand gewesen, dem materieller Besitz, aber auch Ordnung eine Menge bedeutete. Sie liebte es nicht, in unklaren Verhältnissen zu verweilen und war es gewohnt, sehr schnell einzugreifen, um sich einen Überblick zu verschaffen und den Dingen eine von ihr bestimmte Struktur zu geben. Wenn es auch nicht möglich war, zu Beginn der Therapie ihre gesamten Lebensverhältnisse in eine für sie befriedigende Struktur zu bringen, so konnte man wenigstens versuchen, sie dazu zu bewegen, im kleinen eine für sie überschaubare Ordnung zu schaffen. Dadurch sollte es gleichzeitig möglich sein, sie zu aktivieren. Der Therapeut schlug ihr deshalb vor, Inventur zu machen, d. h. alle Objekte, die ihr Mann in ihre neue Wohnung gebracht hatte, genauestens zu registrieren. Ferner sollte sie alle Kleidungsstücke, Schmuckstücke, persönliche Gegenstände usw., in deren Besitz sie nun war, auflisten. Ferner - und hier sollten Wünsche und Bedürfnisse aktiviert werden - sollte sie eine Wunschliste für eigene Einkäufe und für Sachen, die ihr Mann bringen sollte, für ihren Mann aufstellen: Was gefiel ihr nicht und sollte ausgetauscht werden, welche Anschaffungen müßten gemacht werden, damit ein Haushalt, der ihren Standards entspricht, zustande käme? Was fehlte ihr an lieb gewonnenen, persönlichen Sachen, die sie nicht entbehren wollte? Frau Wand warf am Anfang immer wieder ein, dass das alles ihr nichts bedeute, aber, sicherlich um sich zu beschäftigen, aber auch, weil ihr Interesse allmählich erwachte, fing sie an, Listen aufzustellen - eine Arbeit, die sie aus ihrer früheren beruflichen Tätigkeit souverän beherrschte, und die ihr immer eine gewisse Befriedigung verschaffte.

Es erwies sich, dass diese Aktivitäten trotz des Strukturverfalls in ihrem Leben einen Rest Verstärkerwert besaßen, ihrer Zeit, zusammen mit anderen Tätigkeiten, einen, wenn auch bescheidenen Sinn verliehen, und dass sie sich bei der „Arbeit" doch einigermaßen engagiert und von daher weitgehend symptomfrei fühlte.

Aktivitäten zur Überwindung von Blockaden

Die Maßnahmen, die an dieser Stelle besprochen werden, haben sowohl zum Ziel, dem Verschleiß seelischer Kräfte Einhalt zu gebieten, als auch Energie zu mobilisieren, die dann eingesetzt werden kann, um Hindernisse zu überwinden, Blockaden aufzulösen und längst Fälliges zu erledigen.

Notwendige Dinge erledigen lassen

Ein relativ einfacher Fall betrifft die Situation von jemand, der meist durch depressive Symptome, wie Antriebslosigkeit, Überforderung oder Mutlosigkeit bedingt, notwendige Erledigungen vor sich herschiebt, mit dem Ziel, dass die Aversität und damit die Vermeidungstendenzen stark zunehmen und richtige Kettenreaktionen an Sekundärschäden entstehen.

Den inneren Mechanismus einer solchen sich anbahnenden negativen Entwicklung schildert Janet (Hoffmann, 1998, Seite 100) eindrucksvoll an einer alltäglichen Begebenheit.

„Ich habe einen unangenehmen Brief erhalten, der eine heikle und schwierige Antwort erforderlich macht. Ich lasse mir meine Antwort durch den Kopf gehen und in meiner Vorstellung ist sie fast fertig, aber ich habe nicht den Mut, sie gleich zu Papier zu bringen, und so lasse ich den Brief auf meinem Schreibtisch liegen. Von dem Moment an ist es mir unmöglich, mich an meinen Schreibtisch zu setzen, daran vorbeizugehen oder sogar das Zimmer zu betreten, ohne diesen Brief wahrzunehmen, seine Gegenwart zu ahnen und 100 Mal wieder damit anzufangen, an meiner Antwort herumzubasteln. Gleich zu Beginn hätte ich den Brief in 10 Minuten geschrieben. Wenn ich all die Zeit zusammenzähle, die ich damit verschwendet habe, in der Vorstellung meine Antwort zustande zu bringen, wenn ich alle meinen gescheiterten Versuche und alle Emotionen, die damit einhergingen, addiere, so kommen Stunden um Stunden einer äußerst mühseligen Arbeit zusammen. Es ist daher nicht weiter verwunderlich, dass ich nach einigen Tagen völlig erschöpft bin aufgrund dieses verdammten Briefes, den ich nicht geschrieben habe."

Depressive Menschen dazu zu bringen, Tätigkeiten auszuführen, die sie zwar ohne weiteres beherrschen, die aber aufgrund der Umstände stark negativ besetzt sind, bedarf es unter Umständen einer intensiven therapeutischen Begleitung.

Wir empfehlen in schwierigen Fällen folgende Vorgehensweise:

- In vivo Arbeit (zeitweiser Einsatz von Fremdsteuerung): Zu Beginn erfolgt die zu erledigende Tätigkeit in Gegenwart des Therapeuten. So kann ein Patient z. B. zu bearbeitende Post in die Praxis mitbringen, dann fängt er an, sie zu sichten usw. Der Therapeut hält sich zunächst im Hintergrund, dann verläßt er, nach Absprache, für einen bestimmten Zeitraum den Raum, während der Patient weiter arbeitet. Dann kommt er wieder dazu, erkundigt sich nach eventuellen Schwierigkeiten und schlägt Lösungsmöglichkeiten vor. Dann läßt er den Patienten wieder eine Zeit lang arbeiten usw.

- Wenn der Patient schon etwas Selbstvertrauen gewonnen hat, geht es unter der mehr symbolischen Quasi-Präsenz des Therapeuten am Telefon weiter. Der Patient ruft zu einer verabredeten Zeit an, und beide sprechen noch einmal den weiteren Fortgang ab. Der Patient legt auf und beginnt die abgesprochene Aktivitätssequenz und führt sie z. B. 30 Minuten allein durch. Dann erfolgt wieder ein Anruf, die Besprechung von Problemen usw.

- Die weiteren Schritte des Patienten, die er unter Einsatz von Selbststeuerung durchführen wird, werden genau abgesprochen und die Ausführung wird in den Therapiesitzungen laufend begleitet.

Auf die Art gelingt es, depressive Patienten an Tätigkeiten heranzuführen, die sie sich von vornherein allein nicht zutrauen würden oder nach kurzer Zeit unterbrechen würden, mit allen negativen Konsequenzen. Wenn es ihnen aber gelingt, lang aufgeschobene, aber notwendige

Dinge zu erledigen, so wird oft eine unmittelbare Stimmungsaufhellung und nicht selten ein positiver Energieschub die Folge sein.

Aufheben von Blockaden und von Festsitzen

Beginnen wir mit einem Beispiel:

> Eine Patientin trug sich viele Monate mit dem Gedanken, mit der Leitung ihrer Firma darüber zu verhandeln, ob sie die neuen Aufgaben, die ihr so viel Schwierigkeiten bereiten und wesentlich zur Entwicklung der Depression beigetragen hatten, nicht zumindest teilweise abgeben könnte, auch zu dem Preis von finanziellen Einbußen. Gefühlsmäßig tendierte sie sehr stark dazu, verspürte aber auf der anderen Seite ein großes Pflichtbewußtsein und die Angst vor einer sozialen Blamage, die dagegen sprachen. Eine solche Situation kann man als „Lebensblockade" bezeichnen: Jemand „sitzt fest" an einer Entscheidung, an etwas Unerledigtem. Die Weiterentwicklung des gesamten psychischen Lebens wird gestoppt durch ein Hindernis, das unüberwindlich erscheint und gegen das sich die inneren Kräfte abnutzen.

Viele depressive Patienten befinden sich in einer solchen Situation. Absichten „perseverieren" und kommen nicht zur Ausführung, sei es, weil die Kranken sich die Ausführung der notwendigen Taten aus Kräftemangel nicht zutrauen, sei es, weil sie einen Verzicht leisten müssten, zu dem sie nicht im Stande sind.

Das Ergebnis sind ständige Grübeleien, einhergehend mit Unruhe und Angst, bis hin zu schwerer Niedergeschlagenheit und Erschöpfung.

Die oft vertretene Auffassung, depressive Menschen müssten geradezu davon abgehalten werden, in ihrem Zustand lebenswichtige Entscheidungen zu treffen, erscheint in einem solchen Zusammenhang gerade unsinnig. Es ist klar, dass es in einem solchen Fall geradezu darauf ankommt, mit therapeutischer Hilfestellung die entsprechende Entscheidung zu treffen und die daraus folgende Aktion zu ermöglichen: Das Hindernis muß überwunden werden.

Man muß der Patientin helfen, so schnell wie möglich einen Ausweg aus ihrem Dilemma zu finden. Es geht darum, zwei Tendenzen miteinander vereinbar zu machen. Auf der einen Seite: die Abneigung gegen die neue Stelle und die Anforderungen, denen sie sich in ihrer aktuellen (vordepressiven, wohlgemerkt) Lebensphase nicht mehr stellen wollte, weil sie für sich andere Prioritäten setzte (wie mehr Entlastung, Freizeit usw.). Auf der anderen Seite: der Wunsch nach Respekt, Anerkennung und die Forderungen, ihrem Pflichtbewußtsein zu genügen.

Dazu ist es nötig, die beiden Tendenzen miteinander ins Gespräch zu bringen, die einzelnen Motive zu differenzieren, kritisch zu hinterfragen und zu vergleichen, bis sie sich miteinander vereinbaren lassen. Dabei ist allerdings darauf zu achten, dass die Patientin die Situation nicht vorwiegend aus der Sicht einer depressionsbedingten Unsicherheit und Mutlosigkeit betrachtet. Es muß dann zur vollen inneren Zustimmung, zu einem bestimmten Ausweg aus der Krise kommen, zu einem Entschluss, der den Interessen der "gesunden Person" am besten gerecht wird.

Eine solche therapeutische Arbeit muß sehr vorsichtig und mit viel Fingerspitzengefühl erfolgen. Es sind dabei vor allem auf Anzeichen einer großen inneren Unruhe oder gar der Erschöpfung zu achten. Dann muß der Prozess zeitweilig unterbrochen werden.

Schließlich konnte sich die Patientin dazu durchringen, einen Brief an ihre Vorgesetzten zu schreiben, in dem sie ihr starkes Interesse an einer weiteren Mitarbeit (nach ihrer Genesung) mitteilte, aber deutlich ihre Bedenken äußerte bezüglich der neuen Stelle. Sie bat die Leitung selbst über eine Lösung in beiderseitigem Interesse nachzudenken.

Nachdem sie sich nach vielem Zögern zu dieser Aktion durchgerungen hatte, die sie voll vertreten konnte, veränderte sich ihr Zustand fast schlagartig zum Positiven.

Ein anderes Beispiel:

Zu Beginn unserer Therapie saß Frau Wand an einem inneren Hindernis fest. In ihrer ganzen Verbitterung hatte sie allen Personen gegenüber, zu denen sie damals Kontakt unterhielt, mehr oder weniger „geschworen", wenn sie schon in die neue Wohnung ziehen müßte, so würde sie sich dort einigeln. Außer für Arztbesuche und für die notwendigen Einkäufe in einem Lebensmittelgeschäft wolle sie das Haus praktisch nicht verlassen. Dieses Vorhaben mag einer kindlichen unüberlegten Trotzreaktion zugeschrieben werden, aber Frau Wand war gewohnt, ihr Wort zu halten und war nicht gewillt, auch noch einen letzten

Gesichtsverlust zu erleiden, indem sie klein beigäbe. Um sie aus dieser selbst auferlegten sozialen Isolation allmählich zu befreien, wandte der Therapeut eine Technik des sukzessiven Verhaltensaufbaus an, die als **„gestufte Aufgaben"** bezeichnet werden kann.

Die einzelnen Schritte sind folgende:

1. Der Therapeut überlegt zwischen dem Ist-Zustand (fast totale Isolation in der Wohnung) und dem Ziel-Zustand (Wiederaufnahme immer intensiverer sozialer Kontakte) eine Reihe von Zwischenschritten, die durchaus realisierbar sind, keine zu großen „Sprünge" untereinander aufweisen, aber dennoch Fortschritte in Richtung Ziel bedeuten.

2. Damals wurden therapeutische Gespräche abwechselnd in der Praxis und in der Wohnung der Patientin durchgeführt. Letzteres hatte zum Ziel, mit ihr zusammen die „gehasste" Wohnung etwas zu neutralisieren und sie allmählich darin aktiv werden zu lassen. Man kann dabei von einer Art „Desensibilisierung in vivo" sprechen, wobei die positiven Einflüsse und die Anregungen, die von der Person des Therapeuten ausgehen, als „reziproke Hemmung" der aversiven Gefühle angesehen werden können. Als die Patientin sich bei einem der ersten Treffen über die miserablen Einkaufsmöglichkeiten in „ihrem" Geschäft beschwerte, nutzte der Therapeut die Gelegenheit und schlug vor, mit ihr zusammen die Umgebung zu explorieren, um sie besser kennenzulernen. Zunächst widerwillig, aber dann mit zunehmendem Interesse, schloß sich die Patientin an (erster Schritt).

3. Der Therapeut schlug als nächstes vor, die zweite Hälfte eines Treffens in einem benachbarten Café abzuhalten, das von dem Standard her durchaus den Ansprüchen der Patientin entsprach. Das geschah mehrmals, wobei beide gleichzeitig das Lokal verließen (zweiter Schritt). Am Anfang war Frau Wand sehr in sich gekehrt, doch der Therapeut lenkte ihre Aufmerksamkeit darauf, sich bestimmte Personen anzusehen, usw. (dritter Schritt).

4. Dann schlug er vor, dass sie nach dem Treffen noch im Lokal bleiben solle, aus Gründen der Ablenkung, weil sie ja ohnehin so viel Zeit in der Wohnung verbringe. Zuerst reagierte sie widerwillig, aber sie willigte ein. Bei dem nächsten Treffen blieb sie nach dem gemeinsamen Gespräch dort (vierter Schritt). Dann erfolgte der Vorschlag, öfter im Lokal ein Abendessen einzunehmen, aus Gründen der Abwechslung. Beide sahen sich gemeinsam die Speisekarte an, die die Patientin einer sehr scharfen Kritik unterzog (fünfter Schritt).

5. Die Patientin berichtete eines Tages, dass sie an einem Nachmittag, an dem sie wieder sehr traurig gewesen sei, wieder das Café aufgesucht habe, und dass seitdem öfter tue, auch wenn sie, wie sie sagte, absolut nichts Positives dabei empfände (sechster Schritt). Dem wurde nicht widersprochen.

6. Eines Tages berichtete Frau Wand, dass eine Dame ihres Alters („einigermaßen anständig angezogen und mit halbwegs guten Manieren") sie angesprochen habe und dass daraus ein längeres Gespräch geworden sei (siebter Schritt). Sie, die sie ihr Leben lang einen intensiven, wenn auch nicht problemlosen Kontakt zu Menschen unterhalten hatte, hatte ihre aus Verbitterung selbst auferlegte Isolation unterbrochen und war, wenn auch nur im bescheidenen Maße, wieder unter Bedingungen gelangt, unter denen mittelfristig und langfristig wichtige Verstärker für sie zur Verfügung standen.

Manchmal herrscht der Eindruck vor, dass depressive Erkrankungen zumindest partiell durch das Fehlen oder die nicht ausreichende Ausführung einer Aktion (wie bei der Kündigung) oder durch das nicht Einschlagen einer bestimmten Richtung (soziale Kontaktaufnahme) aufrecht erhalten werden. Eine solche Lebensblockade kann sich auf zwei verschiedene Arten darstellen. Einmal kann das störende Element oder das Hindernis nach wie vor im aktuellen Leben vorhanden sein. Im anderen Fall hat es in der Vergangenheit stattgefunden und existiert in der Traumatisierung fort, die es hinterlassen hat. So z.B. bei der Trennung, die der Mann von Frau Wand vollzogen hat und die sie praktisch ihrer Identität beraubt hat. Über den therapeutischen Umgang mit solchen seelischen Blockaden werden wir später berichten.

Aktivitäten zur Stimmungsaufhellung

Pierre Janet war sein Leben lang beeindruckt von Beobachtungen, die zeigten, wie bei schwer depressiven Menschen anlässlich eines Ereignisses, das zu einer starken inneren Erregung geführt hatte, eine plötzlich eintretende deutliche Stimmungsaufhellung zu verzeichnen war. Sie dauerte oft über einen längeren Zeitraum an, ja in einigen Fällen kam es sogar zur Beendigung der Depression. Solche Ereignisse schienen ihm erst einmal solche zu sein, die zu einer starken Emotion geführt haben, wobei die Qualität der Emotion (ob positiv oder eher negativ) erst einmal nicht ausschlaggebend ist. Wichtiger schien ihm vielmehr, dass das entsprechende Gefühl nicht in dem Anfangsstadium stecken blieb, sondern sich richtig entfalten konnte, und für eine zeitlang das Bewußtsein voll ausfüllte. Oft führt eine solche Emotion zu einer Tat, hinter dem sozusagen das ganze Individuum steht: Es erlebt sie mit einem starken Gefühl der Wirklichkeit und führt sie mit großer Energie aus.

Janet (1919) beschreibt einen psychologischen Wirkmechanismus, den er als Erklärung für dieses Phänomen heranzieht, nämlich dem der Kräftemobilisierung.

Das Prinzip der seelischen Mobilisierung

Das Prinzip der Mobilisierung wurde zuerst von William James in seiner sehr interessanten Arbeit „The Energies of Man" (1898) beschrieben. Nicht nur der normale Mensch, sondern auch der deprimierte Kranke ist fähig, unter dem Druck wichtiger Ereignisse völlig unerwartete Aktivitäten zu entwickeln, die in keinem Verhältnis stehen zu der minimalen Menge an Energie, die ihm zuvor zur Verfügung zu stehen schien. Daran sehen wir, dass der Mensch nicht zu jedem Zeitpunkt über die gesamte Menge der Kräfte verfügt, die er in Wirklichkeit besitzt. Er hat Kraftreserven, die er unter ganz besonderen Bedingungen mobilisieren kann.

Die Konfrontation mit einer Situation, die eine starke Emotion zur Folge hat, kann einen ähnlichen Effekt auf die Psyche haben. Sie zwingt uns zu energischem Handeln, und das kann nicht erfolgen, ohne dass wir auf unsere Reserven zurückgreifen, d. h. ohne dass wir große Kraftanteile mobilisieren. Durch diese Veränderung in der Kräfteverteilung wird die gesamte Aktivität praktisch von einem Moment zum anderen verändert und verbessert.

Der Rückgriff auf die Reserven und seine Folgen wird um so erfolgreicher sein, je bedeutsamer die Ereignisse sind, die ihn veranlasst haben. Alle Kranken machen die Erfahrung, dass kleine Unannehmlichkeiten und Ärgernisse sie schnell erschöpfen, dass aber ein großes Unglück ihnen alle ihre Energien wiedergibt. Kleine Ärgernisse erwecken nur Resignationstendenzen oder stellen Anlässe zu Grübeleien dar. Ein echtes Gefühl und ein großes Unglück wecken ganz andere, tiefere und stärkere Tendenzen: Die Sorge um das eigene Überleben oder um wichtige Menschen, das Bestreben um den eigenen sozialen Status usw. werden wachgerüttelt. Im Fall des kleinen Ärgernisses ist die Mobilisierung gering und unzureichend. Bei der großen Emotion kann sie ganz beträchtlich sein und eine Menge Energie in Umlauf bringen.

Ein Beispiel:

Frau Wand erzählt: „Ich ging wie ein Automat ohne richtiges Ziel die Straße lang. Neben mir riß sich ein kleines Mädchen von der Mutter los und rannte auf die stark befahrene Straße. Ich muß mich auf sie geworfen haben, denn ich merkte, wie ich sie vor einem Motorradfahrer zurückriß. Wie ich das geschafft hatte weiß ich nicht, ich bin doch normalerweise langsam. Aber in dem Moment spürte ich eine eine riesige Kraft in mir. Merkwürdigerweise hielt sie nach dem Ereignis noch an. Ich erledigte an diesem Nachmittag noch so viel, wie schon lange nicht mehr: ich ging zum Amt, kaufte danach ein, besorgte mir einen Arzttermin und ging nebenbei noch meine Wäsche wegschaffen. Alles ging so flüssig vor sich. Die Erledigungen nahmen mir nicht so viel Kraft wie früher. Zu Hause angekommen, machte ich noch den Abwasch. Ich machte sogar Pläne für den nächsten Tag und verbrachte einen ganz passablen Abend. Meine Gedanken waren nicht so trübe wie sonst und ich dachte sogar kurzzeitig daran, in nächster Zeit ein Wochenende bei einer Bekannten in München zu verbringen. Das Aufstehen am nächsten Morgen fiel mir leichter als sonst. Da klingelte das Telefon. Mein Mann war dran. Er machte eine ziemlich kränkende Bemerkung. Ich fühlte mich schlagartig wieder stark gelähmt, die Kraft war so plötzlich weg, wie sie gekommen war. Ich saß ganz resigniert, hoffnungslos, niedergeschlagen und kraftlos da - wie all die Zeit davor."

Die Patientin sieht also ein Kind in Todesgefahr. Sie ist sehr erschrocken (erlebt ein starkes Gefühl), ist ganz gefordert, muß sofort und blitzschnell und mit großer Kraft reagieren (jetzt oder nie). Zeit für Selbstbewertungen eigener Fähigkeiten ist nicht da, der Spannungsbogen zum Ziel wird dadurch nicht unterbrochen. Das Ziel muß unbedingt erreicht werden. Dazu wird automatisch viel Kraft bereitgestellt. Mit dem Hochgefühl danach hält die Kraft noch an. Der Anruf des Mannes bringt sie sofort wieder vom handlungsbezogenen Zustand in den Zustand der Lageorientiertheit, des negativen Selbstbezuges. Ihre vorher hervorragend funktionierende Steuerungszentrale und des Gefühls in der Welt und in sich organisch zu sein und zu funktionieren, fällt regelrecht in sich zusammen, sie fühlt sich völlig kraftlos.

Anleitung zu „vollständigen Aktionen"

Man kann große psychische Unterschiede im Bewusstsein derjenigen feststellen, die handeln. Verhalten depressiver Menschen bleibt fast immer in den untersten Stadien der Aktivierung stecken. Es treten vage Wünsche auf, ein Zögern und Zaudern, eine angebahnte Anstrengung, die oft mehr als halbherzig ist oder aber so ungerichtet, dass sie bald in diffuse Unruhe abgleitet. Umso wichtiger ist es, bei ihnen für ausgesuchte Taten ein Gefühl der Selbstverpflichtung und der Beteiligung der ganzen Person zu entwickeln. Bei der Ausführung müssen sie zu einem starken „Gefühl für die Wirklichkeit" gelangen. Bezüglich ihrer Aktionen beklagen sich Patienten im Nachhinein oft darüber, dass nichts abgeschlossen und wirklich erledigt ist, dass sie sich, bei dem was sie taten, nicht „richtig gespürt" hätten. Auf die Art geht nichts voran. Man versucht immer wieder von vorne anzufangen, kehrt wieder an den Ausgangspunkt zurück und sitzt schließlich fest (Hoffmann 1998).

Vollständige Aktionen hingegen sind solche, die von den inneren Gefühlen der Einheit der Person und der Freiheit bei Auswahl und Ausführung begleitet werden. Gelingt es, Patienten auf eine solche Art zu aktivieren (und dazu bedarf es oft einer längeren Vorbereitung), dann kommt es nicht so sehr auf die Quantität und den weitreichenden Charakter der Aktionen an. Es reicht dafür aus, dass jemand seinen Schreibtisch aufräumt, ein bestimmtes Telefongespräch führt oder einen Spaziergang unternimmt. Solche Aktionen fegen oft auf eine erstaunliche Weise die üblichen Grübeleien über den „Sinn als solchen" beiseite. Man hat dabei den Eindruck, dass Patienten dadurch geradezu auf ein höheres mentales Niveau gelangen, auf dem sie die Dinge und sich selbst in Beziehung zu ihnen besser einordnen können. Leider hält das oft am

Anfang nur für kurze Zeit an. Häufen sich aber solche Erlebnisse, so fangen sie an, sich von der Stimmung her besser zu fühlen, gewinnen immer mehr Bezug zur Welt und fangen wieder an, in die Zukunft zu blicken.

Eine solche Aktion leitete bei Frau Wand eine deutliche Phase der Besserung ein. Als sie angefangen hatte, das Verhalten ihres Mannes ihr gegenüber mit anderen Augen zu sehen und gelegentlich ihm gegenüber Gefühle auftraten wie Enttäuschung bis hin zu Wut, beschloss sie eines Tages nach langem Zögern die Hausbank der Familie aufzusuchen und sich darüber zu erkundigen, bei welchen Konten sie noch zeichnungsberechtigt war. Anfangs hatte sie den Gedanken an eine solche Tat geradezu als eine Art Frevel dem verehrten Mann gegenüber erlebt, aber dann rang sie sich doch dazu durch und erledigte die Angelegenheit mit einen zunehmenden Gefühl der inneren Befreiung.

Therapeutische Aktivierung: Kriterien der Ausführung

Ein Problem, das in der Literatur weitgehend vernachlässigt wird, ist das nach den Modalitäten der Ausführung. Wir möchten an dieser Stelle über einige eigene Erfahrungen berichten, die die Probleme, die bei Aktivierungsmaßnahmen auftreten können, recht gut verdeutlichen (s.a. Hoffmann, 1998).

Eine typische Situation: Von ihrem ersten Kaufhausbesuch seit vielen Monaten kam die Patientin am Rand der Erschöpfung und sehr niedergeschlagen zurück. Sie hatte sich in der Frühe (mitten im Morgentief) einen „ungeheuren Ruck" gegeben und war aus der Wohnung gestürmt. Im Kaufhaus angekommen, stellte sie mit Erleichterung fest, dass nicht viele Kunden da waren, so wie sie es gehofft hatte. Doch bald fühlte sie sich einsam und verlassen. Sie hatte sehr vage Vorstellungen darüber, ob sie überhaupt etwas kaufen wollte und wenn ja, was. So ging sie auf gut Glück in die Damenkleiderabteilung und sah sich oberflächlich und ohne jedes spürbare Interesse dies und jenes an. Sie verließ fast fluchtartig, um in der Bücherabteilung zu landen. Dort kam es zum selben Spiel. Sie blätterte hektisch in einigen Büchern, ohne sich auf den Inhalt zu konzentrieren, und fühlte sich in zunehmendem Maße unbehaglich. Sie beschloss, einen Fruchtsaft zu trinken, und wollte sich gleichzeitig „aus Pflichtbewusstsein" richtig herausfordern und unter Menschen gehen, „weil man sich jeder Situation ja stellen muß". Sie suchte die Dachterrrasse auf und ließ sich an einem Tisch in der äußersten Ecke nieder.

Sie erschrak richtiggehend, als der Ober sie nach der Bestellung fragte. Sie nippte an ihrem Glas und sah unsicher um sich. Die wenigen anderen Gäste erschienen ihr so ruhig, so selbstsicher, „in sich ruhend", wie sie meinte. Sie spürte, wie eine große Traurigkeit in ihr aufkam und war dem Weinen nahe. Insgesamt ging es drei Stunden so (Ich muß doch etwas leisten"). Ihre Schlussfolgerung zu Hause: „Ich kann es nicht mehr, es hat alles keinen Sinn."

Aktivitäten depressiver Patienten sind dann erfolgreich, d.h. depressionsreduzierend, wenn bei der Ausführung folgende Kriterien erfüllt werden:

• Die Aktivität darf nicht „mit letzter Kraft" oder als eine Mutprobe erfolgen. Erfordert sie zu viel Anstrengung, so kommt es zu einer zunehmenden Agitiertheit, physisch wie psychisch. Die Patientin ermüdet rasch dabei und kann schließlich in einen depressionsverstärkenden Erschöpfungszustand gelangen

• Deswegen ist es notwendig, die Aktivitäten in der Therapie genau vorzubereiten und abzusprechen. Das betrifft den Zeitpunkt des Beginns (dann, wenn die Patientin möglichst ausgeruht ist), die Dauer (an ihre Möglichkeiten angepasst) sowie die Art der Aktivität (überschaubar und mittelgradig anregend).

• Die Aktivität soll, wie Janet sagen würde, auf einem möglichst „hohen mentalen Niveau" ausgeführt werden. Das bedeutet, die Patientin soll sich voll dessen bewusst sein, was sie macht. Sie soll alle Stadien deutlich erleben und möglichst das Gefühl dabei haben, dass sie als ganze Person daran beteiligt ist. Sich dabei einstellende Gefühle des Interesses, der Erleichterung und des Erfolges sollen sich möglichst voll entfalten. Deshalb ist es unter Umständen möglich, am Anfang in mentalen Übungen, wie der „kognitiven Probe" (Hoffmann 1996) oder in vivo mit Therapeutenbegleitung zu üben.

• Ohne sich ängstlich-misstrauisch zu überwachen, soll die Patientin lernen, auf deutliche Anzeichen der Überforderung zu achten und nicht zögern, eine Pause einzulegen oder die Aktivität zu unterbrechen, wenn sie auftreten. Etwas „durchziehen wollen" um jeden Preis ist kein Wert an sich, sondern kann sich höchst negativ auswirken.

- In dem Maße, wie sie kräftemäßig regeneriert und zu mehr mentaler und physischer Spannkraft gelangt, können immer komplexere Aktivitäten eingeplant werden. Und das sind solche, die viel Aufmerksamkeit und Konzentration oder den Umgang mit Menschen erfordern. Gelegentlich sollte die Therapeutin dabei wieder in vivo dafür sorgen, dass die Aktivitäten in einer förderlichen Art zur Ausführung kommen. Dabei ist vor allem auch der Langsamkeit Rechnung zu tragen, die typisch für den depressiven Zustand ist. Es ist völlig sinnlos, die Patientin „im Handstreich" zu überrumpeln. Sie benötigt Vorbereitungszeit, Zeit bei der Ausführung und eine ruhige Nachbereitung, um etwaige Erfolgserlebnisse und deren Rückwirkung auf ihren Gesamtzustand sich voll entfalten zu lassen.

- So gehandhabt, können Aktivierungsmaßnahmen zu einem wichtigen Mittel der Depressionstherapie werden: Patienten schöpfen Kräfte daraus, erweitern wieder ihren mentalen Horizont und ihren Lebensraum und entwickeln ein höheres Gefühl der Selbstwirksamkeit. Zu oberflächlich, unaufmerksam oder falsch praktiziert, sind sie bestenfalls unwirksam oder verschlechtern sogar den Zustand der Patientin (Hofmann und Hoffmann, 2000).

3.2.3.2 Hilfen zur Steigerung der Selbstkongruenz

Handeln lässt sich nicht nur von fremdvermittelten sondern auch von selbstvermittelten Konsequenzen leiten. Selbstvermittelte Konsequenzen sind positive oder negative eigene Reaktionen auf ein erzieltes Handlungsergebnis, und zwar nach Maßgabe eines selbst gesetzten oder als verbindlich empfundenen Standards für eigene Leistungen.

Unter Selbstkongruenz verstehen wir nun ein Gefühl von innerer Stimmigkeit. Es ergibt sich aus dem Maße, in dem meine Erwartungen durch die Ergebnisse meines eigenen Handelns einigermaßen erfüllt werden. Ein geringes Maß an Selbstkongruenz hat eine Reihe von negativen Folgen. Die wichtigsten sind:

- Innere Unruhe
- Angst
- Niedergeschlagenheit
- Existenzielle Verzagtheit
- Desorientierung und das Gefühl, in einer unbefriedigenden Situation festgefahren zu sein
- negative Zukunftsprognosen in Bezug auf meine spätere Situation und auf meine Entwicklung
- Attribution des unbefriedigenden Zustandes auf stabile negative Eigenschaften bei der eigenen Person
- Verzögerung von Kraftregeneration und Erholungsprozessen, mangelhafte Möglichkeit zur Umorientierung

Bei depressiven Menschen, besonders dann, wenn sie in ihrem Leben gelernt haben, sehr leistungsbetont zu sein, strenge Maßstäbe an sich selber anzulegen und sehr starr an Außenverpflichtungen festzuhalten, bedeutet der depressive Zustand mit seinen von Schwäche zeugenden Symptomen eine sehr schmerzhafte Lage, mit der sie sich sehr schwer, und sei es nur für eine gewisse Zeit, abfinden können.

Deswegen sind therapeutische Maßnahmen, die eine gezielte Steigerung der Selbstkongruenz zum Ziel haben, von besonderer Bedeutung. Die wichtigsten sind:

3.2.3.2.1 Lernen, die eigene Depression besser zu verstehen

„Wie konnte es nur so weit mit mir kommen?" ist eine Frage, die man oft von Patienten hört. Sie haben im wesentlichen selber zwei diametral entgegengesetzte Antworten darauf, die sich oft, je nach Stimmung, abwechselt:

- An meiner augenblicklichen Schwäche oder an meiner Erkrankung sind andere, nämlich eine oder mehrere Personen, schuld.

- Oder aber: Ich bin selber daran schuld, meist mit stabilen negativen Attributionen über die inneren Ursachen meines Versagens.

Beide Erklärungsmodelle haben gravierende Nachteile in therapeutischer Hinsicht. Wenn andere für meine Misere verantwortlich sind, wenn sie durch ihr Verhalten oder durch Fakten, die sie geschaffen haben, so ist es naheliegend, die Heilung auch von ihnen, etwa von Einstellungs- oder Verhaltensänderungen ihrerseits zu erwarten. Ich selber kann da wenig zu beitragen. Bin ich selber schuld, aufgrund unabänderlicher negativer Eigenschaften, so bleiben nur Resignation, Hoffnungslosigkeit und im Extremfall Verzweiflung übrig. Eine differenziertere, hoffnungsteigernde und aktivierende Aussicht erhalten Patienten dadurch, dass sie die Natur und die Entstehungsgeschichte ihrer eigenen Erkrankung besser verstehen lernen. Schon im Rahmen beruhigender Versicherungen (siehe Seite 63 - 64) wurden allgemeine Informationen über Depression als Erkrankung vermittelt. Dieses Wissen soll im Lauf weiterer Gespräche vertieft und die Entwicklung anhand des eigenen biographischen Materials rekonstruiert werden. Diese Arbeit wird je nach der krankheitsbedingten und der übergreifenden psychischen Verfassung der einzelnem Patienten mehr oder weniger ausführlich und differenziert sein, aber fast immer sind für Patienten folgende Punkte von Interesse:

- Was sind Depressionen? Wie ist ihr Verlauf? Was kommt danach?
- Haben sie auch einen Sinn oder eine positive Funktion?
- Allgemeine psychologische Struktur einer Depression. Interaktion zwischen Gedanken, Gefühlen und Verhalten.
- Welche Lebensereignisse sind an meiner Erkrankung beteiligt? Wie haben sie auf mich gewirkt?
- Welches ist mein Anteil an meiner Erkrankung? Habe ich falsch reagiert oder ist eine Depression etwas schicksalhaftes, etwa rein organischer Natur?
- Gibt es Merkmale bei mir, die eine Depression begünstigen?
- Gibt es bestimmte Ereignisse, auf die ich besonders empfindlich und negativ reagiere?
- Gibt es Faktoren in meiner Umwelt, die Depressionen begünstigen?
- Was muß ich tun, um wieder gesund zu werden?
- Was muß ich tun, um zukünftig eine solche Erkrankung zu verhindern?

Einige dieser Fragen tauchen schon recht früh in der Therapie auf und sollten dann besprochen werden. Andere sind dann an der Tagesordnung, wenn der Patient weitere Fortschritte gemacht hat. Dieses therapeutische Durcharbeiten der Lebensgeschichte des Patienten, stellt einen wichtigen Teil der Therapie dar. Menschen wollen auch immer verstehen, was ihnen widerfährt, und sie haben ein Anrecht dabei auf Hilfe, die über die Darbietung einiger billiger Klischees hinausgeht (In diesem Zusammenhang erweist es sich oft als katastrophal, wenn Patienten mit Material, besonders in Form von Selbsthilfeschriften konfrontiert werden, die für sie eine Bagatellisierung ihres Leides bedeuten: Jede Depression ist eine einzigartige Chance, alles wird automatisch besser als vorher, nur positiv denken und alles richtet sich immer ein, nie mehr niedergeschlagen sein - und ähnlicher Quatsch mehr).

3.2.3.2.2 Vermittlung eines "demokratischen Selbstregulationsmodus"

Eine zu hohe Abhängigkeit von Zielen und Erwartungen anderer, die den eigenen Bedürfnissen widersprechen, und eine zu hohe Abhängigkeit von der Meinung anderer zeigt sich in Ausdrücken wie "ich sollte", "ich muß", "ich darf nicht" usw. Damit entsteht nicht nur eine diskrepante Haltung zu sich selber, sondern direkt eine Selbst-Losigkeit im wörtlichen Sinne: Der Patient setzt sich für andere ein, meist gegen die eigene Bedürfnislage, er fühlt sich immer mehr fremdbestimmt (Alienation), immer frustrierter, ärgerlicher und hat zunehmend immer weniger Zugang zu den eigenen Gefühlen und Bedürfnissen und dem darauf basierenden Selbst: „Ich mache und tue, fühle mich aber regelrecht leer, schlecht und ärgerlich, erschöpft und niedergeschlagen, weiß aber nicht, was ich dagegen tun kann. Ich fühle nichts mehr." meint Patient X. An dieser Stelle muß er lernen, dass ein längeres Unterdrücken eigener emotionaler Präferenzen (auch diktatorischer Selbstregulationsmodus genannt) viel Kraft erfordert und zunehmend zu einer Erschöpfung führt. Die eigentlichen, das Selbst bestimmenden Bedürfnisse, bestehen weiter und drücken sozusagen „vom Bauch nach oben". Beachtet man hingegen die eigenen Bedürfnisse genauso wie äußere Verpflichtungen (demokratischer Selbstregulationsmodus) und stimmt sie innerlich aufeinander ab, so wird weniger Energie verbraucht Kuhl, 1996). Der Mensch fühlt sich als vollständiges Selbst und ist weniger fremdabhängig. Deshalb ist es notwendig, den Kontakt zu den eigenen Bedürfnissen und Emotionen zu schaffen und aufrechtzuerhalten. Nur so erfolgt das Handeln in der Welt organisch und mit einem hohen Gefühl der eigenen inneren Beteiligung.

Wir schlagen folgende Übung vor: Nach ausführlichen Erläuterungen zu den Zusammenhängen soll der Patient lernen, eigene Ziele ins Bewusstsein zu rufen und sie weiter zu verfolgen. Deshalb erhält er die Aufgabe, im Alltag in folgenden Schritten vorzugehen:

Er begibt sich an einen bestimmten Ort (z. B. in den Garten) und soll sich erst mal in aller Ruhe orientieren, und zwar vorwiegend aus der Perspektive der eigenen Bedürfnisse. Er fragt sich, *was will ich hier tun.* (Bevor er beginnt, sagt er sich klar: Ich kann jederzeit abbrechen oder mich ganz zurückziehen).

Der Patient berichtet über seine Erlebnisse:

Ich entschied mich dafür, mein Sportfahrrad zu reparieren. Es fiel mir als erstes ins Blickfeld, weil ich mehrmals daran gedacht hatte, Fahrrad zu fahren. Zuerst war mir etwas unwohl, und ich dachte, ob ich nicht etwas Nützlicheres und Produktiveres tun müßte, z. B. den Schuppen aufräumen. Von der Vernunft her hätte das sicher Vorrang gehabt. Aber mit der Zeit wurde ich ruhiger. Ich habe ohne jeden Druck die ganze Reparatur innerhalb kurzer Zeit geschafft. Es ging überraschenderweise wie von selbst. Ich begann einfach mit dem einen Teil, dann mit dem anderen usw., ohne dass ich mir groß über die Ergebnisse Gedanken machte. Es ging so zwanglos weiter, etwas, was ich schon lange nicht mehr erlebt hatte. Irgendwann war ich plötzlich fertig, und ich war gar nicht erschöpft, sondern fühlte mich wohl. Dann schaute ich mich im Garten um. Auch hier gelang es mir wieder, einfach so zu schauen, ohne mich gleich unter Druck zu setzen und mein Verhalten zu bewerten. Ich fragte mich, wie ganz von selbst, was könnte ich jetzt noch machen. Ich schaute herum und sah die ungeschorene Hecke. Dazu hätte ich jetzt noch Kraft, sagte ich mir, und bekam geradezu eine Art Lust dazu. Ich hatte das Gefühl, dass ich nicht mehr von irgendwelchen, von außen auferlegten Zielen gesteuert wurde, sondern selbst über mich bestimmte. Das war eine neue Erfahrung. Vorher habe ich immer mit vorgegeben Zielen und vorgefertigten Plänen gearbeitet. Auf der Arbeit, zum Beispiel, muß ich eigentlich viel lesen, und ich dachte, ich muß immer alles lesen, aber das ist nicht zu schaffen. Jetzt habe ich nach unseren Übungen bloß auf die Überschriften geschaut, und wenn ich eine interessant fand, dann las ich den Inhalt, sonst nichts. Auch dabei fühle ich mich wohler und habe gar nicht die Angst, etwas Wichtiges zu versäumen. Langsam kriege ich das Gefühl zurück, wieder mein eigenes Leben zu leben.

3.2.3.2.3 Wahrhaftigkeit des Selbst schaffen

Hier wird angesetzt an der Diskrepanz zwischen Denken, Verhalten und Gefühlen. Es wird in der Therapiestunde versucht, wieder mehr Kongruenzen herzustellen. So sind z. B. oft Diskrepanzen zwischen den ausgedrückten Inhalten und der Körperhaltung zu finden. Inhalte, die mit intensiven Gefühlen (besonders Trauer oder Ärger) einhergehen, werden mit starrer, geradezu „kalter" Mimik berichtet. Der Patient erzählt mit unbewegtem Gesicht von seinen Streitigkeiten mit Kollegen oder lächelnd davon, wie er von einem Freund gedemütigt wurde. Auf diese leicht beobachtbaren Kongruenzen sollte der Therapeut ruhig und verständnisvoll hinweisen. Der Patient soll lernen, bestimmte Gefühle und die damit verbundenen schmerzvollen Gedanken und Erinnerungen aufkommen und sich entfalten zu lassen. Dann setzen sie sich quasi automatisch in ein kongruentes Ausdrucksverhalten um.

Es geht dabei um den Abbau von innerer Verteidigung und ängstlicher Schutzmaßnahmen auf der anderen Seite und um das Schärfen der Selbstwahrnehmung auf der anderen Seite. Wichtig ist, dass alle Funktionsbereiche in zunehmendem Maße wahrnehmbar werden: Emotionen, Denken, Gefühle, Bedürfnisse und Verhalten. Der Therapeut versucht dabei immer wieder, den Patienten eine möglichst ganzheitliche und echte Haltung einnehmen zu lassen.

Ein Beispiel, mit kurzen Kommentaren:

Frau K., eine Architektin, bekommt den Auftrag, ein Büro auszustatten nach einem vorliegenden Entwurf.

Th: Wie ist es Ihnen ergangen?

Pat.: (lächelnd) Als die Auftraggeber den Entwurf zeigten, saß ich nur noch so davor, sagte nichts mehr, ich schwieg, die anderen redeten weiter. Der Entwurf war nicht gut. Ich werde es nicht machen, obwohl ich gerade jetzt das Geld dringend brauchen würde, sagte ich mir.

Th.: Haben Sie den anderen gesagt, daß der Entwurf nicht gut ist?

Pat.: Nein, ich fing an, an mir zu zweifeln, vielleicht habe ich unrecht.

Th.: Was fühlten Sie, als Sie den Entwurf zum ersten Mal sahen?

Pat.: Ich fand das richtig doof!

Th.: Was spürten Sie gerade, als Sie sagten: Ich finde das richtig doof! ? (soll ihre Bewertung in Gefühlsworte fassen)

Pat.:	Ärger, Ärger habe ich gemerkt.
Th.:	Was genau machte Sie ärgerlich?
Pat.:	Da stimmte vieles nicht (sie zählt die Fehler nun klar und deutlich auf).
Th.:	Hätten Sie den Wunsch gehabt, es so konkret, klar und deutlich zu sagen, wie Sie es gerade tun? (Wünsche und Bedürfnisse aktivieren)
Pat.:	Schön wäre es gewesen, andere hätten ja auch so geredet und sich nicht so blöd verhalten wie ich. Wenn etwas nicht stimmt oder gar Konflikte da sind, ziehe ich mich zurück, schweige (Die Pat. macht an dieser Stelle ein trauriges Gesicht).
Th.:	Wie ging es Ihnen in der Situation?
Pat.:	Zuerst träumte ich mich weg. Hinterher mache ich mir Vorwürfe nichts gesagt zu haben. Da wirkt man auch nicht gerade intellektuell, da wirkt man eher dumm.
Th.:	Man?
Pat.:	Ja, Ich wirke da nicht intellektuell. Aber das andere traue ich mir nicht zu.
Th.:	Ist Ihnen aufgefallen, daß Sie in unseren Gesprächen oft "man" sagen?
Pat.:	Ja, da brauche ich nicht alles so zu sehen, wie es ist, es ist von mir abgehoben. Aber Sie haben recht, dann bin ich nicht mehr so in mir und das will ich ja auch nicht.
Th.:	Wie war das jetzt im Gespräch, wann haben Sie sich mehr in sich, mit sich in Einklang gespürt?
Pat.:	Als ich Ihnen sagte, daß ich den Entwurf doof fand und danach Ihnen die Fehler mitteilte.
Th.:	Wollen wir das Ganze noch einmal in einem Rollenspiel üben. Wichtig ist dabei, daß Sie Ihre Gefühle innerlich voll bewußt werden lassen und spontan danach zu reagieren versuchen, bis es immer besser klappt und Sie sich innerlich stimmig fühlen.
Pat.:	Also energisch.

Mit einer feineren und wahrhaftigeren Wahrnehmung ihrer ursprünglichen Gefühle, Bedürfnisse und Gedanken ist die Patientin zunehmend in der Lage, ihr Selbst differenzierter wahrzunehmen und sich angepaßter an die eigenen Bedürfnisse zu verhalten. Das ist Voraussetzung für ein Erleben innerer Harmonie, Gelassenheit und einer größeren Offenheit nach außen.

3.3 Die Phase der Veränderung

Einer der ersten Unterteilungsversuche der Psyche bestand darin, vier Grundkomponenten, nämlich Verhalten, Kognition, Gefühl und Wille zu unterscheiden. An diesen entscheidenden Stellen setzen jeweils therapeutische Bemühungen an, die Bedingungen für eine endgültige Überwindung der Depression herstellen und auch die Zeit danach vorbereiten wollen.

Im Verhaltensbereich muß in den meisten Fällen wieder eine aktive Herangehensweise an die Lebenssituation in Gang kommen. Dies geschieht vor allem auch mit dem Ziel einer Bewältigung kritischer Lebensmomente wie Verluste und Belastungen, die häufig an der Entstehung der Depression mit beteiligt waren.

Im kognitiven Bereich sollen depressive Haltungen korrigiert und differenziertere Informationsverarbeitungsmodi etabliert werden.

Im emotionalen Bereich sollen Primäremotionen wieder als Motive für effektives Denken und entschlossenes Handeln neu geordnet werden – Fixierungen auf „unverstandene Gefühle" werden aufgelöst.

Schließlich soll ein flexibles Selbstkonzept gefördert werden, das den realen Lebensbedingungen Rechnung trägt und, auf der volitionalen Ebene, eine tragfähige Lebensperspektive gewährleistet.

3.3.1 Kognitionszentrierte Interventionen

3.3.1.1 Begriffsbestimmung

Kognition ist der Oberbegriff für alle Prozesse, die mit dem Erkennen einer Situation zu tun haben wie Wahrnehmen, Ordnen, Prüfen, Bewerten, Speichern, Erinnern, Vorstellen, Prognostizieren. Es ist unmittelbar klar, dass alle diese Vorgänge ein einziges Ziel haben: Sie dienen dazu, unser Handeln vorzubereiten, d. h. sie liefern die Grundlagen, auf denen wir agieren, um unsere Ziele zu verfolgen und zu erreichen. Die Prozesse vollziehen sich größtenteils unbewußt und automatisch solange, wie keine Hindernisse oder Schwierigkeiten auftauchen und kognitive

Routineprozese abgerufen werden können. Reichen diese nicht aus, entsteht eine Diskrepanz zwischen verfügbaren Handlungsmöglichkeiten und Zielen. Sie wird dann bewußt und diese Lücke muß geschlossen werden. Kognitive Vorgänge werden also erst dann bewußt, wenn wir bei unseren Aktionen mit Problemen konfrontiert werden. Anders ausgedrückt: Wir haben eine Aufgabe, die wir nicht unmittelbar lösen können. Wir müssen dann erst einmal innehalten und alles überdenken (um neue Pläne zu generieren oder die negative Lage neu zu interpretieren, wenn sie sich aktiv nicht ändern läßt). Die Ergebnisse dieses Denkens werden nicht ohne Auswirkungen auf unsere seelische Gesamtverfassung bleiben. Je nachdem was sie ergeben, werden sie verschiedenartige emotionale Reaktionen auslösen (Stolz, Niedergeschlagenheit, Ärger u.s.w.) und unseren motivationalen Zustand beeinflussen. Schließlich werden sie die Basis liefern, auf der wir uns weiter verhalten (z.B. ermutigt weitermachen, sich mehr anstrengen, zögern, resigniert aufgeben). Dass diese Einflüsse auch in entgegengesetzter Richtung verlaufen, d. h. dass Affekte das Denken beeinflussen, ist unbestritten, steht aber an dieser Stelle nicht im Zentrum der Überlegungen.

Kognitionszentrierte Therapieverfahren setzen also an den Wahrnehmungs- Bewertungs- und Denkprozessen an, die unsere Gesamtfunktionsweise, insbesondere die Grundlage unseres Handelns, beeinflussen. Wie ist die Nützlichkeit einer solchen Vorgehensweise im Rahmen von Psychotherapie zu begründen?

3.3.1.2 Kognitionszentrierte Therapieansätze

Die Affekte, die Motivationslage und das Verhalten eines Menschen werden wesentlich mitbestimmt von der Art, wie er Informationen aufnimmt und verarbeitet, und wie er die Welt in seinen Gedanken und Erwartungen strukturiert und interpretiert. Gleichsam ein Spezialfall dieser Überlegungen ist, dass jede der einzelnen psychischen Störungen die von ihr Betroffenen die Welt in einer ganz bestimmten Art erleben, und auf dieser Basis agieren lässt. Es gibt die Weltkonstruktion des Ängstlichen und die des Wahnhaften, die der Menschen mit einer zwanghaften Persönlichkeit, und so gibt es auch die typische Weltkonstruktion des Depressiven. Er wird das, was ihm widerfährt, in einer ganz charakteristischen Art interpretieren, er wird ein bestimmtes Bild von den eigenen Möglichkeiten haben, in seine Situation einzugreifen oder nicht, und er wird ganz bestimmte Erwartungen darüber haben, was die Zukunft ihm bringen wird. Davon wird auch in ganz wesentlichem Maße alles andere, bis hin zu seiner körperlichen Verfassung, mitbestimmt.

Kognitionszentrierte Therapieverfahren haben allgemein zum Ziel, das Gesamtbild der Depression dadurch positiv zu beeinflussen, dass sie die Patienten dazu bringt, die spezifische Gedankenwelt, die für ihre Störung typisch ist, einer kritischen Überprüfung zu unterziehen und sie als Ergebnis davon an der einen oder anderen Stelle zu korrigieren.

An dieser Stelle eine Klarstellung: Die Voraussetzung für diese Vorgehensweise ist nicht die Annahme eines absoluten Primates des Kognitiven über alles andere, also die These, dass die Depression primär auf einer kognitiven Störung basiere. Es wird lediglich behauptet, dass das Gesamtbild der Depression über Kognitionen sehr gut zu beeinflussen ist.

Als einer der wichtigsten Vertreter der modernen kognitiven Therapie gilt Aaron Beck aus Philadelphia. Ende der 50er Jahre führte er als klassischer Analytiker Untersuchungen zu der auch heute noch relativ populären These durch, Depressive müßten so etwas wie ein Bedürfnis zu leiden haben. Wie sonst könne man ihre Tendenzen zu harter Selbstkritik, zu gegen sich selbst gerichteter Feindseligkeit und zur Auslegung aller möglichen Tatstände gegen die eigenen Interessen erklären? Beck stellte fest, dass es eine alternative Erklärung für diese Phänomene gib, nämlich die, dass Depressive an einer negativen Konstruktion ihrer eigenen Persönlichkeit und ihrer Lebenserfahrungen festhalten, ja sich geradezu daran festklammern. Das Problem besteht nun darin, dieses depressive Denken erst einmal zu beschreiben.

3.3.1.3 Depressive Denkstrukturen

Wir sehen im schlimmsten Stadium bei einer phänomenologischen Betrachtung depressiver Denkstrukturen vor allem folgende drei Merkmale, die gravierende Auswirkungen haben.

1. **Die gesamten kognitiven Strukturen sind mit negativer Emotionalität aufgeladen.**
   Unlustgefühle, wie Niedergeschlagenheit, Angst, Trauer, Schmerz usw. begleiten fast alle Denkprozesse. Die positiven Strukturanteile sind schwer oder überhaupt nicht mehr zugänglich. Damit sind posi-

128

tiv entlastende Kognitionen angesichts negativer Ereignisse nicht mehr verfügbar. Sie könnten dazu dienen, die Bedeutung des Ereignisses zu relativieren, sich eine mögliche Bewältigung vorzustellen und so die positive Stimmung zu erhalten oder wiederzuerlangen. Durch ihr Fehlen wird dem weiteren Ausbreiten von negativen Gedanken und Gefühlen kein Widerstand mehr entgegengesetzt. Ein typischer innerer Monolog: „Ja, und die Tinnitusgeräusche höre ich jetzt auch mehr, meine Wohnung ist scheußlich, die Antwort auf den Brief habe ich auch noch nicht abgeschickt, ich bin chaotisch, ich schaffe alles nicht mehr usw."

2. Extreme Verletzbarkeit des Selbst

Normalerweise verfügen wir über ein flexibles Selbst, das heißt, wir können je nach speziellen Situationen und Handlungszielen unterschiedliche Rollen einnehmen und uns je nach eingenommener Rolle auch anders fühlen („Hier bin ich schlecht, aber da bin ich gut; ich besitze dies nicht, habe aber immer noch jenes."). Eine in dieser Weise hohe Selbstkomplexität vermindert pauschale, negative, affektive Reaktionen bei negativen Ereignissen und wirkt damit stressreduzierend.

Bei depressiven Personen ist jedes negative Ereignis direkt mit dem zentralen inneren Ich-Gefühl, dem ganzen inneren Selbstwert verbunden. Durch das oben erwähnte Überfluten der inneren kognitiven Strukturen mit negativen Emotionen, sind keine positiven Alternativinterpretationen von Ereignissen mehr möglich, und ein flexibles Rollenverhalten wird verhindert. Die Patienten können ihre Aufmerksamkeit nicht mehr von negativen Inhalten ablösen und sie im Sinne einer Entlastung auf positive und erfolgreiche Aspekte des Lebens legen. Das führt sehr schnell zu selbstfeindlichen Diagnosen: Auch kleine Ereignisse ziehen negative Eigenschaftsbeschreibungen nach sich, und die Person sieht sich sofort als wertlos, wenn ihr eine Kleinigkeit misslungen ist. Diese Ansicht drängt sich ihr unwiderstehlich auf und sie glaubt fest daran. Das Vergessen eines Schlüssels führt dazu, dass Patientin W. sich unmittelbar als untüchtig, minderwertig, gestört und an einem organisch bedingten Gedächtnisschwund leidend ansah. Entlastend wäre es gewesen, wenn sie nach exkulpierenden Bedingungen gesucht hätte: Ich war sehr in Eile, deshalb vergaß ich den Schlüssel, das banale Vergessen eines Schlüssel hat nichts mit dem Gedächtnis als solches zu tun usw. Solche positiven Entlastungsdeutungen können sich aber nicht mehr durchsetzen. Bei jeder Handlung wird das „gesamte Ich" auf die Waage gelegt und in Frage gestellt. Dadurch entsteht zwangsläufig Angst vor jeglicher Tat schlechthin, bis hin zu einer auf das ganze Leben und die Zukunft generalisierten Angst.

3. **Ziele- und Wertstrukturen innerhalb des Ichs sind gehemmt, und es kommt zu einem Zerfall der Welt.**
Durch negative Emotionen wie Angst werden eigene Werte, Bedürfnisse und Überzeugungen weniger zugänglich. Wirkliches, lebendiges Denken und Erleben braucht aber Oberziele als Zugkräfte und eine Gerichtetheit, die weitgehend verlorengeht. Als Ergebnis wird die Welt nicht mehr als Einheit gesehen, sondern als eine unüberblickbare Vielzahl von Einzeldingen, die meist mit Anforderungen verbunden sind (s. das Patientenbeispiel zur „inneren Lage", auf S. 37). Es werden auch mehr störende Reize wahrgenommen („Die Geräusche von der Straße und der Nachbarn regen mich so auf, woher kommt das bloß? Werde ich verrückt? Alles ist zu viel! Ich will nicht mehr."). Es tritt auch ein Handlungszerfall ein (Zerfall der gespeicherten Handlungsprogramme), weil sie nicht mehr von wahrnehmbaren inneren Zielen zusammengehalten werden. Das nimmt die depressive Person körperlich wahr als Antriebsschwäche und bleierne Muskelschwere. („Sie können sich nicht vorstellen, wie schwer es ist, zum Waschbecken zu gehen, mit schwerer Hand zur Zahnbürste zu greifen und die Zähne zu putzen. Früher ging alles so in einem Fluss und schnell, jetzt muß ich bei jeder kleinen Sache überlegen"). Treten irgendwelche Störungen im Handlungsablauf auf, die eine Umorientierung erfordern, so kann der Patient das kaum noch verkraften.
Insgesamt ist mit den negativen Emotionen, dem geistigen Zerfall von Handlungsplänen und dem körperlichen Erleben von Handlungszerfall eine kognitive ganzheitliche Verbindung zwischen sich und der Welt unterbrochen. Das „Kohärenzgefühl", das heißt die Empfindung, ein sinnvolles Selbst zu bilden, das sich in der Welt einigermaßen geborgen fühlt, ist aufs tiefste erschüttert.

Auf dieser Basis können wir noch einmal zusammenfassen, was wir unter dem typischen depressiven Denken verstehen:

Wir können einmal typische Themen identifizieren, die immer wieder auftreten. Es sind dies Ablehnung durch andere, ungeliebt sein, verlassen werden, niedrige Selbsteinschätzung, Versagen, von riesigen Pflichten und Problemen erdrückt werden und letztlich negative Zukunftsaussichten bis hin zur Hoffnungslosigkeit.

Zusätzlich müssen Haltungen abgebaut werden, die einer aktiven, handlungsorientierten Vorgehensweise im Wege stehen. Einige formale Charakteristika des depressiven Denkens sind auch von Bedeutung: Es ist perseverativ, schwer abschüttelbar, quälend, ständig auf die eigene Person zentriert und liefert trotzdem Übertreibungen aus unserer Sicht, für den Betroffenen absolut plausible Erklärungen für bestimmte Situationen.

Es tritt auf in Form von „vorsprachlichen" stark emotional aufgeladenen Gedankenfetzen (sog. „automatischen Gedanken"), in Form von Gedankenketten bis hin zu längeren negativen Phantasien. Es ist der Ausdruck innerer Regung und Einstellungen, die zu einer Art gedanklichem Netzwerk verflochten sein können: Daraus ergibt sich eine durchgängig pathologische Sicht aller Dinge.

Eventuelle, neu eintreffende, „positive" Informationen werden durch Verzerrungen der Informationsverarbeitung wie willkürliche Schlussfolgerung, selektive Verallgemeinerung, Übergeneralisation, Maximierung und Minimierung, Personalisierung und verabsolutierendes dichotones Denken in ihrer Wirkung abgeschwächt.

Depressives Denken ist nicht immer gleich virulent und aktiviert, sondern es wird offensichtlich energetisiert durch bestimmte Ereignisse, für die der Betroffene besonders empfindlich ist.

Bei leichteren Depressionen kann der Patient noch seine Lage mit einiger Objektivität sehen. Wenn sie schwerer werden, wird das Denken zunehmend von negativen Vorstellungen beherrscht. Bei schwersten depressiven Zuständen wird der Patient völlig von beharrlichen, sich wiederholenden negativen Gedanken (bis hin zu wahnhaften) gesteuert und findet es außerordentlich schwierig, sich auf Reize von außen zu konzentrieren, z. B. zu lesen oder Fragen zu beantworten.

3.3.1.4 Funktionalität depressiven Denkens?

Ein sehr interessantes Problem betrifft die mögliche Funktionalität dieser Art des Denkens unter bestimmten Lebensbedingungen. Wenn wir uns die einzelnen Mechanismen seiner Funktionsweise genauer anschauen, so stellen wir fest, dass es erlaubt, sehr schnell klare und eindeutige Urteile zu fällen - wenn auch negative. Wir denken an einen psychischen Apparat, der in Krisenzeiten und in einer weitgehend feindseligen Umwelt darauf angewiesen ist, schnell zu reagieren, Energie zu sparen und dennoch zu überleben, sozusagen in Erwartung besserer Zeiten. Er neigt dazu, erst einmal alle zweideutigen Situationen eindeutig als Gefahrenherde zu interpretieren und zieht sich davon zurück. Das gibt eine Art Pseudosicherheit und erlaubt ihm, genügend Energie zu bewahren, um, wenn auch auf niedrigem Niveau, überlebensfähig zu bleiben. Dadurch, dass die positiven Erwartungen und Ansprüche reduziert sind, wird expansives, auf Selbstbehauptung gerichtetes Verhalten erst einmal gedämpft. Dadurch werden energetisch intensive soziale Auseinandersetzungen vermieden und dadurch die Voraussetzungen dafür geschaffen, dass innere Funktionen regenerieren und in der Zukunft für neue Aufgaben wieder voll zur Verfügung stehen. Wird dieser Zustand durch ungünstige innere oder äußere Bedingungen enorm lange aufrechterhalten und vertieft, so müssen wir diesen Menschen therapeutische Hilfe zukommen lassen, auch um „Sekundärschäden", d. h. eine Degradierung ihrer Lebenssituation, zu verhindern.

3.3.1.5 Die Operationen kognitionszentrierter Therapie

Die von uns vorgenommene Unterteilung des Therapieprozesses in eine „Eingangsphase", in eine „Phase der Entlastung und Stabilisierung" und in eine „Phase der Veränderung" orientiert sich am allgemeinen Zustand des Patienten und seiner sich daraus ergebenden vorrangigen Bedürfnisse. Sie schlägt sich auch in einer Staffelung der vorwiegend auf Kognitionen abzielenden therapeutischen Maßnahmen wieder.

Zuerst wollen wir kurz stichwortartig diejenigen wiederholen, die in den von uns schon beschriebenen Abschnitten zur Anwendung kommen (aus der Sicht des Patienten):

- Erleben eines geordneten Therapierahmens
- Wahrnehmung des Therapeutenverhaltens

- Krankheitsaufklärung (vor allem durch beruhigende Versicherungen)
- Hilfen zur Erhöhung der inneren Kohärenz
- Hilfen beim Verständnis der eigenen Biographie
- Hilfen zum Verständnis der Depressionsursachen
- Erfassen der Wechselwirkungen zwischen Gedanken, Gefühlen und Verhalten
- Besseres Verständnis eigener Befindensschwankungen durch Selbstbeobachtung

In der Phase der Veränderung kommen folgende Interventionen zur Anwendung, die allgemein als „kognitive Therapie" bei Depressionen bezeichnet werden (Beck , 1999; Hautzinger, 2000).

Beck versteht darunter die Vermittlung spezifischer Lernerfahrungen, die den Patienten die Lösung folgender Aufgaben lehren sollen:

- seine negativen, automatischen Gedanken (Kognitionen) zu kontrollieren
- die Zusammenhänge zwischen Denken, Fühlen und Handeln genauer zu erkennen
- zu prüfen, was für oder gegen seine automatischen Gedanken spricht
- diese einseitigen Kognitionen durch ein stärker an der Realität orientiertes Verständnis zu ersetzen
- zu lernen, die irrigen Überzeugungen, die seine Erfahrungen verzerren, zu erkennen und zu ändern

Bevor wir uns mit einzelnen Vorgehensweisen beschäftigen, wollen wir kurz auf die Gewinnung des „Materials" eingehen, das darin bearbeitet werden soll.

Materialgewinnung

Es gibt im wesentlichen drei relevante Möglichkeiten, Daten für eine weiterführende kognitive Arbeit zu gewinnen:

Eine längsschnittliche Analyse der „depressiogenen Leithemen" und das Auffinden konkreter, meist situationsspezifischer Denkelemente (automatische Gedanken), die immer wieder eine kurzfristige negative Wirkung auslösen.

Depressiogene Leitthemen

Betrachten wir die Lebensgeschichte von Patienten und vor allem die Umstände um eine (oder mehrere rekurrierende) depressive Episode (Makroanalyse), so fallen immer wieder Muster auf:

Sie reagieren selektiv, übersensibel auf bestimmte Typen von Erfahrungen, neigen dazu, angesichts bestimmter Probleme vorschnell zu resignieren und aufzugeben oder tendieren dazu, dabei durch unangemessene Reaktionsformen ihre Schwierigkeiten eher zu verschlimmern als zu beheben. Bezogen auf eine aktuelle Depression schlagen sich diese Tendenzen nieder in bestimmten Themen, mit denen sich das Denken perseverativ immer wieder beschäftigt und in Denkblockaden, die viel Energie kosten und jeden Fortschritt aufzuhalten drohen. Durch sie werden auch Verzichte, die angesichts ihrer Situation notwendig wären, um ihre Situation umstrukturieren zu können, verhindert.

Bei Frau Wand hatten diese Leitthemen folgende Inhalte:

- Ich bin selber schuld an meiner Misere, weil ich vor den Augen meines Mannes versagt habe.
- Ohne die Anerkennung und Zuneigung meines Mannes bin ich nichts wert und nicht lebensfähig.
- Ich werde nie in der Lage sein, mich mit der Trennung abzufinden, um ein eigenes, sinnerfülltes Leben zu führen.
- Ich bin zu nichts mehr fähig und bin eine unwiderbringlich gebrochene Frau.

Die gesamte innere Verfassung von Frau Wand zum Zeitpunkt der Therapie lässt sich zum großen Teil durch die depressive Fixierung auf diese „Wahrheiten" erklären. Es wird unmittelbar deutlich, dass therapeutisch induzierte Veränderungen an der Stelle unentbehrlich sind, soll sich ihr Zustand verbessern und ihre Lebenssituation weiter fortschreiten.

Hinderliche Einstellungen für eine aktive Bewältigung

Der depressive Mensch zeigt oft in hohem Maße die Grundhaltung der Lageorientierung im Gegensatz zur Handlungsorientierung. Sie werden folgendermaßen beschrieben (Kuhl & Kazén 1994, S. 298):

„Menschen, die eine sich wiederholende und dysfunktionale Fixierung auf immer wieder dieselben Aspekte der Gegenwart, der Vergangenheit oder der Zukunft zeigen, werden lageorientiert genannt. Diejenigen hingegen, die sich als flexibel zeigen, wenn es darum geht, ihre Aufmerksamkeit auf das zu richten, was sich in einer bestimmten Situation als der angemessenste Handlungsplan erweisen könnte, nennen wir handlungsorientiert."

Eine solche Passivität, oft auch angesichts einer akuten Problemlage, die nur aktiv bewältigt werden könnte, kommt durch eine Kombination folgender Einstellungen zustande, die typisch sind für Menschen in einer depressiven Lebenskrise:

Das Gefühl der Sinnlosigkeit

Das Gefühl der Sinnlosigkeit, das bei Depressionen besonders stark auftreten kann, bedeutet, dass das Leben nicht mehr als ein lebenswertes und befriedigendes Ganzes wahrgenommen wird. Vielmehr zerfällt es in Einzelstücke, z.B. in Tage und in Einzelaktionen, und der Betroffene sagt sich jedes Mal „ So etwas bringt nur Mühe und Plackerei, wozu soll das gut sein, was hat das für einen Sinn?" Der Depressive fühlt sich im schlimmsten Fall leer in einer leeren Welt. Er sitzt in einer unbefriedigenden und mühsamen Gegenwart fest, und die Zukunft übt keinerlei Anziehungskraft mehr aus.

Hoffnungslosigkeit

Wenn jemand vorwiegend davon überzeugt ist, dass er seine wesentlichen Lebensziele nicht mehr erreichen kann, so müssen wir ihn als hoffnungslos bezeichnen. Ein solcher Zustand muss nicht die ganze Zeit vorhanden sein, sondern er wechselt sich oft mit Phasen der Hoffnung ab, bei denen dann doch angenommen wird, dass sich noch alles zum Guten wenden kann.

Das Gefühl der Hoffnungslosigkeit kann verschiedene Färbungen annehmen.

Hat jemand sehr geringe oder gar keine positiven Erwartungen an die Zukunft mehr und attribuiert die Ursachen dafür internal auf eigene Unfähigkeit, so wird er ein sehr geringes Selbstwertgefühl aufweisen und unter Umständen starke Aggressionen gegen die eigene Person richten.

Fühlt sich jemand weitgehend hoffnungslos und sucht die Schuld dafür bei anderen, bei ihrer Bösartigkeit oder bei ihrer ablehnenden Haltung ihm gegenüber, so wird er frustriert, verbittert und unter Umständen voller Ärger und Hass sein.

So erscheint Hoffnungslosigkeit mehr noch als Hilflosigkeit als eine ganz kritische Bedingung für die Entstehung von Depressionen. Sie aufzubrechen und den Kranken wieder dazu zu bringen, nach und nach eine befriedigende Lebensperspektive zu entwickeln, ist eine der ganz großen Aufgaben der Therapie.

Entmutigung

Mut ist die Bereitschaft, sich auf eine aktive Auseinandersetzung mit Problemen und mit anderen Menschen einzulassen. Bei etwaigen Schwierigkeiten und Misserfolgen wird bald der Schwerpunkt darauf gelegt, etwas daraus zu lernen, um für zukünftige Auseinandersetzungen besser gewappnet zu sein.

Entmutigung herrscht dann vor, wenn wir uns dieser Auseinandersetzung mit unseren Schwierigkeiten nicht mehr zutrauen. Eine solche Haltung entsteht vor allem dann, wenn wir irgendwelche Niederlagen und Kränkungen erlitten haben. Wir haben zwar noch Ziele, die uns etwas wert sind, aber wir zweifeln sehr daran, ob wir über die richtigen Mittel verfügen oder ob unsere Kräfte ausreichen, um sie einzusetzen. Wir bedauern unentwegt unsere prekäre Lage, beginnen aber kaum etwas, das sie verändern könnte. Um unsere Tatenlosigkeit zu rechtfertigen, bauen wir ständig „Sicherungen" ein. Zuletzt verlangen wir, dass alles ganz optimal ist und überhaupt kein Risiko besteht, bevor wir auch nur das Geringste unternehmen.

Pessimismus

Beck sieht in einer generalisierten negativen Einstellung sich selbst, der Welt und der Zukunft gegenüber (kognitive Triade) das Kernstück der depressiven Haltung.

Als ich Frau Wand einmal dazu anregen wollte, sich am nächsten Tag auf den Weg zu machen, um neue Bettwäsche einzukaufen (sie hatte sich bitterlich über die beschwert, die ihr Mann ihr zur Verfügung gestellt hatte), kamen im Gespräch sukzessive folgende Einwände:

– Ich schaffe es nicht, aus dem Bett zu kommen.

– Ich werde kein Geschäft finden, das anständige Ware führt.

– Ich bin in meinem Zustand nicht in der Lage, eine geschmackvolle Ware auszusuchen.

– Wozu brauche ich gute Bettwäsche, mein Leben ist sowieso vorbei.

– Der Verkäufer wird mir ansehen, wir kaputt ich bin, etc.

Man hat als Therapeut das Gefühl in einen Grabenkrieg mit der depressiven Einstellung verwickelt zu sein: Gelingt es einem sie aus dem vorderen Schützengraben zu vertreiben, so zieht sie sich in den nächsten zurück, um dort die Abwehrschlacht gegen alles Lebens-bejahende neu zu organisieren. Diese oft so irritierende pessimistische Haltung (die man unter keinen Umständen persönlich nehmen darf, etwa nach dem Motto „Sie will mich fertig machen") bezieht sich vor allem auf die möglichen Ergebnisse der eigenen Aktionen und auf die Einschätzung der eigenen Fähigkeiten.

Diese Hindernisse für eine aktive Lebensbewältigung lassen sich nicht brachial aus dem Weg räumen, sondern sollen im Lauf der Therapie allmählich aufgeweicht werden durch eine kontinuierliche therapeuti-sche Arbeit, die Ausdauer, Geduld und Fingerspitzengefühl verlangt.

Die eine zentrale Vorgehensweise dabei ist der Versuch einer Verände-rung durch direkte therapeutische Kommunikation, vor allem im Sokratischen Gespräch.

Aber es gibt eine zweite Grundstrategie zur Veränderung von Meinungen, Einstellungen und Intentionen, nämlich die Anleitung zur aktiven Teilnahme an ausgewählten Situationen. Dadurch beabsichtigt

der Therapeut dem Patienten neue Gelegenheit zur Informations-
aufnahme zu verschaffen. Sie sollen vor allem die extrem negativistische
Haltung des Patienten und seine negativen Voraussagen widerlegen. Auf
die Art können dysfunktionale Meinungen und Einstellungen dadurch
korrigiert werden, dass der Klient z.B. Erfolge erlebt in Situationen, in
denen er nur Misserfolge erwartet oder von anderen Menschen auf eine
Art aufgenommen wird, die nicht mit seiner negativen Sicht über sich
selber übereinstimmt.

Konkrete, situationsspezifische Denkinhalte

Die Beschäftigung mit diesen Themen schlägt sich situationsspezifisch in
weitgehend „vorsprachlichen", stark emotional betonten kognitiven Reaktionen nieder, die bei kritischen Gelegenheiten ins Bewusstsein ein-
schießen und eine typische depressive Reaktion auf die Situation bedin-
gen. Eine Sensibilisierung der Patienten für dieses Material mit dem
ersten Ziel, sie es immer besser und schneller erkennen zu lassen, beschreibt Hautzinger folgendermaßen (1998, Seite 62): „Der erste Schritt
zur Bearbeitung kognitiver Prozesse ist daher die Entdeckung, das Beobachten und Protokollieren von automatischen Gedanken in relevanten
und zentralen Problembereichen. Ausgangspunkt dabei sind die Empfindungen, Gefühle und Stimmungen, auch Beschwerden in einem konkreten Zusammenhang, etwa einer Situation oder einer Sensation, also
internen und externen Auslösern. Der Patient soll sich die auslösende
Sache nochmals genau vorstellen und seine Gefühle zurückerinnern.
Während dies geschieht, bitten die Therapeuten die Patienten alles zu
äußern, was ihnen zu dieser Vorstellung einfällt, durch den Kopf geht,
bildhaft erscheint usw. Bevorzugt benützt man für das Festhalten dieser
Kognitionen das „Protokoll negativer Gedanken", das aus fünf Spalten
besteht: Auslösender Reiz, Situation/Gefühle, Empfindungen/automati-
sche Gedanken/alternative, angemessene Gedanken/erneutes Gefühls-
urteil aufgrund der Alternativen, angemessenen bewußt produzierten
neuen Gedanken. Das anfängliche Beobachten und Protokollieren auto-
matischer Gedanken füllt die ersten drei Spalten dieses Arbeitsblattes.
Patient und Therapeut lernen auf diese Weise zu erkennen und zu benennen, welche automatischen Gedanken, welche kognitiven Fehler
und immer wiederkehrenden Themen im Zusammenhang mit bestimmten Auslösern auftreten".

Die Hauptstrategie, in der diese Arbeit erfolgt, ist das sogenannte Sokratische Gespräch.

Das Sokratische Gespräch

Die Rolle, die Sokrates im Gespräch mit anderen spielte, nannte er die eines „Zitterrochens", der sich selbst und andere in Verwirrung bringt. Das erreichte er dadurch, dass er keine Scheinklarheit gelten ließ. Alles vermeintliche Wissen wurde gnadenlos auf den Prüfstand gestellt. Er nannte dies „Entlarvung von Windeiern". Er drängt immerzu darauf, jede Idee auf ihre Begründung hin zu untersuchen. Jedem unklaren Begriff, jeder flüchtigen Verallgemeinerung oder jedem heimlichen Vorurteil rückte er auf die Art auf den Leib und versuchte, ihre Unvollständigkeit, ihre Widersprüche oder ihre Absurditäten zu entlarven. Dazu sollten sie zur Selbstbesinnung kommen, um die Grundlagen ihres Denkens, Wollens und Handelns einer kritischen Überprüfung zu unterziehen. Dann mußten sie in Eigenverantwortung weitermachen. Diesen Prozess nannte Sokrates Maieutik, Hebammenkunst, nach dem Beruf seiner Mutter. Die Wahrheit sollte aus der Seele des anderen herausgehoben werden. Auf unsere Belange übertragen heißt das, die typischen Verzerrungen, die durch das depressive Denken entstehen, sollen dem Patienten selber einsichtig gemacht werden. Das geschieht mit dem Ziel, dass er sie korrigiert und so in einer bestimmten Situation andere Gefühle entwickeln kann und eine realitätsangemessenere Basis für sein Handeln gewinnt. Durch diese fortlaufende Arbeit wird er in die Lage versetzt, den Argumentationsprozess gegen die Störung immer selbständiger durchzuführen und allmählich deren gröbste Auswüchse abzubauen. Das wird sich langfristig positiv auf die anderen Anteile des depressiven Syndroms auswirken.

3.3.1.6 Die Hauptregeln des Sokratischen Dialogs

Folgende Regeln sind an der Basis der Vorgehensweise und bestimmen das Verhalten des Therapeuten

Denkprozesse als Untersuchungsgegenstand etablieren

Ausgangspunkt der gemeinsamen Gespräche sind die Gedanken, Meinungen und Aussagen der Patienten, vor allem solche, die sein Befinden und Handeln in einschlägig depressiver Richtung beeinflussen. Der Patient bringt sie ein, sei es, weil er sie auf Selbstbeobachtungsbögen festgehalten hat, sei es, weil er spontan vergangene Situationen, Zukunftsängste oder andere Themen anspricht, die ihm am Herzen liegen. Oft wird am Anfang der Sitzung eine Art Agenda aufgestellt, d.h. eine Sammlung der Themen, die jeweils besprochen werden sollen. Darüber kommt es nicht zu einer Diskussion oder zu einem Streitgespräch in dem Sinn, dass der Therapeut gleich Gegenargumente liefert, die ja oft genug auf der Hand liegen. Durch eine solche Technik des reinen Überzeugens, auch noch unter Zuhilfenahme der ganzen Autorität des Therapeuten, würden wesentliche Lernziele nicht erreicht werden. Bei einer rein argumentativen Überzeugung durch den Therapeuten (gesetzt der Fall, sie gelingt) sind die betreffenden Gedächtnisstrukturen beim Patienten mit der Informationsmarke versehen: „Die neuen Erkenntnisse sind mir geliefert worden, weil ich schwach und krank bin. Sie dienen nur dazu, damit es mir besser geht." Sie werden später nur mit geringer Wahrscheinlichkeit in Alltagssituationen aktiviert und wenn schon, dann nur in solchen, die praktisch identisch mit der ursprünglichen sind. Das auf die Art Gelernte erhält keinen breiten Anwendungsbereich und die „Einsichten" werden recht oberflächlich bleiben („Ich wiederhole ja nur, was man mir vorgesagt hat.").

Statt dessen steht im Sokratischen Gespräch nicht so sehr der jeweilige Inhalt im Vordergrund (in dem Sinn, dass er durch einen anderen ersetzt werden soll), sondern vielmehr die Art und Weise des Denkens. Der Patient soll lernen, flexibler und unabhängiger zu denken und von mehr Standpunkten aus mit sich selber zu argumentieren. Untersuchungsgegenstand ist dabei vor allem die Frage: *Wie* kommt der Patient zu seinen Schlussfolgerungen und Aussagen, oder anders ausgedrückt, es wird die Art des „Beweismaterials" gemeinsam geprüft, das ein Mensch zur Stützung seiner Behauptungen angibt. Auf unser besonderes therapeutisches Problem bezogen bedeutet das, es wird untersucht, auf welche Art jemand, der typisch „depressiv" denkt, zu seinen Meinungen und Aussagen kommt. Weiter geht es um die Frage, wie die „depressive Beweisführung" in einer mit Distanz vorgenommenen gemeinsamen Analyse zu bewerten ist. Es wird also vom Patienten verlangt, sich erst einmal von den eigenen Gedanken zu distanzieren. Voraussetzung dafür ist die angst- und repressionsfreie Atmosphäre der therapeutischen Begegnung. Gelingt es ihm (und immer besser mit der Zeit), so wird er in der Lage sein, allmählich die Rolle eines quasi objektiven Beobachters und Untersuchers des eigenen (depressiven) Denkens einzunehmen und eventuelle, darauf basierende „Fehlentscheidungen" zu korrigieren.

Die Struktur der Vorgehensweise ist also zusammenfassend folgende:

- Wie ist deine seelische Verfassung in einer bestimmten Situation?
- Ist deine seelische Verfassung (ein negatives Gefühl, eine Entmutigung, usw.) die Folge einer Aussage über diese Situation?
- Wie lautet deine Aussage?
- Wie bist du zu dieser Aussage gekommen? Was kannst du zu ihrer Stützung vorbringen?
- Wie sind die einzelnen Stützungselemente zu bewerten?
- Welche sind „typisch depressiv"?
- Ergeben sich für dich aus unserem gemeinsamen Gespräch irgendwelche neuen Schlussfolgerungen, z. B. für deine Bewertung der Situation, für dein zukünftiges Handeln usw.?
- Was hast du jetzt bei unserem gemeinsamen Gespräch gelernt?

Fragen statt Aussagen

Der Therapeut verzichtet bewusst weitgehend auf Aussagesätze und bedient sich vorwiegend des Instrumentes der Frage. In der Frage bleibt die Rede offen, kommt nicht zum Abschluss. Die Frage wendet sich mit dem unabgeschlossenen Gegenstand an den Partner, dessen kooperierende Aktivität in Anspruch genommen wird. Bedient man sich aber in seiner Rede hauptsächlich der Aussage, so signalisiert man dadurch, dass man die Angelegenheit für geklärt hält. Die Mitarbeit des Partners wird nicht mehr benötigt.

Fragen stellen aber auch mächtige Mittel dar, um eine Wirkung auf den anderen auszuüben. Über die allgemeine Aktivierung hinaus, werden bestimmte Inhalte bei ihm evoziert, samt ihrer emotionalen Begleiterscheinungen. Will er antworten, so wird er dazu gebracht, seine Gedanken zu ordnen und in eine sprachlich mitteilbare Form zu bringen. Dazu muß er auswählen und Schwerpunkte setzen. Er muß schließlich einstehen für das, was er sagt. Hat er es einmal ausgesprochen, so ist es umso fester in seinem Gedächtnis verankert.

Dabei sind die Steuerungsauswirkungen noch einmal unterschiedlich, je nach dem Typ der Frage, der zur Anwendung kommt. Die wichtigsten sind:

- Offene Fragen, die die Themen nicht einschränken
- Entscheidungsfragen, die vom Gefragten eine eindeutige Stellungnahme verlangen
- Verständnisfragen, um das zu erfassen, was der andere meint
- Sondierungsfragen, die ein Thema einführen, um zu erfahren, wie der andere damit umgeht
- rhetorische Fragen, die mit einer eigenen Stellungnahme verbunden sind
- Suggestivfragen, die eine Bestätigung des eigenen Standpunktes bei anderen bewirken wollen und
- reflexive Fragen, die die Aufmerksamkeit auf ein bestimmtes Thema oder einen bestimmten Aspekt eines Satzes lenken.

Die flexible Anwendung dieser Fragetypen, je nachdem, was im Mittelpunkt des gemeinsamen Interesses steht, stellt einen erheblichen Teil des Instrumentariums dar, um den Patienten zu aktivieren und allmählich zu einer besseren inneren Organisation zu führen.

Interesse an inneren Prozessen erzeugen

Der Therapeut ist weniger an Aussagen und Stellungnahmen der Patienten interessiert, seien sie nun einschlägig depressiv oder nicht, als vielmehr an den Prozessen, mittels er zu seinen Aussagen gekommen ist. Berichtet jemand, dass er am Abend vor einer Arbeitsbesprechung zu Hause saß, und sich die negativen Kommentare seiner Kollegen zu seiner Leistung bei der Besprechung richtiggehend ausmalte, so reagiert der Therapeut nicht mit Sätzen wie: 'Es tut mir leid, da müssen Sie aber sehr unglücklich gewesen sein', 'Das finde ich sehr schlimm' oder 'Tun Sie so etwas nie mehr', sondern mit: 'Das finde ich aber interessant. Ich möchte zu gerne genau wissen, wie Sie dorthin gekommen sind. Wissen Sie es? Nein? Wollen wir gemeinsam versuchen, es herauszubekommen?'

Der Therapeut darf sich nicht bloß mit einer empathischen Reaktion begnügen und unter keinen Umständen den Eindruck erwecken, dass er darauf aus ist, Fallen zu stellen oder den anderen bei Widersprüchen oder „Denkfehlern" zu ertappen - um ihn dann abzukanzeln.

Er versucht statt dessen immer wieder beim Patienten Interesse an seiner eigenen Funktionsweise zu erwecken. Vom Säuglingsalter an zeigen wir dann Interesse, wenn wir mit etwas Neuem konfrontiert sind, das uns aus irgendwelchen Gründen bemerkenswert und wichtig erscheint. Wir sind dann darauf eingestellt, es näher zu untersuchen, um es besser kennen und verstehen zu lernen. Beim Patienten Interesse, z. B. an seinen eigenen Denkprozessen zu wecken, heißt also sie ihn sozusagen mit neuen Augen sehen zu lassen, als etwas, mit dem er sich weiter befassen sollte. Auf die Art wird eine neue Perspektive dazu geschaffen und damit ein wichtiger Schritt für weitere Veränderungen gesetzt.

Scheinbar Unabänderliches hinterfragen lassen

Zu Beginn der Therapie erfordert der Zustand des Depressiven in der Regel Maßnahmen, die vor allem auf Stützung und innere Stabilisierung abzielen. Wir haben davor gewarnt, zu schnell und zu früh ihn mit seinen eigenen Verhaltensweisen oder kognitiven Reaktionen konfrontieren zu wollen, mit dem Ziel, ihn dadurch zu Veränderungen zu bewegen. Es geht eher darum, ihm dabei zu helfen, den depressiven Zustand erst einmal zu akzeptieren, um dadurch die Selbstkongruenz zu erhöhen.

Nun, da sein Zustand sich gebessert hat, muten wir ihm zu, allmählich die Distanz zu sich selber und die Reflexionsfähigkeit aufzubringen, die notwendig sind, um umzulernen, seine Denkperspektiven zu erweitern und seine Einstellungen einer kritischen Überprüfung zu unterziehen.

In dem Maße, wie es Therapeuten gelingt, in sokratischen Gesprächen Interesse an eigenen kognitiven Vorgängen zu wecken, bringen sie Patienten dazu, den unmittelbar plausiblen Charakter vieler ihrer inneren Stellungnahmen in Frage zu stellen.

Depressive Menschen führen, wie alle anderen auch, ständig Kommentierungen zu allem durch, was sie betrifft. Diese enthalten auch permanent Deutungen, Wertungen und Selbsteinschätzungen, bis hin zu Zukunftserwartungen und Prognosen. Dieses Material ist wesentlich für die affektive Tönung unseres Erlebens und für unsere Stimmungen verantwortlich. Therapeuten lenken durch ihre Fragen darauf hin, sich damit zu beschäftigen und wollen ihre Patienten dazu bringen, sich dieser inneren

Prozesse in zunehmendem Maße bewusst zu werden und sie nach außen hin offen zu legen. Der evidente und nicht hinterfragbare Charakter dieses Hintergrundgeschehens wird dadurch in zunehmenden Maße in Frage gestellt: „Immer wenn ich mich zur Arbeit begebe, bin ich angespannt und geradezu verzagt, ohne dass ich mich eigentlich je ernsthaft gefragt hätte, warum das denn eigentlich so sei, geschweige denn, ob es denn so sein müsse", stellte ein Patient fest. Durch die kritische Reflexion entsteht erst einmal eine Unsicherheit im Erleben, ein zumutbarer, weil produktiver Zweifel an der Notwendigkeit dessen, was in ihm abläuft. Es wird immer mehr erkannt, dass es sich dabei nicht um ein unabänderliches Naturgesetz handelt, wenn sie sich auf eine bestimmte Art fühlen, sondern dass die eigene Stimmung das Ergebnis bestimmter Prozesse, wie Schlussfolgerungen, daraus abgeleiteten Erwartungen usw. ist. Eine Stimmung lässt sich nicht überprüfen und hinterfragen, sehr wohl aber die kognitiven Abläufe, die ihr zugrunde liegen, aber nur dann, wenn sie erst einmal erkannt worden sind.

Erkenntnis bei empirisch wahrnehmbaren Einzeldingen suchen

Typisch depressives Denken hat viel Ähnlichkeit mit dem, was Piaget als „kindliches Denken" bezeichnet hat. Es neigt zu eindimensionalen, globalen, invariablen und verabsolutierenden Stellungnahmen, die sich dann auch im dogmatischen Gebrauch von Ausdrücken, wie: Immer, nie, alles und nichts, niederschlagen. Auf die Art entstehen geradezu depressiv getönte, kognitive Phantasiegebilde, die sich durch Abschottung von widersprechenden Informationen am Leben erhalten.

Statt dessen fördert der Therapeut beim sokratischen Dialog den Erkenntnisweg der „regressiven Abstraktion". Um von dem bloßen Meinen zu Wissen zu kommen, gibt es als brauchbaren Ausgangspunkt nur den empirisch feststellbaren Wahrnehmungsinhalt. Behauptet jemand: Meine Arbeitskollegen versuchen mich aus der Firma herauszukeln, so ist es völlig sinnlos, gleich mit ihm über Fragen zu debattieren, wie: Welche Empfindungen löst das in Ihnen aus? Was wollen Sie nun tun? War das an jeder Ihrer Arbeitsstellen so, und wenn ja, warum? Warum ist das Klima in der Arbeitswelt so schlecht geworden? und dergleichen mehr. Als Ausgangspunkt für nützliche und weiterführende Überlegungen eignet sich einzig und allein die Frage: „Erinnern Sie sich an eine konkrete Situation, die bei Ihnen diesen Eindruck hinterlassen hat?". Dann kann man darüber reden, wie der Eindruck zustande gekommen ist, wie das Kollegenverhalten genau war, ob es von allen bei allen Gelegenheiten zum Vorschein kommt, ob sie auch mit anderen so umgehen, ob ein möglicher Zusammenhang zwischen seinem Verhalten und dem der Kollegen bestehen kann, usw.

Ausgehend von einer empirischen Beobachtung, die, sollte sie einer kritischen Hinterfragung standhalten, ist es sehr wohl möglich, zu allgemeineren Aussagen zu gelangen, Schlussfolgerungen zu ziehen usw. Aber doch wohl nur auf diesem Weg. Endlose Debatten über die Welt als solche, ohne solide Verankerung in der Realität, sind so gut wie immer müßig und unergiebig.

Eine auf Empirie ausgerichtete Haltung

Wenn Patienten behaupten, etwas zu wissen, so fragen wir sie, woher wissen sie das, und prüfen mit ihnen die Qualität des vorgebrachten Beweismaterials. In vielen Fällen werden dadurch Zweifel entstehen, und die Frage, ob sie sich ihrer Aussage ganz sicher seien, werden sie verneinen müssen. Der nächste Schritt wird dann darin bestehen, sie anzuleiten, in konkreten Situationen neue Informationen zu gewinnen und so genauere Erkenntnisse zu erhalten. Eine solche Anleitung zu Realitätstests ist vor allem indiziert im Anschluss an Patientenäußerungen wie: Ich weiß nicht - es könnte sein, dass, - ich bin nicht sicher, ob - wahrscheinlich wird - ich möchte wissen, ob usw.

Eine solche auf Prüfung der Realität ausgerichtete Haltung setzt ein gewisses Maß an Selbstsicherheit voraus. Bedingung dafür ist, dass sich der Patient in der therapeutischen Beziehung emotional gehalten und aufgehoben fühlt. Ein bloßes „Fragen Sie nicht mich, sonder probieren Sie es selber aus" und ähnliche Therapeutenhaltungen, werden dem Patienten nicht helfen, seine Entmutigung und seine Angst vor dem Leben zu überwinden.

Tiefe der Analyse fördern

Bei der Analyse problematischer Situationen (insofern sie Beispiele für die Auswirkungen depressiven Denkens darstellen) ist es nicht von Wichtigkeit, möglichst viele oder alle, die sich in einem bestimmten Zeitraum ereignet haben, zu bearbeiten. Wichtiger ist der Grundsatz: Lieber eine Situation gründlich auf allen Ebenen durchdenken, als in vielen mit

Halbanalysen herumzuvagabundieren. In diesem Zusammenhang ist es eine Fehleinstellung, wenn Therapeuten meinen, alles, was ein Patient (z.B. auf Selbstbeobachtungs-Bögen) festhält, gleich in der nächsten Sitzung abhandeln zu müssen. Auf diese Art kommt es kaum zu einer Arbeit, die ausreichend in die Tiefe geht, und von paradigmatischer Bedeutung ist. Statt dessen sollten z.B. Patienten befragt werden: „Welche Situation erscheint Ihnen am wichtigsten?" oder „Was erscheint Ihnen besonders typisch?" - um einen oder mehrere Schwerpunkte zu setzen. Situationen bloß abzuhaken und dem Patienten nur oberflächliche „Erkenntnisse" zu liefern, wird ihn nicht in die Lage versetzen, später solche Untersuchungen in eigener Regie durchzuführen.

Ganzheitliche Stellungnahmen beim Patienten fördern

Es geht nicht darum, Patienten zu Zugeständnissen zu bewegen, oder ihnen aufzuzeigen, dass das depressive Denken immer Unrecht hat, oder sie zu der oberflächlichen Einsicht zu bringen, dass man mit so genanntem positivem Denken besser über die Runden kommt. Solche bloße kognitive Spielereien haben so gut wie keine bleibende Wirkung und erreichen schon gar nicht den Kern der inneren Abläufe. Wert hat das Ganze nur dann, wenn Patienten sich im Gesamtprozess „vollständig" fühlen. Das ist vor allem dann der Fall, wenn der Intellekt nicht vom Gefühl abgespalten ist. Vieles spricht dafür, dass kognitive Veränderungen nur dann überdauernd sind, wenn sie affektiv „unterfüttert" sind. Das bedeutet aber auch, dass es notwendig ist, beim Prozess der gemeinsamen Analyse von Kognitionen, Emotionen zu mobilisieren, eine innere Beteiligung. die dem Patienten signalisiert: Es geht um extrem wichtige Dinge für dich. Bloße Wahrscheinlichkeitshampeleien, Logikturnübungen oder das beliebte Belief-Aufspießen, schafft nicht die Betroffenheit, die notwendig ist, damit Menschen sich dem meist schmerzhaften Prozess eines Umlernens bei sehr persönlichen Dingen unterziehen. Der kognitive Therapeut sollte sich nicht einbilden, dass er dann besonders gut ist, wenn er sich als Argumentationsvirtuose geriert oder als Rüpel, sei es auch im Dienst einer vermeintlichen Rationalität.

Auf einen eventuellen möglichen Konsens hinstreben

Es geht nicht darum, Wahrheiten zu finden, die für alle Menschen für alle Zeiten gültig sind. Es geht vielmehr darum, nach Aussagen zu suchen, über die Patient und Therapeut unter den jetzigen Bedingungen, etwa beim aktuellen Wissenstand, einen Konsens herstellen können, und das auch nur für die Zeit, in der das Gespräch geführt wird. Die Ergebnisse des Gesprächs werden danach in der sozialen Realität einem Belastungstest unterzogen. Dann kann es passieren, dass neue Erfahrungen mit dem eben Erarbeiteten kollidieren und sich so die vorläufige „Wahrheit" weiterentwickeln wird. In diesem Sinn soll das Sokratische Gespräch nicht ein für allemal Gültiges zu Tage fördern, wie es etwa dogmatischere Vorgehensweisen (z.B. die RET) vorgibt zu tun. Im Gegenteil: Als Ergebnis sokratischer Arbeit soll der Patient den Mut haben, nicht „zur Ruhe kommen", er soll ständig weitersuchen, neue Erfahrungen machen, Schlüsse ziehen, differenzieren, nach Bedingungen suchen usw.

So könnte am Beispiel des Patienten, der sich von seinen Kollegen abgelehnt fühlt, folgendes Ergebnis erzielt werden. Heute können wir übereinstimmend folgendes sagen: Die Stimmung im Betrieb ist insgesamt nicht sehr erfreulich, aber das gilt für alle und nicht allein für mich. Bei einer Gelegenheit kam von X. eine deutliche Kritik, aber ich hatte wirklich etwas übersehen. Y kam übrigens nicht besser weg, aber später war X dann wieder recht versöhnlich. A und B haben noch keinen besonderen Draht zu mir, aber ich eigentlich auch nicht zu ihnen. Ich werde weiter beobachten, wer wie auf mich reagiert. Die Hälfte meiner Probezeit war nicht perfekt, aber doch insgesamt in Ordnung.

Am Ende eines sokratischen Gespräches sollen im Idealfall Patient und Therapeut gemeinsam feststellen können, dass nichts endgültig geklärt ist, aber vieles ein wenig durchsichtiger geworden ist, und dass man auf dieser Basis weiter aktiv werden kann.

Die Arbeit in einen Handlungsvollzug einbetten

In Brechts Geschichten von Herrn Keuner findet sich folgende Anekdote: „Einer fragte Herrn K., ob es einen Gott gäbe. Herr K. sagte: Ich rate dir, nachzudenken, ob sich dein Verhalten je nach der Antwort auf diese Frage ändern würde. Würde es sich nicht ändern, dann können wir die Frage fallen lassen".

Hier ist das Problem der praktischen Relevanz „theoretischer" Erörterungen angesprochen. Wenn Patienten dazu gebracht werden sollen, die eigene Gedankenwelt, die an der Basis vieler depressiver Reaktionen liegt, kritisch zu reflektieren, so geschieht dies mit dem Ziel, eine neue

Betrachtungsweise zu gewinnen, die der Wirklichkeit besser gerecht wird und ein angemesseneres (nicht depressives) Reagieren und Handeln gewährleistet.

Ein Sokratisches Gespräch ist also immer in einen bestimmten Reaktions- oder Handlungsvollzug integriert. Es geht darum, die kognitiven Auslöser einer bestimmten Reaktion (z.B. Niedergeschlagenheit im Anschluss an ein Ereignis) oder eine Handlungsintention (z.B.: „Ich will das Treffen absagen") auf ihre Stichhaltigkeit hin zu überprüfen. Ergeben sich dabei für den Patienten neue Gesichtspunkte, so können neue Handlungen geplant werden oder neue Reaktionen in der Zukunft erfolgen.

Die Einbettung in Handlungsvollzüge erfolgt also in zweifacher Hinsicht. Einmal wird herausgearbeitet, in welchem Handlungsvollzug das zu untersuchende Material eine wichtige Rolle spielt. So erfolgt die Analyse der Einschätzung des unzufriedenen Stelleninhabers deshalb, weil er, völlig frustriert und entmutigt, glaubt, von sich aus nach der Probezeit kündigen zu müssen.

Ergibt sich im Gespräch eine neue Sichtweise, so soll deutlich herausgearbeitet werden, welche Konsequenzen das für sein weiteres Handeln haben soll. So nimmt er sich nach dem Gespräch mit dem Therapeuten z.B. vor, in der nächsten Woche das Verhalten von Kollegen ihm gegenüber genau zu beobachten und ein Gespräch mit X. zu suchen.

Die Ergebnisse im Gedächtnis verankern

In der Therapiestunde hat nur das einen Wert, was den Patienten in irgendeiner Form beeinflusst. Meist handelt es sich dabei um sprachlich codiertes Material, das im Gedächtnis verankert werden muß, damit es später aktiviert und eingesetzt werden kann. Dazu helfen Zusammenfassungen, die der Therapeut selbst vornimmt, oder besser noch, zu denen er den Patienten anleitet. Dabei muß beachtet werden, dass das Material eine sprachlich prägnante, möglichst bildhafte Form annimmt. Dann ist es bei späteren, emotional aufgeladenen Situationen besser reproduzierbar und kann sich positiv auswirken.

Weiter sollten die einzelnen Analyseschritte für den Patienten so transparent sein, dass er sie auch behalten und rekapitulieren kann: Ich habe heute gelernt, so vorzugehen... Bei einer nächsten Gelegenheit werde ich darauf achten...

Fortgang des Prozesses fördern

Die „leitende Funktion", die der Therapeut beim Sokratischen Gespräch zu erfüllen hat, besteht hauptsächlich im folgenden:

- Er achtet darauf, dass der Prozess auf seine Ziele hin voranschreitet, nicht versandet, sich auf Nebengleise verirrt oder sich im Kreise dreht.

- Er achtet darauf, dass die Teilnehmer sich wirklich verstehen. Jedem wird zugemutet, sich so auszudrücken, dass der andere ihn versteht. Um dies zu gewährleisten, dienen Fragen wie die nach der Verständnisüberprüfung: „Habe ich richtig verstanden, dass Sie meinen..." oder Fragen nach Übereinstimmung: „Sind wir uns darin einig, dass ...".

- Er achtet darauf, dass der Prozess zu einem für den Patienten verwertbaren Ergebnis führt, und nicht im Vorfeld dazu stecken bleibt.

- Eine Förderung des Prozesses verlangt auch, dass das Ganze in einem angenehmem und vom Patienten als hilfreich empfundenen zwischenmenschlichen Klima erfolgt. Insbesondere darf dem Patienten nicht der Eindruck vermittelt werden, dass er etwas falsch macht oder falsch gemacht hat.

Sich der Wahrhaftigkeit verpflichtet fühlen

Es ist ein häufiger Fehler in der Therapie, wenn der Therapeut meint, er wüßte von vorneherein das, was der Patient meint. Es ist nicht immer so, dass der Sender meint, was der Empfänger versteht. Oft reden Therapeuten und Patienten zwar mit den gleichen Worten, aber hinter den Worten stehen unterschiedliche Begriffe. Ein anderer, weit verbreiteter Therapeutenfehler besteht darin anzunehmen, dass beim Patienten wichtige seelische Vorgänge sich so abspielen, wie sie es bei sich feststellen. Als ein Therapeut einmal einer Patientin aufzeigte, dass man eine bestimmte Angelegenheit so und nicht anders sehen müßte, sprach sie die unsterblichen Worte: Wenn ich so denken könnte wie Sie, dann würde ich so denken.

Auch Therapeuten können dem Einfluss von Windeiern unterliegen, die von Vorurteilen, Verkennungen und von Halbwissen über ihre Patienten geprägt sind. Damit kann man viel Wind machen, wie an vielen Stellen der Literatur ersichtlich wird, aber es entsteht wenig Substantielles.

Sich der Wahrheit verpflichtet fühlen, heißt, dass auch Therapeuten sich an die Regeln des Sokrates halten, nichts Ungeprüftes gelten lassen, sich mit viel Geduld ihrer Materie, d. h. den Menschen, mit denen sie es zu tun haben, widmen, und alle ihre Ansichten immer wieder auf den Prüfstand stellen.

Unter Respektierung dieser Regeln unternimmt der Therapeut im Gespräch mit dem Patienten immer wieder den Versuch, depressives kognitives Material zu analysieren und aufzuarbeiten. Dies geschieht mit dem Ziel, dass der Patient diese Arbeit immer selbständiger durchführen kann und dadurch allmählich lernt, anders an die Wirklichkeit heranzugehen.

Die wichtigsten Typen von Interventionen, die bei diesen Gesprächen zur Anwendung kommen, wollen wir im folgenden skizzieren. Der Therapeut wählt sie danach aus, welche Ziele jeweils im Zentrum stehen.

3.3.1.7 Charakteristische Interventionen im Rahmen des Sokratischen Gesprächs

Tabelle 4:
Charakteristische Interventionen

Intervention	Typische Fragen	Ziel
Begriffe definieren lassen	Wie muß jemand sein, damit Sie ihn einen Feigling nennen? Wie hat jemand gelebt und wie lebt jemand, den Sie einen Feigling nennen?	Prüfen, ob die Benutzung bestimmter Begriffe berechtigt ist
Präzisieren lassen	Was genau an seinem Verhalten hat Sie gestört? Wenn Sie an das Studium denken, wobei erwarten Sie Schwierigkeiten?	Die Stimuli einer Reaktion genauer herausarbeiten

Intervention	Typische Fragen	Ziel
Nach Alternativen fragen	Sie meinen, ich habe den Termin abgesagt, weil ich kein Interesse mehr an Ihnen habe. Können Sie sich andere Gründe vorstellen, warum ich abgesagt habe?	Dem Patienten zeigen, dass sein erster (meist depressiver) Gedanke nicht der einzig mögliche ist.
Standpunktwechsel	Wenn es jemand anders jetzt so schlecht ginge wie Ihnen, was würden Sie zu ihm sagen? Wie würden Sie mit ihm umgehen?	Relativierung von Selbstvorwürfen
Gefühle mobilisieren	Welches Gefühl passt denn zu dieser Entscheidung? Versuchen Sie doch einmal, sich richtiggehend hineinzuversetzen. Was haben Sie früher in einer solchen Situation empfunden?	Einen ganzheitlichen Standpunkt anstreben
Perspektive erweitern	Wenn Sie etwas mehr Vertrauen hätten, was würden Sie dann tun?	Neue Denk- und Verhaltensmöglichkeiten eröffnen lassen
Inneren Probierraum erweitern	Können Sie sich vorstellen, auch einmal anders zu reagieren? Sagen Sie einfach alles, was Ihnen einfällt. Wie verhalten sich denn andere in einer solchen Situation? Was konnten Sie schon beobachten?	Eigenes Verhalten in der Vorstellung differenzieren lassen
Muster aufdecken	Kennen Sie das von früher? Haben Sie schon öfter so etwas erlebt? Ist diese Reaktion von Ihnen schon öfter vorgekommen? Können Sie sich erinnern, wann es zum ersten Mal war?	Weitere Bearbeitung von musterhaften Verläufen
Gemeinsamkeiten suchen	Was zeichnet die Menschen aus, denen Sie vertrauen?	Auslöser einer Reaktion analysieren
Bedürfnisse aktualisieren	Wie sieht ein Tagesablauf aus, der Ihnen optimal vorkommt? Warum möchten Sie ihn gerne so haben?	Sich aktueller Bedürfnisse bewusst werden
Äußere Blockaden feststellen	Wie müßte sich Ihre Mutter verhalten, damit Sie sich trauen, auszuziehen?	Feststellen, welche äußeren Hindernisse einer Handlung im Wege stehen

Intervention	Typische Fragen	Ziel
Innere Blockaden feststellen	Wie müßten Sie zu der Krankheit Ihrer Mutter stehen, damit Sie mit gutem Gewissen ausziehen?	Feststellen, welche inneren Einstellungen einer Handlung im Wege stehen
Mögliche Bearbeitung äußerer Blockaden	Wie könnten Sie Ihre Mutter dazu bringen, auch an Ihre Bedürfnisse zu denken?	Lösungsorientiert denken; Jemand einen Verhaltensplan aufstellen lassen
Mögliche Bearbeitung innerer Blockaden	Manchmal haben Sie das Gefühl, so geht es nicht weiter mit Ihrer Mutter. Wie sehen Sie die Situation in solchen Momenten?	Deutet die Möglichkeit eines Einstellungswechsels an
Auf den Punkt bringen	In einem Satz: Was fehlt Ihnen im Leben? Was ist es, was Sie an seinem Verhalten so verabscheuen? Sagen Sie es kurz und bündig.	Jemand dazu bringen, die eigene Ansicht klar und deutlich auszusprechen.
Anleitung zur Erinnerung	Was haben Sie mir letzte Woche zu seinem Verhalten gesagt? Können Sie sich erinnern?	Förderung der Kontinuität der eigenen Ansichten
Jemand in einer bestimmten Meinung stabilisieren	Trauen Sie sich zu wiederholen, was Sie letzte Woche über Ihren Mann gesagt haben. Ich fand es sehr mutig.	Jemand dabei helfen, einen inneren Widerstand zu überwinden
Anleitung zum Nachdenken	Glauben Sie fest daran, dass Sie Ihre eigene Beziehung auf diese einfache Formel bringen können? Wollen Sie nicht doch noch einmal über das Ganze nachdenken?	Aufbrechen einer pauschalen Meinung
Ideen säen	Mir kommt so ein Gedanke. Könnte es sein, dass die Beziehung zu Ihrer Mutter auch da hineinspielt? Aber das muß nicht unbedingt unser Thema sein.	Widerstände umgehen durch Schaffen einer „Leerstelle"
Frage nach positiven Effekten oder erleichternden Bedingungen	Was hat Ihnen damals geholfen, sich durchzusetzen? Wie haben Sie es geschafft?	Ansprechen innerer Ressourcen, mit dem Ziel sie zu aktivieren

Intervention	Typische Fragen	Ziel
Eine Stellungnahme zu einem Sachverhalt praktisch erzwingen	Was gefällt Ihnen am wenigsten an meiner Art, mit Ihnen umzugehen? Nennen Sie die drei Sachen, die Sie letzte Woche am besten gemacht haben.	Sich positionieren lernen
Personalisierung in Frage stellen	Wonach beurteilen Sie, ob etwas Ihnen und nur Ihnen gilt?	Aufstellen von Kriterien
Fixierung auf Vergangenheit auflösen	Warum ist es wichtig, sich mit der Vergangenheit zu beschäftigen? Versuchen wir das doch einmal gemeinsam zu klären.	Aufzeigen, das Erkenntnisse über die Vergangenheit nur dann nützlich sind, wenn sie auf Gegenwart und Zukunft bezogen werden
Aufzeigen von unbeantwortbaren Fragen	Unter welchen Bedingungen können wir auf eine Frage eine hinreichend sichere Antwort geben und unter welchen nicht? Wie wäre Ihr Leben verlaufen, wenn Sie nicht nach München gegangen wären? Darüber können wir 30 verschiedene Geschichten erzählen, fangen wir doch mal an.	Aufzeigen, dass Spekulationen und Grübeleien nicht zu einem subjektiven Gefühl der Sicherheit führen können
Tolerierung von Ambivalenz	Kennen Sie eine Sache, die unter allen denkbaren Umständen nur Vorteile und gar keine Nachteile hat?	Aufzeigen, dass Entscheidungen getroffen werden können, auch wenn sich keine hundertprozentige Sicherheit einstellt, dass sie unter allen Umständen richtig ist.
Widerlegung endloser Absicherungen	Was könnten Sie alles überlegen und prüfen, bevor Sie bei Grün über die Straße gehen?	Aufzeigen, dass Entscheidungen im Alltag „binär" getroffen werden: Ab einem gewissen Grad an Sicherheit entscheiden wir uns für ein einfaches „Ja" oder für ein „Nein"

Intervention	Typische Fragen	Ziel
Aufbrechen von Resignation und Fatalismus	Nennen Sie mir eine alltägliche Situation, an der nichts, aber auch gar nichts verändert werden kann.	Aufzeigen von kleinen Schritten, von vorbereitenden Schritten (Informationserhebung), vom Zusammenspiel von möglichen assimilativen (verändernden) und Anpassungsreaktionen
Relativierung des Wertes einer Tendenz durch Aufzeigen des übergeordneten Wertes	Wozu kann es nützlich sein, misstrauisch zu sein, um nicht enttäuscht zu werden? Gibt es andere Möglichkeiten, Enttäuschungen vorzubeugen? Können nicht Schäden dadurch entstehen, dass man sich, um das Ziel zu erreichen, einseitig auf Misstrauen spezialisiert? Wie wäre es mit einer ausgewogeneren Strategie?	Etwas wird als ein möglicher Weg unter vielen aufgezeigt. Eine einseitige Spezialisierung kann Gefahren mit sich bringen
Bedeutungen erfragen	Was bedeutet es für Sie, wenn Sie zum Vorsitzenden gewählt werden? Was wird anders in Ihrem Leben?	Herausfinden, welche Bedürfnisse im Spiel sind, Frage nach positiven Verstärkern.
Frage nach Konsequenzen (pragmatische Analyse)	Was würde sich für Sie ändern, wenn Sie kündigen?	Verdeutlichen von möglichen Konsequenzen.
	Was ist anders in Ihrem Leben seit Sie nicht mehr mit ihm reden?	Aufzeigen der realen Konsequenzen einer vergangenen Handlung.
Anleitung zur Realitätsüberprüfung (in sensu)	Stellen Sie sich vor, Sie sagen dem Chef Ihre Meinung, wie könnte er reagieren?	Herausfinden, wie jemand sich eine bestimmte Situation vorstellt
Anleitung zur Realitätsüberprüfung (in vivo)	Wollen Sie wirklich herausfinden, wie er reagiert, wenn Sie Ihren Standpunkt klarlegen? Dann hätten Sie Klarheit und bräuchten nicht mehr zu spekulieren.	Herausfinden, was wirklich eintritt
Frage nach dem Ziel einer bestimmten Handlung	Was glauben Sie denn zu erreichen, wenn Sie weiter schweigen?	Herausfinden, was jemand wirklich beabsichtigt
Frage nach dem Grund einer Vermeidung	Was ersparen Sie sich denn, wenn Sie nicht Position beziehen?	Herausfinden, was jemand befürchtet

154

Intervention	Typische Fragen	Ziel
Widersprüche aufzeigen	Auf der einen Seite soll er sie lieben, aber dann Ihnen auch nicht zu nahe treten. Ist das nicht ein Widerspruch? Hat er überhaupt eine Chance, Sie zufriedenzustellen?	Jemand dazu bringen, seine Bedürfnisse zu klären
Eine Reaktion frustrieren	Sie meinen, Sie wollen die Termine absagen, die Sie nicht wahrnehmen möchten? Ich fürchte, wenn jemand hartnäckig genug ist, wird das nicht klappen. Habe ich da recht? Nein, unter keinen Umständen sagen Sie?	Eine angedeutete Einschränkung der subjektiven Handlungsfreiheit ruft eine Trotzreaktion in die gewünschten Richtung hervor
Ironische Intervention: Übersteigern	Sie meinen, Sie sind gar nicht krank, sondern bloß ein Versager? Das müssen wir unbedingt Ihrer Krankenkasse mitteilen. Fangen Sie wieder an, aufzuzählen, was Sie alles nicht können? Wie gut, dass ich für den Rest des Tages keine Termine habe.	Die „depressive Wahrheit" derart übersteigert darstellen, dass eine Distanzierung dazu stattfindet.

3.3.1.8 Vier kommentierte Beispiele Sokratischer Gesprächsführung

Im folgenden wollen wir einige therapeutische Gespräche wiedergeben und kurz kommentieren.

Beispiel Nr. 1

Er leidet sehr darunter, dass er seine Post längere Zeit nicht mehr bearbeitet hat, und durchaus dadurch objektive Nachteile befürchtet. Deshalb unternimmt er ohne Absprache mit dem Therapeuten einen Versuch, der, wie es sich herausstellt, fehlschlägt.

Dialog

Th.: Wie geht es Ihnen? [1]
Pat.: Sehr schlecht.
Th.: Das tut mir aber leid. Was drückt Sie denn? [2]
Pat.: Ich komme nicht weiter. Ich habe zuviel zu tun.
Th.: Verstehe ich Sie richtig? Sie fühlen sich überfordert und haben das Gefühl, dass nichts mehr vorangeht? [3]
Pat.: Ja, so ist es.
Th.: Das Gefühl kenne ich. Das ist sehr belastend. [4]
Pat.: ...
Th.: Sehen wir uns das doch mal näher an. Was haben Sie denn alles zu tun? [5]
Pat.: Ach, das kriege ich gar nicht mehr zusammen. [6]
Th.: Sind Sie sich da sicher? [7]
Pat.: Ja, leider.
Th.: Haben Sie es schon versucht? [8]
Pat.: Ja, gestern.
Th.: Und?
Pat.: Ich habe nach 2 Minuten aufgegeben. Es ging nicht.
Th.: Wie ging es Ihnen danach? [9]
Pat.: Ich fühlte mich noch elender.
Th.: Haben Sie irgendwelche Schlüsse daraus gezogen? [10]
Pat.: Ja, dass ich zu gar nichts mehr in der Lage bin, ich gebe auf. [11]
Th.: Zu gar nichts mehr? [12]
Pat.: Leider.
Th.: Was hat das für Folgen, wenn Sie aufgeben? [13]
Pat.: Schrecklich, ich sinke immer tiefer.
Th.: Wollen Sie das? [14]
Pat.: Nein.
Th.: Dann müssen wir sehen, wie wir das hinkriegen. Kennen Sie Situationen im Leben, wo man ein wenig Hilfe benötigt? [15]
Pat.: Ja sicher, das gibt es.
Th.: Ist es in jedem Fall schlimm, einmal Hilfe in Anspruch zu nehmen? [16]
Pat.: Nein, an sich nicht.
Th.: Wären Sie jetzt in der Lage, meine Hilfe anzunehmen? [17]
Pat.: Ja vielleicht, Aber es ist doch eine Katastrophe, wenn man die eigenen Dinge nicht mehr im Griff hat.
Th.: Ich habe Sie eben gefragt, ob es immer schlimm ist, sich helfen zu lassen. Erinnern Sie sich an das, was Sie mir geantwortet haben? [18]
Pat.: Ja, dass das schon möglich ist.

Th.: Es gibt also Lebenslagen, in denen es nötig ist, sich helfen zu lassen?

Pat.: Ja. Aber jetzt bringt es nichts. [19]

Th.: Sollten wir es nicht einmal versuchen? [20]

Pat.: Ich weiß nicht. [21]

Th.: Was haben Sie denn dabei zu verlieren? [22]

Pat.: Nun, gar nichts.

Th.: Na schön. Hier ist ein Blatt Papier und ein Bleistift. Fangen Sie doch an. Was ist zu erledigen? [23]

Pat.: Meine Steuererklärung.

Th.: Notieren Sie kurz: Steuererklärung. Und was noch?

Th.: War das das Wichtigste?

Pat.: So ungefähr. [24]

Th.: Wie ist Ihnen jetzt zumute?

Pat.: Grauenvoll. Das schaffe ich nie. [25]

Th.: Wieder dieses Gefühl, total überfordert zu sein. Aber jetzt haben Sie wenigstens einen Überblick. Ist das nicht schon ein kleiner Fortschritt?

Pat.: Vielleicht. Aber was bringt das? [26]

Th.: Es ist ein Anfang. [27]

Pat.: Aber ich blicke nicht durch. Das schaffe ich nie.

Th.: Es erscheint Ihnen wie ein riesiger Berg. Sollten wir nicht versuchen, ein wenig Ordnung hineinzubringen? [28]

Pat.: Wie denn? [29]

Th.: Haben Sie einen Vorschlag? [30]

Pat.: Nun, es gibt ja verschiedene Termine.

Th.: Ja, wir könnten gemeinsam versuchen, die einzelnen Dinge nach Dringlichkeit zu ordnen. Wäre das nicht sinnvoll?

Pat.: Doch, wenn Sie meinen.

Th.: Das meine ich schon. Dann fangen Sie an. Was muß zuerst erledigt werden?

Pat.: Ach, ich weiß nicht.

Th.: Gehen Sie in Ruhe die Liste durch.

Pat.: Der Anruf beim Notar.

Th.: Machen Sie eine „1" dahinter. Sehen Sie, wir kommen voran. Was als nächstes?

Kommentar

1. Vom Patienten erwartete Frage, einmal, weil es der sozialen Konvention entspricht, jemanden nach dem Befinden zu fragen, und weil es sich bei ihm hauptsächlich um Stimmungsprobleme handelt.

2. Der erste Teil drückt ein empathisches Interesse aus, aber es handelt sich um temporäre Empathie: Das Gespräch darf nicht kleben bleiben, sondern der Therapeut sorgt im zweiten Teil für seinen Fortgang.

3. Verständnisüberprüfung.

4. Eine Selbsteinbringung des Therapeuten, die aber hier vor allem den Charakter einer beruhigenden Versicherung hat. Sie signalisiert: Du bist nicht allein mit deinem Gefühl, auch ich habe es schon am eigenen Leib erfahren.

5. Analysierende Frage, um das Problem zu umkreisen.

6. Resignative, lageorientierte Äußerung, die leicht reizbar-aggressiv vorgebracht wird: Der Patient hat das Gefühl, fest zu sitzen.

7. Inwieweit erscheint Ihnen Ihre jetzige Haltung als definitiv, gibt es eine Möglichkeit, sie zu relativieren?

8. Versuch einer Überprüfung an der Empirie.

9. Will die emotionalen Konsequenzen des fehlgeschlagenen Versuchs klären.

10. Klärung, welche Haltung hinter der aktuellen Situation des Patienten steht.

11. Der Patient zieht ein sehr negatives Fazit, das definitiv erscheint. Diese Aussage ist das Ergebnis des ersten Teils des Gesprächs, und auf dieser Basis wird jetzt weiter gearbeitet.

12. Der Therapeut versucht noch einmal, den allgemeinen pauschalen Charakter der Haltung in Frage zu stellen, merkt aber an der Reaktion des Patienten, dass er an der Stelle nicht weiterkommt.

13. Frage nach den Konsequenzen dieser Haltung.

14. Um den Patienten dann zu der Aussage zu bewegen, dass er die Konsequenzen dieser resignativen Haltung nicht akzeptiert. Also wird er mit dem Therapeuten nach einem Ausweg suchen müssen.

15. Die allgemeine negative Haltung soll aufgegeben werden, und der Patient soll zu dem Zugeständnis bewegt werden, dass Hilfe etwas ist, was ihm an der Stelle weiterhelfen könnte. Der Therapeut versucht, ihn so vorsichtig zur Akzeptierung von Hilfe zu bewegen, weil er weiß, dass die bisherige Philosophie des Patienten verlangt, dass

man alles allein schaffen muß. Die Frage ist übrigens so formuliert, dass der Patient unter keinen Umständen antworten könnte: Nein, ich kenne keine Situation im Leben, wo man ein wenig Hilfe benötigen würde.

16. Dasselbe gilt für die nächste Frage. Auch hier könnte er nicht antworten: Es ist in jedem Fall schlimm, Hilfe in Anspruch zu nehmen, sondern wird zu einem weiteren Abrücken von seiner Ideologie bewegt.

17. Auf dieser Basis will der Therapeut nun den Patienten dazu bewegen, sein Hilfeangebot anzunehmen.

18. Nach einem erneuten Durchbruch der unflexiblen Haltung des Patienten verweist der Therapeut auf die Relativierung, die der Patient eben vorgenommen hat, mittels einer Anleitung zur Erinnerung.

19. Die Zustimmung ist erreicht, aber die resignative Haltung schlägt wieder durch. Wir haben es mit einer typischen „Ja, aber"-Haltung zu tun, die nach Alfred Adler geradezu die Definition der Neurose darstellt. Wenn jemand uns mit einem „Ja, aber" konfrontiert, so sind wir erst einmal versucht, auf das „aber" einzugehen, doch das muß nicht sein. Reagieren wir doch erst einmal auf das „Ja".

20. Der Therapeut reagiert nicht mit falsch verstandener Empathie auf den erneuten Ausdruck der Resignation. Wenn er dies täte, würde sich das Gespräch im Kreise drehen, sondern er beruft sich weiter auf die vorher erreichten Zugeständnisse.

21. An der Stelle äußert der Patient Skepsis statt Resignation.

22. Das ist ein Fortschritt. Es handelt es sich an der Stelle um einen „hedonistischen Disput", die Konsequenzen eines bestimmen Verhaltens oder einer bestimmten Haltung werden geklärt und debattiert.

23. Aktivierung, Konkretisierung, Überwindung von „Festsitzen".

24. Der Patient relativiert seinen Negativismus und bestätigt einen ersten positiven Effekt.

25. Das „schaffe" signalisiert, dass der Patient schon handlungsorientiert ist.

26. Wieder der übliche Durchbruch von Negativismus und Resignation, und wieder geht der Therapeut nicht „empathisch" darauf ein, weil

er an die anderen, schon erreichten, positiven Anteile anknüpfen will.

27. Statt dessen macht er eine klare Aussage darüber, dass ein positiver Prozess angefangen hat.

28. Er fördert die Fortführung des Prozesses und macht einen konkreten nützlichen Vorschlag (Sektorisierung).

29. Der Patient selbst fragt schon nach Mitteln und Wegen (handlungsorientiert).

30. Ab jetzt: Der Therapeut führt den Patienten, aber mit dem ständigen Bestreben, ihn einzubeziehen und zu aktivieren.

Beispiel Nr. 2

Eine Patientin hat nach langem Zögern die Vorteile und Nachteile ihrer jetzigen Stelle mit der Therapeutin besprochen und sich zu einer Kündigung entschlossen, die sie dann auch erstaunlich gut über die Runden brachte.

Es geht hier um den Beginn der nächsten therapeutischen Sitzung, nach einem Telefonat mit der Mutter, zu der die Patientin eine ambivalent-dependente Beziehung unterhält.

Dialog

Pat.: Mir geht es ganz schlecht seit gestern abend. Ich habe am Morgen die Stelle gekündigt, so wie wir es vereinbart haben. Zuerst ging es mir ganz gut, und ich war überzeugt von dem, was ich getan hatte. Aber am Abend habe ich am Telefon mit meiner Mutter gesprochen, und jetzt kommen mir wieder Zweifel auf, ob es richtig gewesen ist, zu kündigen.

Th.: Welche Gründe hatten Sie denn, als Sie kündigten? [1]

Pat.: Die Arbeitsbedingungen waren so miserabel, und ich mich immer schlechter gefühlt. Zuletzt mußte ich so lange arbeiten, bis ich ganz erschöpft war. Es ging einfach nicht mehr.

Th.: Wenn Sie weiter gearbeitet hätten, wie wäre es ausgegangen? [2]

Pat.: Ich wäre immer trauriger und depressiver geworden. Zuletzt konnte ich ja kaum noch schlafen. Wir haben ja oft darüber gesprochen. Ich wäre kaputt gegangen, wenn ich nicht die Konsequenzen aus all dem gezogen hätte.

Th.: Es wäre Ihnen also sehr schlecht gegangen, wenn Sie nicht gekündigt hätten. Sind Sie da ganz sicher? [3]

Pat.: Ja, ganz sicher. Ich dachte ja auch, dass es richtig war. Aber nicht mehr nach dem Gespräch mit meiner Mutter. Sie hat mich wieder so verunsichert.

Th.: Was hat sie denn gesagt? [4]

Pat.: Ach, es hätte doch sicher Möglichkeiten gegeben, durchzuhalten und dazubleiben. Es wäre doch sicher gegangen. Und so fort. Mir geht es seitdem wieder so schlecht. Ich habe solche Schuldgefühle.

Th.: Wann hat man denn üblicherweise Schuldgefühle? Wann sind sie berechtigt? [5]

Pat.: Nun, wenn man meint, etwas falsch gemacht zu haben oder in irgendeiner Form versagt zu haben.

Th.: Haben Sie denn etwas falsch gemacht oder versagt? [6]

Pat.: Nein, wenn ich alles in Betracht ziehe, nicht. Aber meine Mutter scheint da anderer Meinung zu sein. Sie meint, das sei doch alles nicht so schlimm gewesen bei der Arbeit.

Th.: Und nach dem Gespräch haben Sie so reagiert, als trauten Sie der Sichtweise Ihrer Mutter mehr als der eigenen, als hätte sie mehr Ahnung als Sie von alledem. [7]

Pat.: Ja, so habe ich reagiert, als hätte ich alles falsch gemacht. Aber meine Mutter konnte das schon immer. Sie kann so durchdringend sein, und dann fühle ich mich so schwach.

Th.: Das hat sie wohl lange mit Ihnen trainiert? [8]

Pat.: Ja, ich kenne das schon in der Kindheit. Dabei will ich doch immer nur Trost suchen.

Th.: Ja, das kann ich verstehen. Aber zurück zur aktuellen Situation. Weiß Ihre Mutter mehr als Sie über die konkreten Arbeitsbedingungen und darüber, was man hätte verändern können? [9]

Pat.: Natürlich nicht. Sie hat keine Ahnung davon, aber sie redet immer rein wie ein Spieß in mich. [10]

Th.: Ist Ihnen das aus Ihrem Leben gut bekannt? [11]

Pat.: Ja, das war schon immer so. Sie kann mich ganz stark verunsichern. Auch diesmal ist es ihr wieder gelungen. Dabei habe ich ganz realistisch gesehen doch recht, wenn ich mir die tatsächlichen Bedingungen dort und mein eigenes Befinden anschaue. Die Gesundheit ist doch das Wichtigste. Und man muß nicht immer bloß durchhalten, ohne Rücksicht auf die Folgen.

Th.: Das halten wir einmal fest. Das ist sicher so. [12]

Pat.: Aber warum gelingt es dann meiner Mutter immer wieder, mich so zu verunsichern?

Th.: Haben Sie eine Ahnung? Was vermuten Sie denn, wenn Sie Eure Beziehung so Revue passieren lassen? [13]

Pat.: Ich denke, ich will immer die Liebe und das Einverständnis meiner Mutter für alles, was ich tue. Und wenn es nicht klappt, dann fühle ich mich so allein. Das ist so schlimm, ganz allein. Und so fühlte ich mich auch nach dem gestrigen Gespräch.

Th.: Sind Sie wirklich so allein? Haben Sie keine Freunde? [14]

Pat.: Doch, ich habe genug Freunde. Aber ich will immer auch die Bestätigung von meiner Mutter, und die bekomme ich so selten.

Th.: Was ist denn der Ausweg aus diesem Dilemma? [15]

Pat.: Da gibt es nur eine Lösung. Wenn ich mir meiner Sache sicher bin, und auch meine Freunde zu mir stehen, so muß ich auch einmal in der Lage sein, auf ihre Bestätigung zu verzichten. Wenn ich das schaffe, bin ich einen großen Schritt weiter.

Th.: Meinen Sie, dass Sie das schaffen können? [16]

Pat.: Es ist nicht leicht, aber ich will es unbedingt. Sie darf mich nicht mehr innerlich so beherrschen. Ich will das nicht mehr, unter keinen Umständen.

Th.: Gut. Das ist ein Riesenschritt für Sie. Wie fühlen Sie sich jetzt? [17]

Pat.: Jetzt fühle ich mich besser.

Th.: Warum, meinen Sie, fühlen Sie sich besser? [18]

Pat.: Ich sehe das jetzt alles viel realer. So, wie es wirklich war und teilweise jetzt noch ist. Ich glaube, ich kann es mir abschminken, meine Mutter zu ändern. Sie ist ja selber so verunsichert, auch darüber, was sie aus ihrem Leben machen soll. Und dieses Gefühl überträgt sie immer wieder auf mich. Ich muß aufpassen, dass ich nicht immer wie ein hilfloses kleines Kind reagiere und bei mir bleibe. [19]

Th.: ... [20]

Kommentar

1. Anleitung zur Erinnerung. Der Therapeut aktualisiert das kognitive Material, das zu der Entscheidung geführt hat.

2. Frage nach den Konsequenzen (pragmatische oder hedonistische Analyse). Die Patientin wird wieder dazu gebracht, ihre früheren Schlussfolgerungen zu aktualisieren.

3. Verständnisüberprüfung: Habe ich Sie richtig verstanden, dass dies Ihre Meinung war oder ist?

4. Weiterführung des Prozesses, nicht bloß empathisches Eingehen auf die Empfindungen. Bei einer solchen Reaktion würde die Arbeit wieder stagnieren.

5. Nicht eine Reaktion wie: Aber Sie brauchen doch keine Schuldgefühle zu haben. Statt dessen wird gefragt, unter welchen Bedingungen Schuldgefühle im allgemeinen berechtigt sind, um dann zu klären, ob diese Bedingungen für die Patientin zutreffen (6).

7. Die Reaktion der Patientin wäre nur dann berechtigt, wenn die Mutter mehr weiß über die Arbeitsstelle, als die Patientin selber. Da dies offensichtlich nicht der Fall sein kann, muß die Patientin selber ihre Reaktion in Frage stellen und danach suchen, wie es der Mutter gelingt, solche dysfunktionalen Emotionen in ihr hervorzurufen.

8. Fragt nach einem Muster, nach frühen Erfahrungen ähnlicher Art. Dadurch wird die heutige Reaktion der Patientin in ihre Lebensgeschichte eingebettet, und sie soll sich nicht auch noch Vorwürfe darüber machen, dass sie sich der Mutter gegenüber als so „schwach" erweist.

9. wie (7).

10. Auch die Reaktion der Mutter hat eine lange Tradition, wie die Patientin schon mit Ärger feststellte.

11. Der Therapeut versucht, diesen Affekt noch zu verstärken, weil er weiß, dass kognitive Veränderungen nur dann dauerhaft sind, wenn sie von entsprechenden Affekten „unterfüttert" sind.

12. Die Patientin hat sich einen wichtigen Standpunkt erarbeitet, und der wird vom Therapeuten noch einmal bestätigt und festgehalten.

13. Anleitung dazu, die eigene Situation zu überprüfen und eine „Theorie" zu äußern.

14. Anleitung, die eigene Situation empirisch zu überprüfen.

15. Aktivierung zu einer selbständigen Suche nach einer Lösung.

16. Frage nach den Ressourcen, um sie gegebenenfalls aktivieren zu können.

17. Die Patientin hat eine für sie sehr dezidierte Absicht gefasst, deren Wichtigkeit vom Therapeuten noch einmal bestätigt wird. Dann fragt er nach den emotionalen Konsequenzen.

18. Anleitung zur Besinnung auf die exakten Gründe der verbesserten Gefühlslage.

19. Die Patientin wird immer entschlossener in ihrer Haltung, und es gelingt ihr, in diesem Anteil ihrer Lebensgeschichte auf dem Punkt zu bleiben. Sie zeigt dabei eine ganzheitliche Haltung, bestehend aus einer Einstellung, den zugrunde liegenden Affekten und dezidierten Verhaltensabsichten. Sie zeigt dabei ein großes Maß an Selbstkongruenz.

20. Diese Haltung gefällt dem Therapeuten so gut, dass er sie kommentarlos stehen läßt. Die Patientin soll das letzte Wort haben.

Ein sinnvoller Fortgang der Therapiesitzung könnte darin bestehen, die Vorsätze der Patientin der Mutter gegenüber auf der Verhaltensebene zu konkretisieren und sie dabei zu „immunisieren" gegen weitere „Schuldeinbrüche" oder gegen weitere Versuche der Einflussnahme durch die Mutter.

Beispiel Nr. 3

Eine Patientin fühlt sich völlig unfähig und inkompetent in ihrem Beruf. Sie schämt sich sehr, wertet sich weiter ab, hat Katastrophenphanthasien und große Zukunftsängste.

Dialog

Pat.: Ich bin unfähig für meinen Beruf, ich schaffe nichts und habe dann auch noch den wichtigen Vortrag verpatzt. Gestern sagte mein Chef, daß ich versetzt werde. Wird wohl weiter so gehen bis zum bitteren Ende.

Th.: Was heißt bitteres Ende? [1]

Pat.: Na Kündigung, Arbeitslosigkeit und dann irgendwann sitze ich als Obdachlose auf der Straße, gehe zugrunde. Alle schauen auf mich herab, lachen mich aus oder bemitleiden mich. Es ist eine Schmach, unerträglich, schrecklich. Alles ist aus.

Th.: Was machen Sie denn genau auf ihrer Arbeit? [2]

Pat.: Na, ich bekomme jeden Tag Akten für die Rentenanträge, und die muß ich bearbeiten, und da schaffe ich nichts. Das ist zwecklos, ich verstehe ja nicht mal die Gesetzestexte, die ich darauf anwenden muß. Diese Sondergesetzregelungen, da sehe ich nicht mehr durch, viele Akten bleiben liegen. Und dann der Vortrag vor den Kollegen, was soll ich da noch sagen, natürlich eine totale Pleite. Und heute kommt da noch der Chef wegen meiner Versetzung. Ich bin absolut inkompetent.

Th.: Wohin werden Sie denn versetzt? [3]

Pat.: In die Nebenabteilung.

Th.: Mit untergeordneten einfachen Tätigkeiten?

Pat.: Nein, aber dennoch sieht es so aus, als wollten sie mich loswerden. Ich soll aus der Gruppe raus, weil ich die Unfähigste bin.

Th.: Lassen die anderen keine Akten liegen? [4]

Pat.: Na ja, für niemanden ist alles zu schaffen. Aber ich lasse die meisten Akten unerledigt liegen, und meine Tischkollegin, die schafft fast alles.

Th.: Und bei Ihnen bleiben immer die meisten Akten seit eh und je liegen? [5]

Pat.: So kann man das auch nicht sagen, also seit eh und je nicht.

Th.: Sondern?

Pat.: Seit diesem blöden Lehrgang wegen der neuen Gesetzestexte, den ich wegen der Krankheit meiner Tochter nicht besuchen konnte. Ich weiß einfach nichts!

Th.: Nehmen wir mal an, Sie hätten den Lehrgang besucht, wie wäre es dann? [6]

Pat.: Na ja, dann wüßte ich mehr.

Th.: Was heißt denn genau der Begriff "unfähig", definieren Sie den Begriff "unfähig" mal. [7]

Pat.: Jemand, der nichts in die Reihe bringt, der nichts weiß, blöd ist, leistungsunfähig ist, ein Versagertyp, Taugenichts und Parasit. [8]

Th.: Denken Sie mal an die Zeit, als Sie nach den alten Gesetzestexten arbeiteten, wie war das für Sie, wie haben Sie sich da gefühlt? [9]

Pat.: Da kam ich noch klar, da habe ich mich noch ganz gut gefühlt und konnte den anderen in die Augen schauen.

Th.: Und wenn Sie jetzt noch mit den alten Texten arbeiten würden, würden Sie sich dann auch unfähig fühlen? [10]

Pat.: Das würde ich natürlich nicht, das wäre gut.

Th.: Jetzt nehmen Sie mal eine Vogelperspektive ein und schauen von oben klar auf die Sache: Angenommen Ihre Kollegin pflegt ihr krankes Kind. Sie kann dadurch nicht den Lehrgang besuchen, dadurch versteht sie vieles nicht, sitzt blöd davor, ihre Akten türmen sich unglaublich. Sie hält einen Vortrag über die neuen Gesetze, es wird auch eine große Pleite. Würden Sie - ganz offen und ehrlich und klar - zu der Kollegin hingehen und sagen "Du bist unfähig, verdienst es entlassen zu werden, das wird nichts mehr mit Dir! [11]

Pat.: Nein, auf keinen Fall. Sie kann doch nichts dafür. Ich würde ihr helfen, einen Ratgeber zur Seite stellen, sie auch nicht gleich so belasten mit den vielen Akten, sondern wieder einarbeiten.

Th.: Und wenn sie sagt, sie fühlt sich trotzdem unfähig, was würden Sie sagen?

Pat.: Das ist doch Quatsch. Ich würde sagen: "Du brauchst doch nur neu zu lernen, das hat ja mit Unfähigkeit nichts zu tun, habe Geduld" - ja, so betrachtet ist das ganz anders, aus dieser Sicht ist es anders.

Th.: Wie anders?

Pat.: Irgendwie objektiver, ich fühle mich jetzt entlastet, ich habe mich da so reingematscht...

Th.: Vielleicht sollten wir uns kurz mal überlegen, wie Sie da reingeraten sind, ob Sie da irgendwelche falschen Schlüsse gezogen haben. Und dann überlegen, was Sie jetzt konkret tun könnten. [12]

Kommentar:

1. Der Therapeut will den genauen Inhalt der Katastrophenvorstellungen klären.

2. An der Stelle nicht die Frage: Woher wollen Sie das wissen, oder, woher nehmen Sie den Beweis? Sondern der situative Kontext des Kernproblems wird erst einmal vollständig evoziert. Würde der Therapeut versuchen, auf die schnelle Art die Patientin zu einem Zugeständnis, wie: Richtig, in Wirklichkeit weiß ich das nicht genau, bringen, so wäre das Ergebnis flach und zu punktuell, weil die emotionale Bearbeitung und die Verankerung zu kurz gekommen wären.

166

3. Weitere Klärung der Gesamtsituation.

4. Der Versuch, eine Relativierung durch einen sozialen Vergleich zu erreichen.

5. Die Tatsache, dass die Patientin im Moment weniger schafft als ihre Kollegen, erscheint glaubhaft und wird nicht in Frage gestellt. Statt dessen soll geklärt werden, ob es sich um ein konstantes Leistungsdefizit handelt, oder ob es auf aktuelle, ungünstige Bedingungen zurückgeführt werden kann.

6. Weitere Frage nach den besonderen Bedingungen, die zur aktuellen Situation geführt haben, verknüpft mit der Frage, ob unter günstigeren äußeren Bedingungen die Leistung der Patientin eine andere wäre. In einem solchen Fall wäre es nicht legitim, internal konstant auf „Unfähigkeit" zu attribuieren.

7. Unfähigkeit in diesem Sinne soll noch einmal definiert werden, um zu prüfen, ob es auf die Patientin und ihre besondere Lebenssituation passt.

8. Die Patientin reagiert vorwiegend mit harten Schimpfwörtern und nicht mit einer differenzierten Beschreibung auf Verhaltensebene. Das lässt auf ein gewisses Ausmaß an Selbstaggression als Ergebnis ihrer verfahrenen Situation schließen.

9. Der Therapeut fragt nach den früheren Leistungen der Patientin, die nicht unter dem Einfluss besonders erschwerender Bedingungen standen, und erreicht damit eine alles in allem positive Selbsteinschätzung.

10. Der Therapeut will eine erste Inkohärenz oder Dissonanz erzeugen, die zum Nachdenken anregt und offen für eine Neuorientierung macht.

11. Offene Konfrontation aus der Vogelperspektive mit der eigenen, bisherigen, negativen Selbsteinschätzung.

12. Sokratische Frage nach dem sokratischen „deskriptiven Diskurs": Was haben wir aus unserer bisherigen Analyse gelernt, was in ähnlichen Fällen weiter zu verwerten ist. Dann Klärung konkreter Verhaltensabsichten und die Möglichkeit ihrer Umsetzung.

Beispiel Nr. 4

Bei der Patientin treten plötzliche depressive Zusammenbrüche auf, ohne daß sie den Hintergrund erkennt. Sie ist gewohnt, nach außen Härte zu zeigen und nicht zu jammern, kommt aber mit dieser Strategie nicht mehr klar.

Dialog

Pat.: Immer, wenn mein erwachsener Sohn von der Bundeswehr nach Hause kommt, fühle ich mich so gereizt, so unwohl. Ich weiß gar nicht, was dann mit mehr los ist. Mit einem Mann verstehe ich mich dann auch so schlecht. Da bei ist doch gar nichts dabei, alles läuft so ab wie immer! Danach geht es mir richtig schlecht und ich mache mir Selbstvorwürfe deswegen.

Th.: Wie ist es, wenn Sie mit Ihrem Sohn sprechen? Können Sie mir das bitte genauer schildern? Ist es immer gleich oder verschieden? [1]

Pat.: Verschieden. Wenn er über Angenehmes redet, geht es auch mir gut. Aber es hat sich so rauskristalisiert, daß er oft rumnörgelt, rumjammert: 'Ach, ich habe so Halsweh', 'Ach, die Zugfahrt war so schrecklich'. (Die Patientin verschränkt ihre Arme und lehnt sich etwas zurück).

Th.: Sie verschränken jetzt richtig ihre Arme vor ihrem Körper. [2]

Pat.: Ja, das ist richtig Abwehr, ich will das nicht, es belastet mich und es ist immer das selbe und immer dieser schreckliche Jammerton!

Th.: Was fühlen Sie, wenn sie sagen: es belastet mich, es engt mich ein? Fällt Ihnen ein Bild zu diesem Gefühl ein? [3]

Pat.: Ich fühle mich richtig gefangen, wie in einen Spinnennetz, ich kann nicht raus.

Th.: Kennen Sie jemanden, vielleicht auch von früher, der sich ähnlich verhielt, wie Ihr Sohn jetzt? [4]

Pat.: Meine Mutter. Immer hat sie rumgeklagt, immer hat sie gejammert. Das zog mich so sehr runter, das war einfach nicht auszuhalten. Sie sah immer das Schlechte. Dabei ging ihr gut: gesund, finanziell abgesichert, guter Mann... Sie sah es ja ein, wenn ich es ihr sagte, aber kurze Zeit später war es wieder da. Irgendwann habe ich es nicht mehr hören wollen.

Th.: Hat diese ständige Art Ihrer Mutter Ihre Beziehung zu ihr geprägt? [5]

Pat.: Ja, irgendwie fühle mich immer verantwortlich, ich muß ständig was tun, damit es ihr besser geht. (Pause). Das ist wie bei

168

meinem Sohn. Ich fühle mich verantwortlich, daß ich ihm helfe, damit es ihm besser geht. Da bei will ich das gar nicht und er wohl auch nicht. Ich fühle mich in die Pflicht genommen, da bei mag ich generell, wenn er kommt. Aber das kommt von der Mutter, jetzt ist mir das klar, es ist es ist gut, dass ich es einordnen kann. [6]

Th.: Was können Sie jetzt tun? [7]

Pat.: Ich werde mit meinem Sohn darüber reden und ihm sagen, daß es mir schlecht geht, wenn er so redet. Ich denke, das schaffe ich schon, er ist ja nicht der Unsensibelste.

Th.: Ich denke das könnte gut sein. Jammern sie selbst manchmal? [8]

Pat.: Nein, eher nicht. Ich sage wenig, wenn es mir nicht gut geht. Die Seite habe ich abgeschaltet. Ich mag das nicht. Ich handle lieber gleich.

Th.: Ist das immer gut? [9]

Pat.: Nein, oft ist das vorschnell oder daneben so aktivistisch ohne abzuwägen und ruhig zugucken, was wirklich für mich gut ist. Gestern zum Beispiel habe ich den Garten umgegraben und hinterher dachte ich, das hättest Du mit Deinem Rücken sein lassen sollen.

Th.: Das ist ja auch eine Überforderung für Sie, viel zuviel, das hält man nicht lange aus, wenn man sich so vergewaltigt. [10]

Pat.: Ja, dann lande ich wieder in der Krisenintervention, wie vor einem Monat, alles brach zusammen. Ich sollte da wohl mehr aufpassen.

Th.: Wie können Sie das machen? [11]

Pat.: Ich werde mir weniger aufbürden.

Th.: Was heißt das genau, z.B. für morgen? [12]

Pat.: Ich werde den Termin zu der Party bei unseren Freunden absagen, das ist mir eigentlich zuviel. (Weiter über Abbau von Überforderungssituationen reden.)

Th.: Und innerlich, fallen Ihnen da auch Entlastungsmöglichkeiten ein, wie Sie Ihre Seele abladen können? [13]

Pat.: Rumjammern kann ich nicht, und sonst..., ich werde darüber nachdenken.

Th.: Tun Sie das wirklich? Vielleicht haben Sie gar keine Zeit dazu? [14]

Pat.: Doch, doch, ich muß an das Thema ran. [15]

Th.: Gut, wie fühlen Sie sich jetzt?

Pat.: Ich fühle mich gut, erleichtert nach unserem Gespräch, der Druck ist irgendwie raus, weil ich es besser verstehe.

Th.: Was hat Ihnen genau geholfen? [16]

169

Pat.: Dass ich mich entlastet habe, mehr über mich verstanden habe und mir vorgenommen habe, mehr darüber nachzudenken. Vielleicht brauche ich mir wirklich keine Selbstvorwürfe mehr wegen des Sohnes zu machen. Ja, ich rede sonst eigentlich sehr selten über mein Inneres, meine Probleme. Da ist meine Freundin anders, der liegt die Seele auf der Zunge. Die redet so richtig über alles, was in ihr vorgeht und was sie so belastet. Ich könnte das ja tun, hier geht es ja auch, es wird mir schwer fallen, aber ich versuche es mal. [17]

Kommentar

1. Nicht wieder eine bloß empathische Reaktion, sondern Bedingungsanalyse.

2. Um die Patientin zur weiteren Selbstreflexion anzuregen.

3. Die Emotion soll weiter präzisiert werden und in einem plastischen Bild in der Erinnerung festgehalten werden.

4. Die lebensgeschichtlichen Momente, die dem Gefühl von Belastung und gefangen sein zugrunde liegen, sollen eruiert werden in der Suche nach einem Muster.

5. Herausarbeitung der bleibenden Konsequenzen einer solchen Haltung damals und jetzt.

6. Die Einordnung der jetzigen Gefühle in die Lebensgeschichte führt zu einer unmittelbaren Entlastung.

7. Dadurch, dass nun die Handlungsebene gesucht wird, wird eine bloße Unterdrückung der Gefühle mit der Gefahr einer Implosion verhindert. Das Gefühl soll nach außen abgeladen und zum Signal für Handlungen gemacht werden.

8. Frage nach demselben entlastenden Mechanismus, der aber für die Patientin nicht akzeptabel ist.

9. Handeln kann sehr entlastend sein, aber die Patientin agiert erfahrungsgemäß oft vorschnell, weil sie sich nicht in der Lage sieht, sich wirklich mit ihren Emotionen zu beschäftigen. Der wirkliche Wert dieser Lösung wird in Frage gestellt, um Offenheit für Alternativen zu erzeugen.

10. Die Therapeutin bestätigt den geringen Wert eines bloßen Abrea-gierens unter dem Einfluss eines überhöhten Anspruchs an sich selber.

11. Konkretisierung ihrer noch etwas halbherzig klingenden Intentionen.

12. Weiter Konkretisierung, auch um eine unmittelbare Verbindlichkeit zu erzeugen.

13. Die Therapeutin bleibt beim Thema.

14. Dadurch, dass die Therapeutin Skepsis äußert, produziert sie Reak-tanz und verstärkt damit die Absicht.

15. Die Intervention scheint Erfolg zu haben.

16. Das Mittel der emotionalen Entlastung soll innerlich einen positiven Stellenwert einnehmen, als „hilfreich" und nicht als „gehen lassen" erscheinen, usw.

17. Man spürt, dass ein großer Druck von der Patientin gewichen ist, und sie mit mehr Gelassenheit über die ganze Angelegenheit reden kann.

3.3.2 Emotionszentrierte Interventionen

Eine vollständige Definition von Emotion muß drei Komponenten glei-chermaßen einbeziehen:

a) das Erleben oder das Empfinden des Gefühls

b) die Prozesse, die sich im Gehirn und im Nervensystem abspie-len

c) das beobachtbare Verhalten, das die Emotion nach außen hin ausdrückt.

Es wird mit Recht immer wieder auf die wichtige Rolle hingewiesen, die Wahrnehmungen und Kognitionen bei der Aktivierung von Emotionen spielen, aber die Auswirkungen in umgekehrter Richtung sind genauso bedeutsam. Emotionen nehmen, wie andere Motivationssysteme auch, Einfluss auf die Wahrnehmung, sie haben Einfluss auf das Gedächtnis, das Denken und die Vorstellungen, und sie prägen vieles von dem, was wir tun in entscheidender Weise.

Depressive Menschen leiden unter Niedergeschlagenheit, Angst, Schuld, Leere, Reizbarkeit, Verbitterung und Feindseligkeit. Sie sind nicht mehr dazu in der Lage, ihren Emotionshaushalt in eine Lage zu bringen, die günstig wäre für ein effektives Denken und für ein entschlossenes Handeln.

Tiefgreifende und überdauernde Änderungen des Denkens und des Verhaltens sind ohne gleichzeitige Affektveränderungen nicht zu erwarten. Deshalb spielen affektive Faktoren in der Therapie eine bedeutende Rolle und sind ebenso wichtig wie kognitive Faktoren, wenn es darum geht, eine gute Selbstorganisation zu erreichen.

Bei dieser Arbeit können wir drei unterschiedliche Zielsetzungen unterscheiden:

1. Gefühle sollen wieder als Signale zum Handeln erkannt werden. Dazu ist es notwendig, Gefühlslücken, d.h. bisher gehemmte Gefühle wieder bewusst werden zu lassen und sich mit ihren problematischen, kognitiven Inhalten auseinanderzusetzen, bis sie verstanden und neu integriert werden können. Wobei es sich dabei handelt, nennen wir primäre Gefühle. Es sind Emotionen wie Ärger, Wut, Trauer, Enttäuschung, aber auch Freude und Zuneigung. Sie werden oft nicht bewusst wahrgenommen und können deshalb als Handlungssignale nicht benutzt werden. Statt dessen erleben bestimmte Menschen Regungen wie Unruhe, Ohnmacht, Minderwertigkeit, Hilflosigkeit, Niedergeschlagenheit, Resignation und Verzweiflung, die zeitlich nach den Primärgefühlen auftreten, aber dennoch statt ihrer das Handeln bestimmen. Solche Menschen müssen wieder lernen, sich nach ihren unmittelbaren affektiven Stellungnahmen zu richten.

2. Kritische Gefühle sollen samt ihrer Entwicklungsgeschichte in die Biografie eingeordnet werden. Dadurch wird es möglich, ein „Festsitzen" an unverstandenen, eigenen Gefühlen aufzulösen und die damit verbundenen schädigenden Energieausgaben abzubauen. Somit können heutige unerklärliche Gefühle in eine logische (biogra-

172

fische) Kausalkette gebracht werden und als „alt und überlebt" identifiziert werden. Sie taugen nicht mehr als aktuelle Handlungssignale. Auf die Art können traumatisierende Situationen innerlich „abgeschlossen" werden, mit dem Ergebnis, dass eine vollständige Ablösung samt Neuorientierung möglich werden.

3. Der expressive Umgang mit Emotionen wird verbessert. Dadurch erleben Patienten sich ganzheitlicher, klarer und präsenter in ihrer Gegenwart. Wir nennen den Aufbau einer solchen inneren Haltung, die sich auch in Ausdrucksverhalten (Mimik, Gestik usw.) niederschlägt, „Subjektkonstituierung". Das Erlernen dieses neuen, inneren Umgangs und der äußeren Expression bezieht sich sowohl auf Unlustgefühle wie Ärger und Trauer, als auch auf Lustgefühle wie Freude, Interesse usw.

Die einzelnen Punkte wollen wir nun anhand von Beispielen näher erläutern.

3.3.2.1 Evozierung von Primärgefühlen als Handlungssignale

Ausgangslage: Frau Wands Situation während des größten Teils ihrer Behandlung läßt sich charakterisieren als Festsitzen an einem inneren Gefühl, nämlich dem Gefühl der Schuld mit folgendem kognitiven Inhalt: Ihr Mann hat sich hundertprozentig sachlich und ihr gegenüber korrekt verhalten. Die Aufgabe des Geschäftes und des Hauses war das Beste zu dem Zeitpunkt und sollte beiden eine glückliche und unbeschwerte Zukunft ermöglichen. Es ist klar, dass er allein die Entscheidung zu treffen hatte. Die Art und Weise, wie er sie dabei vor vollendete Tatsachen gestellt hatte, entsprach dem üblichen Rollenverhalten zwischen den beiden: Er handelte, und sie bewunderte ihn für seine Klugheit und Weitsicht. Es war einzig und allein auf ihr persönliches Verhalten zurückzuführen, dass nicht alles wie gewünscht verlief. Dieses Versagen im entscheidenden Moment war einzig und allein auf eine Art grundlegende „Minderwertigkeit" zurückzuführen, die sie lange genug verbergen konnte, die aber im kritischen Moment durchschlug. Es war auch letzten Endes die alleinige Ursache ihres aktuellen Zustandes. Nichts an ihrer (depressiven) Reaktion war auf das Verhalten ihres Mannes und auf die Lebensveränderungen zurückzuführen, die er ihr aufgedrängt hatte.

Technik der emotionszentrierten Erinnerungsdifferenzierung

Angesichts der inneren Haltung der Patientin liegen die therapeutischen Ziele dieser Technik auf der Hand:

- Die Erinnerungen, die die Patientin an die kritischen Szenen hat, die am Anfang der Depression stehen, müssen verändert werden und zwar in eine Richtung, die den damaligen wirklichen Gegebenheiten gerechter wird. Es ist im Lauf der Zeit eine krankheitsfördernde, verzerrte Kurzversion entstanden, die unbedingt aufgearbeitet und differenziert werden muß, damit Frau Wand die innere Blockade überwinden kann.

- Vor allem die ursprünglichen primären Emotionen sollen aktiviert und wieder in ihre Erinnerung der kritischen Szenen bewußt integriert werden. Dadurch erhalten sie einen anderen Charakter, der zu verschiedenen realistischeren Schlussfolgerungen über ihre aktuelle Situation führt.

- Da die Angelegenheit, um die es geht, ja noch nicht (innerlich wie äußerlich) „abgeschlossen" ist, sollen diese ursprünglichen Emotionen daraufhin geprüft werden, wie weit sie als Handlungssignale für den aktuellen Umgang mit ihrer aktuellen Lebenssituation tauglich sind, vor allem ihrem Mann gegenüber.
Auf die Art soll es in einem ersten Schritt zu einer „Verarbeitung" der Vergangenheit kommen. Dadurch gilt es innere und äußere Blockaden zu überwinden und eine Bewältigung der neu entstandenen Lage in Angriff zu nehmen. Die Vergangenheit verarbeiten heißt somit nichts anderes als sich in der Gegenwart anders verhalten. Dazu müssen aber, als Voraussetzung, eine angemessenere kognitive und emotionale Organisation erst einmal hergestellt werden.

Zur technischen Durchführung:

1. Der Patientin wird erklärt, dass für den weiteren Fortgang der Therapie von Nutzen ist, zusätzliche Informationen über wichtige Episoden ihres Lebens zu erlangen. Dazu sollen konkrete Szenen ausge-

174

wählt werden, und zwar sowohl solche, die eher harmlos waren, aber auch vor allem solche, die eine entscheidende Rolle gespielt haben. Die nicht so bedeutsamen Episoden (1 - 3) wie ein erfreulicher Geschäftsabschluss, stellen am Anfang eine Art Übung dar.

2. Vor jeder Szene gibt die Patientin ihre Erinnerung an die entsprechende Episode wieder, etwa als Antwort auf die Frage: Was ist damals passiert, sagen Sie mir kurz das, was Ihnen heute als wichtig erschien. Wenn die Schilderung mündlich erfolgt, kann sie auf Band aufgenommen werden. Gelegentlich kann die Patientin auch eine kurze schriftliche Zusammenfassung anfertigen.

3. Die einzelnen Szenen werden dann zusammen im Gespräch mit der Patientin so genau wie möglich aktualisiert. Durch Befragung wird sie dazu angeleitet, sich auf äußere Details zu besinnen, auf das Verhalten anderer Personen, aber vor allem auch auf ihre Gedanken und Gefühle, und auf alle anderen Details über sich selber, die sie noch reproduzieren kann. Es wird immer mit mehr peripheren Momenten (Raum, Kleidung usw.) begonnen, um immer mehr zu zentraleren und tieferen vorzudringen.

4. Nach dem gemeinsamen Durchgehen einer Szene (10 - 20 Minuten) soll die Patientin Korrekturen an ihrer ersten Version vornehmen und eine neue Inhaltsangabe liefern. Auch dabei wird sie vom Therapeuten unterstützt. Die Aufgabenstellung verlangt vor allem, dass sie sich dabei immer genauer an ihr Erleben erinnert und es in der neuen Version festhält.

5. Je nach den Ergebnissen kann es notwendig sein, die Prozedur zu wiederholen (etwa am selben Termin oder am darauffolgenden). Das wird vom Therapeuten begründet mit Unsicherheiten, die die Patienten über bestimmte Details hat, mit Erinnerungslücken usw. Danach wird die Zusammenfassung jeweils ergänzt oder verändert.

6. Die Unterschiede zwischen der ersten und der letzten Version werden zusammen mit der Patientin analysiert, vor allem bezüglich kritischer Momente: Beschreibung des Verhaltens des Mannes, eigene

Gedanken und Gefühle, Wertung der Ereignisse, eigene Wünsche und Bedürfnisse, eigener Umgang und der des Mannes damit.

7. Schließlich wird gemeinsam geprüft, inwieweit die in der aufgearbeiteten Erinnerung evozieren Primärgefühle sich heute als Leitlinien ihres Handelns eignen würden und welche Veränderungen sich daraus ergeben können. Auch andere Schlussfolgerungen werden z. B. aus ihrer neueren Wertung des Verhalten des Mannes und anderer Umstände gezogen.
Auf die Art soll ihre Geschichte, die ja durch die Krankheit unterbrochen wurde, weitergeführt werden, nach dem Leitspruch: Die Vergangenheit verarbeiten heißt, sich in der Gegenwart anders verhalten.

Wir wollen nun einige Stadien etwas konkretisieren. Anhand der Szene: Der Mann kündigt an, dass er das Geschäft verkaufen wird und sich schon mit einem Käufer geeinigt hat.

Zu Beginn verfasste sie folgende Erinnerungen an die Szene: An seinem Geburtstag vor zwei Jahren kündigte Karl an, dass er das Geschäft und das Haus praktisch schon verkauft hatte. Es kam für mich völlig überraschend. Aber ich dachte, er wird es schon richtig machen, weil alle seine Entscheidungen nur gut sind. Die Zeit kurz danach fühlte ich mich nur noch müde und es wurde immer schlimmer. Damals nahm mein Unglück seinen Lauf, weil ich nicht fähig war, mein Leben zu meistern. Dann folgte ein erstes Gespräch, dessen Beginn wir wiedergeben:

Th.: Können Sie sich an den Tag erinnern, an dem Ihr Mann es Ihnen sagte?
Pat.: Leider ja, es war am 21. Juni, an seinem Geburtstag.
Th.: War das für Sie ein besonderer Tag?
Pat.: Ich wollte ihn überraschen. Ich hatte Karten fürs Theater besorgt. Ich blöde Kuh.
Th.: Warum blöde Kuh?
Pat.: Ich dachte, es wird ein schöner Tag. Wie kann man nur so blöd sein?
Th.: Wo waren Sie, als er es Ihnen gesagt hat?
Pat.: Ich saß im Garten im Liegestuhl.
Th.: Wie ist es genau abgelaufen?

Pat.: Ist das wichtig? Es tut so weh, wenn ich es mir genau vor Augen führen muß.

Th.: Wenn Sie glauben, es durchhalten zu können, wollen wir es versuchen. Wir müssen alle Ihre Erinnerungen genau wachrufen.

Pat.: Ich lag da und döste. Er trat vor mich hin und sagte: „Ich muß mit dir reden".

Th.: Wie kam er Ihnen dabei vor?

Pat.: Wie immer.

Th.: Wir meinen Sie das? Hat er Sie begrüßt, Ihnen einen Kuss gegeben?

Pat.: Nein, so etwas macht er nie.

Th.: Warum nicht?

Pat.: Das ist nicht seine Art. Worauf wollen Sie hinaus?

Th.: Machen wir doch weiter. Versuchen Sie sich ganz in den damaligen Augenblick hineinzuversetzen. Wie war Ihnen zumute?

Pat.: Ganz normal. Ich wartete.

Th.: Was sagte er genau?

Pat.: Er sagte: „Ich habe das Geschäft verkauft. Wir hören auf. Ende Juli ist Schluss. So, jetzt weißt du es."

Th.: Hat er gesagt: „*Ich* habe das Geschäft verkauft"?

Pat.: Ja, „*ich* habe das Geschäft verkauft".

Th.: Wie war Ihre erste Reaktion?

Pat.: Ich war sprachlos. Wie vor den Kopf gestoßen.

Th.: Haben Sie etwas gesagt?

Pat.: Gar nichts, ich saß bloß da.

Th.: Und er?

Pat.: Da muß ich überlegen... Er sagte: „So, jetzt weißt du es" und dann: „Ich gehe ins Haus und hole mir ein Bier."

Th.: Sie saßen da, und er holte sich ein Bier. Bleiben Sie noch ein wenig bei diesem Augenblick. Wie fühlten Sie sich?

Pat.: Mir gingen tausend Sachen durch den Kopf. Was ich ihn fragen wollte. Warum hat er es mir nicht früher gesagt? Ist es überhaupt wahr? Was jetzt werden sollte? Ich fühlte mich plötzlich ganz allein und spürte eine große Leere. Ich war so hilflos.

Th.: Und wo war er?

Pat.: ...

Th.: Jetzt liegen Sie auf Ihrem Sessel und Ihr Leben ist nicht mehr das, was es war.

Pat.: (Sie weint.) Es ist so verdammt ungerecht. Warum mußte das alles so kommen?

Th.: Können Sie weitermachen oder möchten Sie unterbrechen?
Pat.: Es hat ja doch alles keinen Sinn.
Th.: Können wir weitermachen? Ich werde Ihnen dabei helfen. Usw.

Nach drei längeren Gesprächen über die Szene verfasste sie folgende neue Version des Ereignisses:

„An seinem Geburtstag vor zwei Jahren hatte ich wie immer an einem solchen Tag zu Hause alles besonders hübsch gemacht. Ich ruhte mich aus und freute mich auf den Abend. Da kam mein Mann und sagte mir, ohne dass ich darauf vorbereitet gewesen wäre, dass er unser Geschäft und unser Haus verkauft hätte. Ohne meine Reaktion abzuwarten, ging er ins Haus, angeblich um Bier zu holen. Ich saß da und war unfähig, einen Gedanken zu fassen. So war es immer bei uns gewesen. Er hatte gehandelt, und ich mußte die Folgen mittragen. Oft ging es gut, aber nicht immer. Dennoch vertraute ich ihm blindlings. Aber diesmal war es etwas anderes. „Warum hast du mir nichts davon gesagt?", hätte ich ihn gern gefragt, aber er blieb im Haus und machte etwas, was ihm scheinbar wichtiger erschien. Ich war ganz durcheinander und wollte ins Haus gehen, um mit ihm zu reden, aber ich war wie gelähmt. Sicher auch enttäuscht und wütend und traurig, aber dann fühlte ich mich bloß noch müde. Dann kam die Enttäuschung wieder hoch. Auch wenn er in der Sache recht hatte, hätte er doch anders mit mir umgehen können... u.s.w."

Auf die Art werden vor allem drei Szenen mit der Patientin durchgearbeitet: Geschäftsaufgabe, der mehr oder weniger erzwungene „Erholungsurlaub" und die Ankündigung, dass die Ehepartner nicht mehr zusammenleben sollten.

Der Vergleich der drei Anfangs- und Schlussversionen zeigt, dass sich ihre Interpretation der Ereignisse dramatisch verändert hatte. Das Verhalten ihres Mannes schien ihr nicht mehr korrekt und tadellos, sondern recht eigensüchtig, ja sogar respekt- und lieblos ihr gegenüber. Er hatte ihr in keiner Weise eine Chance gegeben, zusammen mit ihm die Situation zu besprechen, damit sie sich allmählich an den Gedanken der Veränderungen, die in ihrem Leben entstehen würden, hätte gewöhnen können. Nun tauchten auch eine ganze Reihe von Primärgefühlen in ihren Erinnerungen auf: Trauer, Wut, Enttäuschung, Angst vor der Zukunft und Bedürfnis nach Zuwendung und Trost, die sie übergangen hatte.

Diese Gefühle hatten sich nicht „erledigt", da die Situation noch nicht erledigt war. Und sie war in der Lage, sie zum jetzigen Zeitpunkt deutlicher zu spüren. Diesen Zustand empfand sie zwar als schmerzhaft, zog ihn aber bei weitem der „entsetzlichen, todähnlichen, inneren Leere" vor, die sie bislang kannte. Ganz vorsichtig und allmählich wurden im Gespräch weitere Gefühle aktualisiert, und es wurde über die ihnen gemäßen Handlungskonsequenzen gesprochen.

Trotz dieser Veränderungen bestanden weiter starke Schuldgefühle: Sie hatte sicherlich in der Beziehung zu ihrem Mann etwas falsch gemacht, sonst wäre es nicht zu dieser Entwicklung gekommen. Auch nach der Ankündigung hätte sie noch die Möglichkeit gehabt, sich richtig zu verhalten, und so wäre doch schließlich alles noch gut geworden. Dadurch trug doch sie die alleinige Schuld an ihrem Niedergang. Wenn sie auch vieles nun anders sah, wertete und erlebte, so mußte das Thema Schuld doch separat behandelt werden. Darüber möchten wir im nächsten Teil berichten.

3.3.2.2 Kritische Gefühle in die Biografie einordnen

Patienten erleben es als hilfreich, wenn sie selbst verstehen können, inwieweit das aktuelle Erleben, Fühlen und Handeln durch die lerngeschichtliche Entwicklung gesteuert wird. Denn sie haben oft Schwierigkeiten, z. B. ihre belastenden Gefühle, wie Angst, Schuld und Scham, zu verstehen, wenn sie nicht in den Zusammenhang ihrer Entstehungsgeschichte gebracht werden können. Treten sie isoliert und unverstanden in der Gegenwart auf, ohne dass sie sinnvoll mit früheren Entwicklungen und aktuellen Lebensbedingungen in Zusammenhang gebracht werden können, so werden sie meist als schicksalhaft unveränderliche Wesenszüge erlebt, zu denen kaum eine kritische Distanz möglich ist. Sie können dann nicht bearbeitet und dadurch eventuell differenziert und abgeschwächt werden, sondern sie zweigen weiter Energie ab, oft in Form von Grübeleien und diffuser Unruhe. Diese Energie würde aber dringend benötigt für eine Neuorientierung, vor allem für ein Erwägen neuer Zielalternativen und für ein Einschlagen hilfreicher Lösungswege.

Einen ersten Schritt als Auswegs aus diesem Dilemma haben wir schon besprochen: Die Patientin soll die Fähigkeit wiedererlangen, über sich und ihre Lebensgeschichte zu sprechen, und dabei eine Version zu liefern, die ein vollständigeres Bild ihrer damaligen Erlebnisse liefert, z. B. unter Einschluss des emotionalen Anteils.

In diesem Schritt wird die Geschichte kritischer Gefühle, wie Mutlosigkeit, Schuld usw. über die gesamte Lebensgeschichte hin rekonstruiert und mit den wichtigsten Momenten der jeweiligen Lebenssituation in Zusammenhang gebracht. So kann die Patientin erfahren, welche äußeren und inneren Momente z. B. für ihre Tendenz, rasch mit Schuldgefühlen (anstelle ursprünglicher Primärgefühle) zu reagieren, verantwortlich sind. Gefühle werden als Relikte der Vergangenheit, als affektive Reflexe identifiziert, die in vielen Fällen den heutigen Gegebenheiten nicht mehr gerecht werden. Ein Festsitzen an ihnen muß im Interesse zukünftiger Entwicklungen überwunden werden.

Beispiel

Ausgangslage: Frau Wand wirft sich sämtliche Unzulänglichkeiten vor und attribuiert sie auf unveränderliche Charakterzüge. An der Stelle diese Attributionen mittels sokratischen Dialogs direkt in Frage stellen zu wollen, wäre aufgrund der emotional hochaufgeladenen Sichtweise nicht sehr erfolgversprechend. Sie muß erst verstehen lernen, und auch emotional erfahren, woher das alles kommt, das heißt, sie muß sie mit verursachenden Entwicklungsbedingungen in Verbindung bringen können.

Das Denken in Kausalketten ist ihr, besonders auf die eigene Familiengeschichte bezogen, nicht nur fremd, sondern innerlich regelrecht verwehrt. Sie durfte kein Urteil, z.B. über den Vater, treffen, und sah auch später nie die Notwendigkeit dazu. Der Ehemann, der von seiner ganzen Art her viel Ähnlichkeit mit dem Vater hatte (er wurde ja auch von diesem ausgesucht), genoß weitgehend dieselben Privilegien: Kaum etwas ihn betreffend wurde in Frage gestellt, und er wurde dadurch unangreifbar.

Um diese festgefahrenen Strukturen aufzubrechen, benötigen wir als Ansatzpunkte kritische Episoden. Gut eignen sich dazu frühe Kindheitserinnerungen, die sich sehr häufig diagnostisch und therapeutisch gut verwerten lassen, weil sie frühe Beziehungskonflikte und -strukturen gut abbilden (ein Umstand, auf den schon Alfred Adler eindringlich hingewiesen hat). Wir beschreiben nun kurz die therapeutische Bearbeitung einer solchen Szene.

Pat.: „Ich erinnere mich, dass ich einmal vom Schreibtisch meines Vater als Kind alles heruntergerissen hatte. Ich muß noch sehr klein gewesen sein. Ich saß auf dem Teppich mit all den Blättern und Stiften. Der Vater kam riesengroß zur Tür rein und schimpfte sehr laut über mir. Das war ganz schlimm. Ich saß erstarrt da und dachte, was hast du bloß angerichtet.

Th.: Der Vater kommt zur Tür rein und erscheint Ihnen so groß und übermächtig. Versuchen Sie doch bei dieser Vorstellung zu bleiben, mit allen Gefühlen, Empfindungen und Gedanken.

Pat.: Es war nicht schön. Ich dachte bloß, du hast etwas ganz Schlimmes getan. (Die Pat. wirkt emotional sehr distanziert: Sie hat etwas falsch gemacht und wird jetzt dafür bestraft, das hat seine Richtigkeit.)

Th.: Wie fühlt sich ein Kind, wenn es auf der Erde sitzt mit den Blättern und den Stiften, und der Vater schimpft sehr laut?

Pat.: Ganz klein und ganz schlecht. Es hat ja Angst vor dem Vater, obwohl es das alles nicht gewollt hat. Ich kann meinen Vater verstehen, es muß alles so ungeordnet und durcheinander ausgesehen haben.

Th.: Und das Kind, können Sie das verstehen? Es wollte vielleicht bloß ein bisschen spielen und nun diese schlimme Szene.

Pat.: Ja, vielleicht (ohne emotionale Anteilnahme).

Th.: Kennen Sie denn jemand, der so ein kleines Kind hat, wie Sie damals waren?

Pat.: Ja, die Nachbarin mit ihrem Kind.

Th.: Wenn Sie sich mal vorstellen, Sie kommen zur Tür rein und sehen das Kind vor sich auf dem Teppich voller Blätter und Stiften. Der Vater steht davor und schreit das Kind an. Was empfinden Sie? (Hier soll die Patientin eine generelle Bewertung erzeugen, noch distanziert von der eigenen Familie.)

Pat.: Naja, das Kind hat ja vielleicht ohnehin Angst, und er brüllt es an. Das muß ja vielleicht nicht sein.

Th.: Was würden Sie am liebsten tun?

Pat.: Man sollte ihm vielleicht sagen, er soll aufhören, und dann zu dem Kind gehen und es trösten.

Die Patientin hat folgendes erreicht:

1. Sie ist innerlich emotional bewegter als vorher.

2. Sie hat Position bezogen, wenn auch noch in der Außenperspektive.

3. Das Verhalten des Vater ihr gegenüber wurde indirekt und vorsichtige in Frage gestellt.

> Th.: Wurden Sie danach getröstet?
> Pat.: Nein, er ist rausgegangen und hat mich ganz ignoriert, wegen des Fehlers sicher.
> Th.: Braucht ein Kind da nicht etwas anderes? Es muß sich doch einigermaßen geborgen und sicher fühlen?
> Pat.: ... (schaut nach unten)
> Th.: Wie geht es Ihnen jetzt?
> Pat.: Ich bin so traurig, das ist gar nicht schön. Ich habe noch gar nicht darüber nachgedacht, wie allein ich oft war. Das ist jetzt mit diesem Gefühl gekommen. Usw.

Ähnliche Situationen werden ebenso bearbeitet. Weiterhin wird auf die Konsequenzen des Verhaltens des Vaters eingegangen: Wie verhält sich ein Kind später, wenn der Vater häufig so reagiert? Die Patientin fängt an, ihre extreme Angepasstheit zu verstehen, das Abgeben der inneren Steuerung an andere Menschen und ihre extreme Härte sich selbst gegenüber. Die extreme Ausrichtung auf Leistung, Stärke und Pflichtbewusstsein des Vaters, der nur auf Fehler reagierte, brachte es mit sich, dass sie extrem schnell mit Schuldgefühlen reagierte, wenn auch nur irgendetwas schief ging, ohne groß über die Bedingungen des Misserfolgs nachzudenken. Dadurch geht allmählich das starre und passive Schuldgefühl in lebendigere und aktivere Gefühle über, nämlich die der Trauer und Aggression, die im weiteren durch Ermuntern, Paraphrasieren usw. intensiviert werden. Eine wichtige Aufgabe des Therapeuten besteht darin, die auf die Art auftretende Erregung im Bewusstsein des Patienten aufrecht zu halten, so lange er es vermag, und dadurch eine Entladung und Lösung herbeizuführen.

3.3.2.3 Verbesserung des expressiven Umgangs mit Emotionen

Depressive Patienten gelten in der Regel als sehr sensibel und gefühlsbetont. Dies geschieht deshalb, weil sie dazu neigen, bei jeder passenden und unpassenden Gelegenheit auf den ersten Blick beträchtliche emotionale Reaktionen an den Tag zu legen. Aber in Wirklichkeit sind es immer die gleichen, und die machen oft einen stereotypen Eindruck. Aus ihrem Verhalten darf man nicht schließen, dass ihre Gefühle in Wirklichkeit tief und ausgeprägt seien. Was wir sehen oder zu hören bekommen, sind eher Gefühle mit stark appellativem Charakter, die wenig adaptiert sind an die jeweiligen konkreten Verhältnisse. In Wirklichkeit stellen sie nur eine Andeutung dar für echte Gefühle, die viel variabler und ausgeprägter sein müssten. Janet meinte, dass zu Depression neigende Menschen weniger Freude, weniger religiöse oder ästhetische Gefühle, weniger Zuneigung, weniger Hass, weniger Wut oder Angst empfinden als sie empfinden müssten, wenn sie gesund wären. Sie bildeten sich auch oft ein, dass bestimmte Gefühle und vor allem deren Äußerung tabuisiert seien, aber das sei wohl mehr eine Schutzbehauptung, um ihre affektiven Defizite zu kaschieren. Er schreibt: „Gefühle beinhalten besondere Bewegungen in Form von Gestik und Mimik und haben eine sprachliche Komponente. Dies alles sieht man oft als bloße Mittel zu ihrem Ausdruck an, aber zu Unrecht: Es sind integrale Bestandteile des Gefühls. Gefühle sind in Wirklichkeit Verhaltensweisen, und zwar solche, die einen hohen Grad an psychischer Spannkraft zur Voraussetzung haben. Bei unseren Kranken sind sie stark reduziert wie alle „höheren" Aktionen reduziert sind. Es scheint auf den ersten Blick schwer vorstellbar, jemanden dazu zu bringen tiefer zu empfinden als er es tut, aber wenn man sich die Gefühle als Aktionen vorstellt, wenn man verstanden hat, dass der Ausdruck ein essentieller Teil des Gefühls selber ist, und wenn man darüber hinaus weiß, dass das Gefühl durch einen vollständigeren und genaueren Ausdruck gesteigert wird, so wird es wieder vorstellbar. Wir bitten immer wieder Patienten nicht zu versuchen, von Gefühlen abzulenken oder sie zu unterdrücken. Sie sollen sie sich voll und ganz entwickeln lassen. Wenn ihnen danach ist, sollen sie in Wut geraten oder auch weinen, aber dann wirklich. Auf diese Art können wir ein Verhalten fördern, das zu vielen positiven Ergebnissen führt (Hoffmann 1998, Seite 347).

Durch diese Defizite im Empfinden und im Ausdruck innerer gefühlsmäßiger Regungen erleben sich Patienten oft als schwach und als nicht ganz da. Unvollständig erlebte Gefühle können in Form von intrusiven

Grübeleien ins Bewusstsein treten oder in Form von einer diffusen Unruhe und Gereiztheit. Dadurch erleben sich die Patienten noch ausgelieferter, hilfloser, durchlässiger und weniger abgegrenzt von der Außenwelt und von anderen Personen.

Das Ich-Erleben und die Präsenz in der Welt kann in der Therapie durch Ausdruckstraining von Gefühlen gefördert werden. Ein paar Möglichkeiten dazu wollen wir kurz ansprechen.

Übungen nach Salter

Zuerst erzählt die Patientin eine Geschichte in ihren eigenen Worten. Als nächsten Schritt schildert sie bei den entsprechenden Teilen ihre Gefühle, wie sie sie damals erlebt hat. Sie wird dabei vom Therapeuten durch Nachfragen unterstützt, bis die Gefühlsdimensionen klar hervortreten. Dann wird sie dazu angeleitet, jedes Gefühl durch Mimik, Gestik und Stimme so auszudrücken, als würde sie die Episode noch einmal durchleben. Zum Schluss kann man eine „Besinnungszeit" (5 - 15 Minuten) ansetzen, in der die Patientin ihre Eindrücke, Gedanken, Assoziationen, Emotionen und Phantasien der eben bearbeiteten Szene auf sich wirken lassen soll.

Verhaltensübungen, um Gefühle zu evozieren

Die Bedeutung der körperlichen Verfassung und Aktivität wird für das Denken und Fühlen im allgemeinen stark unterschätzt. So ist z. B. das Körperschema ein fundamentaler und größtenteils unbewusster Aspekt der Selbstrepräsentation und ist mit einer Palette von positiven und negativen Affekten besetzt. Dieses Körperschema hat neben bleibenden Elementen wie oben-unten, vorn-hinten, rechts-links, und neben der Repräsentation der einzelnen Körperteile, mehrere unterschiedliche und teilweise gegensätzliche Anteile, die je nach Situation und Stimmung aktiv werden können. So sinkt das Körperbild beim depressiven Menschen in sich zusammen. Er fühlt seinen Körper wenig und schwach und kommt sich insgesamt klein und hässlich vor. Wenn es gelingt, einen in sich zusammengesunkenen depressiven Menschen auch nur für einen Moment aus seiner schlaffen Haltung herauszubringen, so dass er sich groß aufrichtet, die Muskeln spannt, den Kopf und den Blick hebt und die Brust vorwölbt, so tonifiziert sich ein Stück weit auch seine psychische Verfassung. Zugleich wird damit ein mit positiven Affekten besetzter, aber verschütteter Teil des Selbstbildes wiederbelebt, dessen Fühl-, Denk- und Verhaltensbahnen in dem so genannten Körpergedächtnis gespeichert sind. Solche Effekte können auch durch Bewegungstherapien und Muskelmassage systematisch genutzt werden.

Zur Herstellung des Gefühls des Bodenkontaktes, der Erdung, und des Gefühls der Sicherheit, die bei depressiven Menschen oft fehlen, kann folgende Übung durchgeführt werden:

Die Patientin stellt sich vor eine Wand und läßt den Oberkörper nach vorn fallen. Die Hände an der Wand halten das Gewicht ab. Die Patientin soll während der Übung auf ihre Füße achten und sie spüren. Sie sagte daraufhin: „ Ich habe vorher meine Füße gar nicht gespürt. Das tut jetzt richtig gut zu spüren, dass ich Füße habe, auf denen ich stehe." Anschließend erfolgt ein Gespräch über das Thema Sicherheit und Bodenhaftigkeit in ihrem gegenwärtigen Leben.

In einer anderen Übung wird die Patientin gebeten, sich in eine Haltung zu begeben, als wenn sie ein extremes Maß an Unsicherheit fühlen würde. Sie sitzt nun verkrampft da, schief, die Hände zwischen den Beinen und die Fußspitzen zeigen aufeinander. Auf ihr Gefühl hin befragt, antwortet sie: „Ich fühle mich mies, richtig klein, verspannt, abgeklemmt, eklig, das ist nicht gut. So sitze ich da, wenn es mir sehr schlecht geht." Nun soll sie eine Haltung einnehmen, als wenn sie völlig selbstsicher wäre, ja sie soll sich bemühen, mit ihrem Körper ein höchstes Maß an Selbstsicherheit geradezu zu spielen. Kopf und Oberkörper sind aufgerichtet, die Arme liegen locker auf der Lehne, die Beine nehmen viel Raum ein. Die Patientin meint: „Da fühle ich mich groß und lebe in den Raum hinein. Ich fühle mich viel lockerer, so als wäre ich dabei etwas angenehmes zu tun." Dann wird mit der Patientin geübt, die erste Haltung ganz organisch in die zweite übergehen zu lassen.

Parteinahme für eigene Bedürfnisse

Die Patientin wird gebeten, Befürchtungen festzuhalten, die ihr bei dem Gedanken kommen, einen halben Tag ganz bewusst im Bett liegen zu bleiben. Die Angst, die bei dieser Vorstellung entsteht, drückt sie folgendermaßen aus:

- Ich würde völlig scheitern an meiner jetzigen Situation, ich kriege jetzt schon nichts mehr auf die Reihe.
- Die anderen würden mich verurteilen.

- Ich würde mich schuldig fühlen.
- Ich hätte keinerlei Halt mehr und wäre zu allem fähig.
- Es würde irgendeine Katastrophe passieren.

Besonders dann, wenn auch die harmlosesten Wünsche spontan auftreten, gelten sie als suspekt. Es kann dann fälschlicherweise das Gefühl entstehen, als müsse man sich entscheiden zwischen Anstand und Zügellosigkeit.

Der Patientin wird folgende Übung vorgeschlagen:

Versuchen Sie doch einmal eine ganz einfache Übung. Sie beschließen, wenn Sie sich einmal besonders müde und abgespannt fühlen, den halben Tag im Bett zu bleiben, Verpflichtungen hin, Verpflichtungen her. Sagen Sie sich vorher konsequent: Jetzt bleibst du liegen und stehst nicht gleich auf, auch wenn die „Du-musst-Gedanken" kommen. Sie werden feststellen, es ist gar nicht so leicht, aber halten Sie es aus. Am Anfang werden Sie vielleicht unruhig, und es entsteht ein starker Drang, das Leben wieder „in Ordnung" zu bringen, indem Sie sich der täglichen Routine fügen. Vielleicht können Sie die eben getroffene Entscheidung nicht mehr akzeptieren. Sie kommt Ihnen gar albern, unsinnig oder unmöglich vor. Bleiben Sie trotzdem dabei: „Du machst nichts". Akzeptieren Sie die Druckgedanken und halten Sie sie aus. Sie bekämpfen sie nicht, geben ihnen aber auch nicht nach. Irgendwann wird der Druck geringer, Sie werden ruhiger und entspannter und spüren, dass Sie einem wirklichen Bedürfnis nachgegeben haben, das Sie sie auch mal ernster nehmen können, als das, was „die Welt" so Tag für Tag von Ihnen fordert.

Im Anschluss an die Übung erfolgt ein Gespräch über spontan auftretende Gefühle und Bedürfnisse und die Möglichkeit, sie mit gutem Gewissen auszuleben.

Subjektkonstituierung bei alltäglichen Situationen

Übungen zur Subjektkonstituierung haben allgemein das Ziel, die eigene Persönlichkeit zu entwickeln und zur alleinigen Steuerinstanz zu etablieren. Dazu müssen die eigenen Bedürfnisse, Wünsche und Emotionen aktiviert werden. Auch kognitive und volitionale Funktionen, wie

Pläne generieren, Entschlüsse fassen und durchführen, werden systematisch trainiert. Die Patientin wird von Anfang an in die Rolle der Entscheidenden gebracht. Sie soll entscheiden, was jeweils getan wird, der Therapeut gibt nur Anregungen dazu. Vor jeder Übung soll die Patientin eine bestimmte innere Einstellung herstellen, die im Lauf der Übung aufrechterhalten und, wenn möglich, noch gesteigert werden soll. Es soll eine innere Mobilisierung stattfinden, die der Patientin erlaubt, ein von ihr gewähltes und von ihr klar und deutlich erlebtes Stück Wirklichkeit herzustellen, mit allen Komponenten, die dazu gehören.

Die Patientin wählt als eine Übung den Besuch eines Kaufhauses, in dem sie früher gelegentlich in Begleitung ihres Mannes war. Sie geht nicht dorthin, um irgendeine Arbeit von Trauerarbeit zu absolvieren oder um schmerzhafte Erinnerungen zu evozieren, sondern sie will versuchen, die Situation als eigene Person, die ganz neue Eindrücke gewinnt und Erlebnisse hat, zu durchleben. Daraus ergeben sich etwa folgende Einzelschritte:

- Die Patientin vergegenwärtigt sich nochmals ihre aus einer freien Wahl entsprungenen Absicht, richtet sich innerlich (und auch körperlich) auf und betritt das Kaufhaus.

- Sie registriert ganz intensiv die Eindrücke, die auf sie einwirken und macht sich ein möglichst deutliches und klares Bild der aktuellen Situation. Sie versucht, ihre äußere und innere Lage möglichst klar zu erleben.

- Sie stellt so einen sinnhaften Wirklichkeitsbezug zu der Situation her. Sie ist im Kaufhaus, weil sie möchte, dass es auch ohne ihren Mann wieder zu einem Ort wird, in dem sie sich wohl fühlt, und in dem sie sich entspannen kann.

- Sie sondiert die eigene Bedürfnislage und stellt sich eine Unternehmung vor, die ihr dabei einfällt, z. B. etwas im Kaufhaus zu essen.

- Sie befasst sich eine Zeit lang mit dieser Möglichkeit und wägt das Für und Wider ab.

- Trifft sie den Entschluss: „Ich will wirklich hier etwas essen", dann stellt sie sich den genauen Ablauf vor und vermeidet dabei keineswegs Kollisionen mit Gedanken wie: „Hier habe ich früher etwas mit meinem Mann gegessen", usw.

- Sie gibt sich ein deutliches Zeichen zum Beginn der Handlung, die sie ruhig, aber zügig durchführen soll.

- Sie ist dabei bestrebt, eine möglichst hohe Konzentration aufrechtzuerhalten. Ihre Aufmerksamkeit ist flexibel, einmal nach innen gerichtet, aber auch nach außen. Auch kritische Gedanken oder Gefühle werden voll bewusst registriert und wahrgenommen. Nach Absprache mit der Therapeutin hat sie jederzeit die Möglichkeit abzubrechen. Die Stelle, an der dies geschehen ist, wird dann gemeinsam analysiert, und es werden Lösungsmöglichkeiten gesucht.

- Abschließender innerer Kommentar der erfolgreich bewältigten Situation und Versuch, Gefühle wie Zufriedenheit und Stolz zu aktivieren.

Auf diese Art lernt die Patientin anhand einer Reihe von Übungen, ihre Gefühle klar und deutlich zu registrieren und sie in von ihr gewählte Handlungsabläufe zu integrieren. Sie lernt sich innerlich aufzurichten und auch schmerzhafte Situationen als Subjekt, d. h. als Steuerinstanz ihres Verhaltens zu bewältigen.

3.3.3   Zukunftszentrierte Interventionen

In diesem Abschnitt wollen wir eine Reihe von therapeutischen Maßnahmen besprechen, die zum Ziel haben, die Zukunft, das heißt die Zeit nach der Depression, zu gestalten, respektive vorzubereiten. Daneben stellen sie gleichzeitig einen entscheidenden Beitrag zur Überwindung des aktuellen depressiven Zustandes dar: Nur dann, wenn jemand dazu in der Lage ist, sich sein weiteres Leben als ein kohärentes, sinnerfülltes und mit seinen Zielen und seinen Werten übereinstimmendes Ganzes vorzustellen, ist er in der Lage, sich allmählich aus dem Zustand eines Nieder-Geschlagenen wieder zu erheben. Nur wenn ausreichend Hoffnung besteht, und das impliziert das Gefühl, den kommenden Dingen gewachsen zu sein, kann die depressive Symptomatik zum Abklingen gebracht werden.

Zu diesem Zweck behandeln wir drei Schwerpunkte:

- Sinnfindung und Verzicht
- Dynamisches Selbst und Aktivierung von Selbstanteilen
- Entscheidungen, Pläne und Lebensperspektive

3.3.3.1 Sinnfindung

Es sieht so aus, als würden Menschen, die im Rahmen einer Depression einen Sinnverlust erlitten haben, ein weiteres, nicht minder großes Problem entwickeln: Sie haben ein Übermaß an Sinnanspruch (Hofmann und Hoffmann, 2000). Das äußert sich darin, dass sie zuerst eine allumfassende Formel verlangen, die ihnen unmissverständlich den „Sinn ihres weiteren Lebens" liefern soll, bevor sie überhaupt bereit sind, sich auf den Weg dorthin zu machen. Oft untermauern sie ihre Weigerung, sich wieder am Leben zu beteiligen, mit individuellen Syllogismen der Bitterkeit, der Entmutigung oder des Nihilismus, die ihre Haltung scheinbar rechtfertigen. So galt für Frau Wand lange Zeit:

- Ohne meinen Mann traue ich mir nicht zu zu leben, und es hätte auch keinen Sinn.
- Mein Mann hat mich verlassen. Also würde ich es nicht schaffen, und es wäre auch sinnlos, mir etwas eigenes aufzubauen.

Oft ist es notwendig zu versuchen, die beiden Prämissen oder zumindest eine davon in der Therapie „anzugreifen", um das Festsitzen an der scheinbar dadurch begründeten Schlussfolgerung aufzulösen. Doch an dieser Stelle wollen wir erst einmal festhalten:

Man darf depressive Patienten nicht in ihrem Verlangen nach einer „sensationellen Sinnfindung" unterstützen und sich dabei auf fruchtlose Debatten einlassen. Dadurch werden sie nur noch mehr in sinnleere Verzweiflung und Nihilismus getrieben. Man muss sie vor dem Unsinn der Bindung der Lebensbejahung an den absoluten Sinnbeweis bewahren. Therapie hat schon die Aufgabe, ihnen auch an dieser kritischen Stelle weiterzuhelfen, aber auf anderen Wegen und mit anderen Mitteln. Es geht darum, sie von einer abgehobenen und unfruchtbaren Ebene auf den Boden der Tatsachen und der konkreten Lebenswirklichkeit herunterzuholen.

Die wichtigsten Therapiemaßnahmen, die sich dazu eignen, sind:
- Anleitung zu „vollständigen Aktionen"
- biografische Einordnung der Lebenskrise
- Umbau des Selbstkonzeptes und Aufbau einer Lebensperspektive
- als Voraussetzung dafür Abbau hinderlicher Wertvorstellungen

Als Ergebnis dieser Interventionen und des Gesamttherapieprozesses sollte sich allmählich für die Patientin eine differenzierte, flexible „Lebensauffassung" ergeben, die eine ausreichend hoffnungsvolle Sicht auf die Zukunft gibt und in der Lage ist, Frustrationen und eigene Unzulänglichkeiten aufzufangen.

3.3.3.2 Unfähigkeit zu verzichten

Sowohl Janet als auch das Modell der „degenerierten Intentionen" postulieren als einen wichtigen Mechanismus bei der Entstehung von Depressionen die Fixierung auf Ziele auch dann, wenn sie sich als unerreichbar erwiesen haben, etwa als Ergebnis schmerzhafter Lebensereignisse oder -entwicklungen. Insofern geht jeder Depression eine Anpassungsstörung voraus, ein Krisenmanagement, das gescheitert ist.

Eine der Grundkonstellationen, die zur Depression führt, liegt in der Wahrnehmung der Diskrepanz zwischen der Mühe, die man investiert hat, um bestimmte Ziele zu erreichen und dem effektiven Ergebnis. So auch bei Frau Wand. Rückblickend auf ihr bisheriges Leben muß sie feststellen, dass sie gerade dort gescheitert ist, wo sie den Kern ihrer Identität angesiedelt hatte: In ihrer Rolle als Partnerin eines Mannes, der alle Tugenden verkörperte, die ihr Vater ihr vorgelebt hatte, und der ihr die Gelegenheit gegeben hatte, mit ihren Stärken und Talenten zum gemeinsamen Erfolg beizutragen. Dieses Scheitern hatte sie zuerst quasi wahnhaft-depressiv auf ihr eigenes Versagen und auf eine bislang nicht in Erscheinung getretene, aber dennoch grundlegende Minderwertigkeit attribuiert. Das Ansehen des Mannes blieb dabei unangetastet. Daran saß sie lange Zeit fest. Dann, im nächsten Stadium ihrer Entwicklung zur Genesung hin, hatte sie, dank diverser therapeutischer Bemühungen, ihre Alleinschuld deutlich relativiert: Das Verhalten des Mannes war über die ganze Zeit keineswegs vorbildlich gewesen. In dieser Phase trat sie dem Mann nicht mehr bloß als ein „unwürdiges Stück Dreck" gegen-über, sondern begann mit Anspruchslosigkeit und Zuneigungsbezeu-gungen wie in alten Tagen „um ihr Glück zu kämpfen". Sie wollte die negative Entwicklung rückgängig, ja gerade ungeschehen machen: „Wir haben beide Fehler gemacht, das muß er doch einsehen. Ich verzeihe ihm, und er soll mir verzeihen. Ich bedeute ihm sicher doch noch eine ganze Menge, wir bilden noch immer ein unschlagbares Team." Sie kämpfte zwar kurze Zeit nur, aber umso tapferer. Weil sie so viel Mühe in ihre Beziehung investiert hatte, erschien ihr ein Verzicht als völlig unakzeptabel.

Selbstkonzept

Als ihr Mann ihr immer wieder signalisierte, dass ihre Bemühungen völlig umsonst seien, und dass er hart bleiben würde, stagnierte sie in ihrer Entwicklung und wiederholte immer wieder: Ohne diesen Mann bin ich nicht lebensfähig, innerlich wie äußerlich. Ohne ihn ist alles sinnlos."

Sie berichtete später: „Ich hatte aufgehört, um meinen Mann kämpfen zu wollen. Ich wußte nun, dass er nicht der Held war, für den ich ihn immer gehalten hatte. Im Grunde genommen war er jetzt ein Feigling, der sich davongeschlichen hatte. Das habe ich vor allem dadurch erfah-ren, dass ich mir mit Ihnen die damaligen Ereignisse angeschaut habe. Aber ich war immer nur seine Frau gewesen und hatte nichts eigenes, wofür es sich zu leben gelohnt hätte. Ich hatte nun viel mehr Gefühle als zu Beginn meiner Krankheit, aber ich konnte schlecht damit umgehen. Ich traute ihnen nicht, oder ich sah nicht, welchen Weg sie mir zeigen könnten. Der Gedanke, ohne meinen Mann nicht leben zu können, nicht lebensfähig zu sein, lähmte alles. Ich wußte damals, dass ich allein war. Kann ein Mensch überleben, wenn er allein ist? Ich dachte nicht, dass ich es konnte." So viel zu den wichtigsten Elementen des Selbstkonzeptes von Frau Wand.

Ein solches Selbstkonzept stellt eine aktuelle, momentan gültige Selbsttheorie dar, welche Menschen zwangsläufig entwickeln müssen, weil sie für die Interpretation und für die Steuerung ihres Lebens notwendig ist. Wie konnte es bei Frau Wand in dieser Phase zu einer dermaßen defätistischen Selbsttheorie kommen? Wir haben in der Verhaltensanalyse festgestellt: In der Pflichterfüllung, vor allem in der Arbeit, sah sie, wie der Vater, geradezu die Voraussetzung für jedes berechtigte Selbstwertgefühl. Ferner verfügte sie über ein sehr eingeschränktes, pyramidal auf die Anerkennung des Mannes hin angeordnetes Verstärkerrepertoire und ein geringes Aktivitätsrepertoire.

Das konzeptuelle System, das sich auf dem Hintergrund dieser Einschränkungen herausgebildet hatte, war dogmatisch und unflexibel. Sie stellte es nicht in Frage und war auch nicht imstande, es je nach der Bedingungslage zu differenzieren. Sie traute sich selber auch keine Entwicklungsmöglichkeiten zu.

Für Außenstehende scheint das Verhalten solcher Personen oft masochistisch, ja geradezu selbstzerstörerisch, und man hat Mühe, sie zu verstehen. Doch es scheint geradezu ein Bedürfnis zu bestehen, sein Selbstkonzept zu erhalten, weil, als Alternative dazu, eine totale Desintegration befürchtet wird, die so viel Angst macht, das sie unter keinen Umständen riskiert wird.

3.3.3.3 Dynamisches Selbst und Aktivierung von Selbstanteilen

Es wäre an der Stelle der Therapie nicht sehr hilfreich gewesen, den kritischen Anteil des Selbstkonzeptes von Frau Wand („Ich bin ohne meinen Mann nicht lebensfähig, und ein solches Leben wäre auch sinnlos") direkt attackieren zu wollen, etwa mit Interventionen wie: „Wo sind die Beweise?" oder „Welche Konsequenzen hat es für Sie, wenn Sie so denken? oder gar RET-gemäß, mit „Sie haben die irrationale Idee, dass Sie ohne Ihren Mann weniger wert sind." Solche völlig falsch konzipierten Angriffe auf ihr aktuelles Selbstverständnis wären bloß auf Unverständnis gestoßen, oder hätten einen derart schlecht auf sie eingestimmten Helfer völlig diskreditiert.

Doch die Tatsache bleibt bestehen, dass die Patientin an diesen hinderlichen Selbstaussagen festsitzt. Sie nehmen ihr jeden Antrieb sich weiterzuentwickeln, weil sie von vornherein das Scheitern solcher Bemühungen voraussagen, und darüber hinaus dem ganzen Unternehmen jeden Sinn absprechen. Wie konnte dann ein differenzierterer und Erfolg versprechenderer Versuch aussehen, dieses Hindernis zu überwinden.

Eine nützliche Herangehensweise an das Problem geht von der Auffassung aus, dass es falsch ist, von einem „universellen Selbst" zu sprechen, von einer Instanz, die einheitlich und unveränderlich ist, sondern dass wir es mit einem „dynamischen Selbst" zu tun haben, das aus mehreren unterscheidbaren Konstrukten besteht (Hannover, 1997). Man vermutet dabei zu Recht, dass ein solches System dynamisch ist, das heißt, dass Personen kontextabhängig unterschiedliche Aspekte ihres Selbst zeigen. Das entscheidende Moment dabei ist das Motiv, das dieser Flexibilität zugrunde liegt, nämlich das Motiv, das Gesicht zu wahren und zwar in Gegenwart anderer. Das „öffentliche Selbst", das in einen solchen Kontext gebracht wird, steht in Kontrast zum „privaten Selbst". Dieses besteht aus Emotionen, Stimmungen, Gedanken und Selbstbewertungen, die für andere nicht zugänglich sind. Es entsprach dem Zustand, der für Frau Wand charakteristisch war, wenn sie mit sich selbst allein war oder mit ihrem Therapeuten, bei dem sie von vorneherein darauf verzichtet hatte, einen guten Eindruck machen zu wollen. Hier war sie hilflos, hoffnungslos, voller negativer Selbstbewertungen und ohne Perspektive.

Doch es gab auch ihre andere Seite: Ressourcen und Selbstanteile, die, so lange sie für sich blieb, wenig oder gar nicht aktualisiert waren, aber potentiell zur Verfügung standen. In anderen sozialen Zusammenhängen aber waren sie durchaus aktualisierbar. Es handelte sich um ihr Bestreben, das Leben zu meistern und sich nicht unterkriegen zu lassen, und durchaus auch um eine beträchtliche Selbstwirksamkeitseinstellung in dieser Hinsicht. Es ging um Tüchtigkeit, Pflichtbewusstsein, eine große Hartnäckigkeit, Lebenserfahrung, Stolz und um ein nicht geringes Maß an Überheblichkeit und Zynismus. Es ging nun darum, in der Therapie diese Selbstkonstrukte zu aktualisieren, denn sie waren nicht minder real als die düstere Seite ihrer Person, die im momentanen Kontext im Vordergrund standen. Es kam nur darauf an, sie in die richtigen sozialen Situationen zu bringen, die eine Aktivierung der anderen Seite förderten.

Am erfolgversprechendsten erwiesen sich dafür der Umgang mit dem Mann selber, aber auch eine (zwangsläufig) symbolische Interaktion mit dem Vater. Schließlich konnten auch zufällige oder mehr weitschweifige Bekanntschaften von Nutzen sein.

Symbolische Interaktion mit dem Vater

Das Bild vom Vater hatte sich für Frau Wand beträchtlich differenziert, weg von einer pauschale Idealisierung, die nahezu einen „Dankbarkeits-wahn" allem gegenüber gleich kam, was von ihm gekommen war. Ihr war bewusst geworden, dass sie im Zusammenleben mit ihm vieles hatte entbehren müssen, und dass das der Ausgangspunkt vieler ihrer Schwierigkeiten gewesen war, so zum Beispiel ihrer Tendenz, vorschnell mit einseitigen Schuldzuweisungen an die eigene Person zu reagieren. Aber doch, so wurde in Gesprächen mit ihr geklärt, konnte nicht alles falsch gewesen sein, was er ihr vermittelt hatte. Sein Hauptanliegen? Er wollte sie fit fürs Leben machen, meinte sie. War es möglich, dass er dabei auf der ganzen Linie versagt hatte? War nichts übriggeblieben? Mit Sicherheit nicht. Trotz seiner Fehler wäre er immer für mich dagewesen, meinte sie, und er wäre ein guter Ratgeber gewesen, ohne Illusionen, denn er kannte das Leben und die Menschen.

Ich bat sie, ihm einen langen Brief zu schreiben, in dem sie ihre Geschichte der letzten Zeit und ihre aktuelle Lage darlegen sollte. Ihre Selbstbeurteilung in dem Brief fiel erstaunlich moderat aus: Sie hatte zwar *auch* Fehler gemacht, vor allem falsch reagiert, aber von völligem Versagen oder gar vom „Stück Dreck", wie sie sich früher beschimpfte, war keine Rede mehr. Dann sollte sie ihm eine ganze Reihe von konkreten Fragen stellen, die wir zusammentrugen, und dann seinen Rat dazu erbitten. Es handelte sich dabei um Fragen wie: Kann ich noch etwas aus meinem Leben machen? Wie soll ich meinem Mann in finanziellen Dingen begegnen? Usw.

Im nächsten Schritt gingen wir die Fragen der Reihe nach durch, und sie erklärte mir, wie der Vater darauf geantwortet hätte. Sie hegte in dieser Beziehung keine Zweifel.

Dann fassten wir seine Antworten zusammen, und sie schrieb ihm einen zweiten fiktiven Brief, in dem sie sich bedankte, ihre Schlussfolgerungen aus seinen Ratschlägen zog und ihn über ihre allernächsten Pläne unterrichtete. Das Ergebnis war erstaunlich. Ganz neue Aspekte, durchaus

194

lebensfreundliche, tauchten auf und sollten in der Folge immer mehr in den Vordergrund treten. Ich riet ihr später, die Übung des Briefe Schreibens bei Bedarf zu wiederholen.

Interaktion mit dem Mann

Ihre Wertung des Verhaltens des Mannes ihr gegenüber in den kritischen Situationen hatte sich im Laufe der Therapie beträchtlich gewandelt, auch hier im Sinne einer Entidealisierung, die sich immer mehr auf die ganze Person bezog. Das wurde vor allem auch dadurch gefördert, dass es dem Therapeuten gelungen war, ihr klar zu machen, dass sie einem Phantom nachtrauerte: Den Mann, den sie in den Aufbaujahren kennen und lieben gelernt hatte, und der bei ihr unzertrennbar mit allem assoziiert war, was sie an dem damaligen Leben schätzte, den gab es nicht mehr. Der Mann, der ihr heute gegenüber trat, war nicht mehr derselbe wie damals. Dasselbe galt für sie, auch sie war nicht mehr die gleiche Person, hatte neue Erfahrungen gemacht und neue Bedürfnisse entwickelt. Sie begann vor allem die Wandlungen des Mannes zu analysieren, mehrmals und unter verschiedenartigen Aspekten, und er schnitt dabei immer schlechter ab. Es kam dabei richtiggehend zu „Reframings". Dieselben Züge, die damals durchaus unter einem positiven Licht erschienen, verkehrten sich heute geradezu in Schwächen und nahmen eine entgegengesetzte Valenz an: „Starrsinn statt Charakterstärke, Rücksichtslosigkeit statt Unbeugsamkeit, Selbstsucht statt Selbstbewusstsein, Kleinlichkeit statt Genauigkeit, Kleinmütigkeit statt Vorsicht, pseudomachohaftes Gehabe statt männlicher Stärke, illusionäre Realitätsflucht statt Lebensmut.

Warum hatte sie so lange an der Idee festgesessen, er sei ihr in allen Belangen überlegen? Weil sie immer bestrebt gewesen war, sich in Liebe und partnerschaftlicher Fairness unterzuordnen: Es muß einer das Sagen haben, hatte der Vater sie gelehrt, keine Feuerwehrmannschaft stimmt darüber ab, wo sie mit der Löschung eines Brandes anfangen soll. Aber ist eine Lebensgemeinschaft mit der Feuerwehr vergleichbar, fragte sie sich, und hatte sie nicht langsam aber sicher, durch ihr Leiden gereift, sich mehr den Dingen des Herzens zugewandt?

Ihre Geschäftstüchtigkeit war nie geringer als die seine gewesen, das wagte sie zu behaupten. Sie hatte ihn sogar vor mancherlei Fehlentscheidung bewahren können, vor anderen nicht, und beide mußten die Konsequenzen tragen.

Doch neben diesen Dingen gab es ganz andere Bereiche, nach denen Menschen zu messen waren: Nach ihren moralischen Qualitäten, nach ihrem Charakter, repräsentiert durch ihr Ausmaß an Tugenden wie Anständigkeit, Geradlinigkeit, Gerechtigkeitssinn usw. Wie war es damit bestellt? Sie hatte sich in dieser Beziehung in ihrem bisherigen Leben nichts Gravierendes vorzuwerfen, und der Mann, den sie so geliebt hatte, sicherlich auch nicht. Doch wie war es in den letzten beiden Jahren bei ihm gewesen? Er hatte sich doch sehr geändert, mußte sie feststellen. Als sie ihn am meisten brauchte, war er nicht da. Und sie erinnerte sich immer wieder daran, dass er sie in der Stunde ihrer größten Hilflosigkeit allein ließ, um sich ein Bier zu holen. Das Urteil über ihn in dieser Richtung verfestigte sich immer mehr.

Aber neben Urteilen kamen immer mehr Gefühle ins Spiel und dabei immer mehr solche, deren Heftigkeit sie am Anfang erschreckte. Verbitterung läßt sich auflösen in Wut, Empörung, Verachtung, in einen Schrei nach Gerechtigkeit und sogar nach Vergeltung. Ein zutiefst getroffener Stolz muß nicht dazu führen, dass ein Mensch für alle Zeit gebrochen ist, sondern er kann sich auf sich besinnen, sich auflehnen und dabei die Oberhand gewinnen.

In dieser Phase der Therapie stand das Bedürfnis von Frau Wand, über das Verhältnis zu ihrem Mann zu reden, ganz im Vordergrund. Ihr Tagesablauf war geregelt und zufriedenstellend, die störendsten depressiven Symptome waren an Stärke deutlich reduziert, und ihre allgemeinen Kräfte hatten zugenommen. Man merkte: Alles hing für sie an diesem Punkt. Hier würde sich ihr weiteres Leben entscheiden.

Aber sie hatte nicht nur das Bedürfnis über ihn zu reden. Er hofft sicher, dass ich still halten werde, wie immer, sagte sie. Dass er mich los ist, und dass er schalten und walten kann, wie er will, so als gäbe es mich nicht. Dann fügte sie hinzu, trotzig und mit einer Art neuer Kampfeslust: Da hat er sich aber geirrt. Und Frau Wand wurde wieder ganz zur Tochter ihres Vaters und aktivierte Fähigkeiten und Tugenden, einen Geschäftssinn und eine Hartnäckigkeit im Durchsetzen eigener Vorteile, die vor allem von einem tiefgreifenden Bedürfnis getragen waren, den Mann für seinen „Verrat" zu bestrafen. Von der Seite des Therapeuten her war es sicher intendiert, die Auseinandersetzung zwischen Frau Wand und ihrem Mann zu fördern. Ihr einseitiges depressives Selbstkonstrukt sollte dabei anderen Anteilen weichen und immer mehr von ihnen überlagert werden. Sie führte eine jetzt eine Auseinandersetzung um die Scheidung, die sie nun selber wollte, und dabei ging es vor allem um die finanziellen Bedingungen, bis hin zur letzten Porzellantasse. Die Auseinandersetzung geriet gelegentlich bedenklich in die Nähe eines Kampfes bis aufs Messer und sie trug ihn umso verbissener aus, weil sie auf keinen Fall ein zweites Mal ihr Gesicht verlieren wollte: Alle, vor allem auch ihr Mann, hatten sie als schwach und hilflos erlebt. Das sollte kein zweites Mal passieren. Der Therapeut hatte mehrmals vorgeschlagen, beide an einen Tisch zu bringen, um zu versuchen, Kompromisse zu erzielen, aber dies wurde von Frau Wand strikt abgelehnt.

Wir können an der Stelle abkürzen. Frau Wand setzte sich auf der ganzen Linie durch. Ihr Ehemann überreichte ihr eines Tages eine Art Kapitulationserklärung: Sag, wie du es willst, und es wird so gemacht. Nach dem Tag blieb wenig Platz für eine Depression.

Bekannte und andere Personen

Zur Zeit dieser Auseinandersetzungen fing Frau Wand auch an, den Kontakt zu alten Bekannten wiederherzustellen. Es fiel ihr nicht leicht, sie hatte Angst vor all den Fragen, und vor allem davor, bedauert zu werden. Doch die ersten Treffen liefen besser, als sie befürchtet hatte. Nach einer kurzen Zeit, während der die Neugierde die beiden „Freundinnen" antrieb, fingen diese an, vor allem über sich selber zu reden, wie das so üblich ist. Da war Frau Wand wieder einigermaßen obenauf und konnte andere Seiten hervorkehren.

Eine Anekdote aus dieser Zeit:

In einem Café saß am Nachbartisch ein junges Paar, offenbar neu verliebt, im „Ansaugstadium", wie Gottfried Benn es ausgedrückt hat.

Zuerst überfielen Frau Wand die üblichen depressiven Gedanken: Alle haben jemand, ich bin allein, wie schrecklich... Dann packte sie eine Art Wut, sie gab sich innerlich einen gewaltigen Ruck und sagte sich: Schluss damit. Dann warf sie noch einen kurzen Blick auf das junge Paar und dachte mit einer Mischung aus Verachtung und Mitleid: Blödes junges Gemüse. Sie denken jetzt, es ist für immer und ewig. Wie dämlich. Wenn sie wüßten.

Sie hatte verstanden.

3.3.3.4 Entscheidungen, Pläne und Lebensperspektiven

Ein wichtiger Abschnitt der Depressionstherapie besteht darin im Rahmen zukunftsorientierter Maßnahmen den Patienten dabei zu helfen, die Zukunft nicht nur auf der Ebene vager und unverbindlicher Intentionen, sondern handlungstheoretisch gesehen, strukturell-organisiert vorzubereiten. Das ist deshalb so wichtig, weil die Patienten eine lange Phase der volitionalen Schwächung durchlebt haben, im Bezug auf Konzentration, Folgerichtigkeit des Denkens und Entschlossenheit des Handelns. Es ist auch deshalb oft unentbehrlich, weil, nach mancherlei Verzicht und Lebensblockaden, eine Umorganisation notwendig ist, und neue Dinge angepackt werden müssen (Hoffmann, 2000).

Entscheidungen

Eine intensive Beschäftigung mit der Zukunft setzt auch das Treffen von Entscheidungen voraus. Fast alle depressiven Patienten beklagen sich darüber, dass sie so gut wie nicht mehr dazu in der Lage sind, sich für etwas zu entscheiden, oder sich für etwas zu entschließen, vor allem dann, wenn, wie es fast immer der Fall ist, die Entscheidung für etwas zugleich die Entscheidung gegen etwas anderes bedeutet. Auch dann, wenn ihr Zustand sich gebessert hat, sind solche Situationen noch Anlass für viel innere Not, Grübeleien und Selbstvorwürfe.

Einige typische Schwierigkeiten und Fallen beim Treffen von Entscheidungen, über die wir ausführlich mit den Patienten reden sollten, sind folgende:

- Wir definieren unser Ziel nicht klar genug.

- Wir wollen uns immer noch stärker absichern und ziehen eine Entscheidung endlos hinaus, statt uns damit abzufinden, dass wir uns nie ganz absichern können.

- Wir suchen nach einer Möglichkeit, die nur Vorteile und keinen einzigen Nachteil hat. So etwas gibt es so gut wie nie im Leben.

198

- Wir treffen Entscheidungen nur halbherzig und stehen nicht voll dahinter. Das führt u.a. dazu, dass, sobald wir uns festgelegt haben, wieder tausend Zweifel auftreten.

- Wir haben uns zwar scheinbar entschieden, aber dabei bleibt es dann auch. Es folgen keine Taten, vor allem nicht der erste Schritt. Deshalb haben wir nur dann eine solide Basis für unser weiteres Handeln, wenn wir richtiggehend Entschlüsse fassen. Ein Entschluss lässt sich wiedergeben mit einem Satz, der beginnt mit den Worten: „Ich will wirklich." Ich soll ihn aber nur dann aussprechen, wenn ich auch wirklich will.

- Wenn depressive Patienten von sich aus wieder anfangen Pläne für die Zukunft zu machen, so sollen sie dafür erst einmal positiv verstärkt werden. Im nächsten Schritt allerdings ist es notwendig, dass man konkret mit ihnen analysiert, wir gut durchdacht und wie realistische ihre Pläne sind. Pläne und Absichten sind umso erfolgversprechender, je konkreter und strukturierter sie sind (Hoffmann 2000), allerdings unter der Voraussetzung, dass das dafür notwendige Verhalten auch beherrscht wird und unter den jeweiligen Lebensbedingungen realisiert werden kann. Bei Plänen, die sich als durchführbar und nützlich erweisen, soll dafür gesorgt werden, dass die allerersten Schritte so früh wie möglich in die Wege geleitet werden.

Planen

Effizientes Handeln hängt in entscheidendem Maße davon ab, wie gut, wie differenziert und wie realitätsbezogen die inneren Modelle der Handlungen, die wir ausführen wollen, ausgebildet sind. Das bedeutet, dass effizientes Handeln organisiert sein muß, und dies geschieht im wesentlichen durch das Planen. Viele Menschen haben von Anfang an Defizite in diesem Bereich oder ihre Fertigkeiten in dieser Beziehung sind durch ihre Erkrankung labil und störungsanfällig geworden. Bei solchen Menschen ist es notwendig, im Rahmen der Therapie ihre Planungsvorgänge eine Zeitlang zu begleiten, um sie stabiler und effizienter zu gestalten. Dabei sollen einige Hinweise zur Sprache kommen die die wichtigsten Aspekte eines Planes aufzeigen. Bei den konkreten Plänen, die der Patient fasst, wird immer wieder darauf geachtet, dass diese einzelnen Aspekte ausreichend berücksichtigt werden.

Pläne dienen zur Festlegung der zeitlichen Abfolge von Handlungen. Sie geben Antwort auf die so genannten „W-Fragen":

- **Was soll geschehen?** Durch Pläne werden die Ziele festgelegt, die man erreichen will.

- **Wie soll es geschehen?** Pläne zeigen, welche konkreten Handlungen am besten geeignet sind, um die Ziele zu erreichen.

- **Wann soll es geschehen?** Pläne sollen darüber Auskunft geben, wann der günstigste Zeitpunkt für die Ausführung der einzelnen Handlungen ist.

- **Wo soll es geschehen?** Pläne sollen angeben, in welchen Situationen die Bedingungen am günstigsten sind, um die Ziele zu erreichen.

- **Pläne sollen uns dabei helfen, unser alltägliches Verhalten in einen sinnvollen Zusammenhang mit unseren Lebenszielen zu bringen**. Ein Beispiel: (Hoffmann, 2000) Viele unserer Tätigkeiten sind mühsam und uninteressant, ja oft ausgesprochen unangenehm. Ein Musterbeispiel dafür ist das Zusammensuchen von Quittungen über Ausgaben des letzten Jahres. Wenn wir aber ein wichtiges Ziel haben, z. B. uns viele Belastungen vom Hals zu schaffen, um wieder ein befreites und produktives Leben zu führen, so bekommt die Tätigkeit „Belege suchen" einen klaren Stellenwert. Das Oberziel ist dann ein schönes Leben zu führen, ein Teilziel ist, sich Unerledigtes vom Hals zu schaffen, wie z.B. die Steuererklärung, und ein wichtiges Zwischenziel auf dem Weg dorthin ist das Belege suchen. Auf die Art bekommt das, was auf den ersten Blick nur mühsam ist, einen Sinn, aber nur dann, wenn es Teil eines Planes ist, um ein wichtiges Ziel zu erreichen.

- **Pläne sollen einen entlastenden Charakter haben.** Besonders in schweren Zeiten wie in Krisenzeiten geben uns Pläne, die wir gemacht haben, eine innere Struktur, an der wir uns festhalten können, und dadurch mehr Selbstvertrauen. Sie dienen auch dazu, unser Gedächtnis zu entlasten. Was wir einmal festgelegt haben, müssen wir nicht ständig neu überdenken.

- **Pläne sollen uns dadurch stützen, dass sie einen verpflichtenden Charakter haben.** Wenn wir einen Plan gemacht haben, um ein Ziel zu erreichen, sind wir uns dadurch selber im Wort. Wir können uns darauf berufen und auf die Art besser Schwierigkeiten und Phasen der Unlust überwinden. Wenn wir unsere Pläne anderen Menschen mitteilen, so haben wir uns auch ihnen gegenüber festgelegt. Auch dadurch können unsere Bemühungen ausdauernder und stabiler werden.

- **Wenn wir Pläne schmieden, beziehen wir uns auf die Zukunft.** Dadurch wird es möglich, die einseitige Fixierung auf eine problemreiche Vergangenheit und auf eine nicht zufriedenstellende Gegenwart aufzubrechen. In ein Leben, das erstarrt zu sein schien, gerät wieder Bewegung.

Zukunftsperspektive

Solide, gut durchdachte und zum Ziel führende Pläne integrieren sich langsam zu einer Zukunftsperspektive, die einen ganz entscheidenden Schritt in Richtung Genesung von der Depression darstellt: Ein Mensch, der aus der Bahn geworfen wurde, eine lange Phase des körperlichen und seelischen Schmerzes und der extremen Schwäche durchgemacht hat, während der er gerade überleben konnte, gewinnt langsam wieder die Oberhand gegen die depressiven Symptome, fasst Mut und beginnt sich wieder mehr und mehr mit seinem zukünftigen Leben zu befassen.

Der Versuch jemandem in der Therapie dabei zu helfen, eine Zukunftsperspektive aufzubauen, die über bloße Tages- oder Wochenplanungen hinausgeht, hat einer Reihe von Bedingungen Rechnung zu tragen, die erfüllt sein müssen, damit Perspektiven motivierend und tragfähig sind.

Die wichtigsten dabei sind:

- Sie muss auf persönliche Bedürfnisse und Werte begründet sein.

- Sie muss realistisch sein, d. h. der Leistungsfähigkeit und den speziellen Fertigkeiten der Betroffenen sowie den Ressourcen seiner Umwelt Rechnung tragen.

- Sie muss aufgegliedert sein nach kurzfristigen, mittelfristigen und langfristigen Zielen.

- Die einzelnen Ziele müssen innerlich präsent sein, d.h. wir müssen uns ausreichend damit befassen, damit unsere Wünsche am Leben bleiben. Auf die Art können sie uns weiter motivieren und uns Kraft geben.

- Die einzelnen Ziele für die Zukunft sollten ausgewogen sein, d. h. der Mensch sollte nicht alles „auf eine Karte", z. B. auf eine Beziehung, setzen.

- Es sollte eine vernünftige Mischung von Anstrengung und Entspannung vorgesehen sein.

- Das Erreichen der einzelnen Ziele sollte so wenig wie möglich davon abhängig sein, dass das „Glück" auf unserer Seite steht, dass „die anderen" mitziehen usw.
- Die ersten Schritte müssen so gewählt sein, dass sie gleich angegangen werden können.

In der Regel bleibt es Menschen, die sich teilweise eine neue Zukunft aufbauen wollen, nicht erspart, manche Durststrecken überstehen zu müssen, während derer Schwierigkeiten sich häufen, und die Erfolge gering sind. Eine mögliche kleine Hilfe, um über solche Schwierigkeiten hinweg zu kommen, wollen wir am Schluss ansprechen.

Zeitprojektion

Sie basiert auf der Alltagserfahrung, dass Menschen, die erhöhten Belastungen ausgesetzt sind, längere Perioden der Erfolgslosigkeit überbrücken müssen oder sich entmutigt fühlen, gelegentlich zu angenehmen Tagträumen greifen, um sich zukünftige Situationen ausmalen, bei denen sie eine möglichst gute Figur machen oder bei denen für sie angenehme Ereignisse passieren (Hoffmann, 2000).

Bei einer therapeutisch induzierten Zeitprojektion wird versucht, systematisch angenehme Vorstellungen beim Patienten hervorzurufen. Man einigt sich mit ihm auf eine Anzahl angenehmer Szenen, die die Realisierung seiner Pläne und Absichten repräsentieren. Sie sollen zwar durchaus realistisch und potentiell erreichbar sein, aber durchaus einen Fortschritt gegenüber der aktuellen Situation darstellen. Der Patient wird instruiert, sich die Szenen so lebendig und detailliert wie möglich vorzustellen. Besonders wichtig ist dabei der Versuch, so intensiv wie es geht, die angenehmen Gefühle aufkommen zu lassen, die für die entsprechende Szene charakteristisch sind. Wenn ihm die Vorgehensweise nützlich erscheint, und er keine Widerstände dagegen hat, soll er auch spontan dazu greifen, um sich auf die Art über schwierige Phasen hinwegzuhelfen.

4 Besserung und Heilung bei Depressionen

Bei der Entstehung einer Depression haben wir es anscheinend, stark vereinfacht gesehen, mit folgendem Ablauf zu tun:

- Kritische Lebensereignisse oder negative Entwicklungen stören ein bisher tragfähiges Kräftegleichgewicht und der Person fehlen akkomodative oder assimilative Bewältigungsmöglichkeiten, oder sie sind eine Zeit lang nicht realisierbar. Sie hält trotzdem fest an alten und zum Teil überhöhten Ansprüchen, und dadurch entsteht eine immer stärker werdende Diskrepanz zwischen „Einnahmen" und „Kosten". Sie fühlt sich immer hilfloser und der Situation ausgeliefert. Dadurch verstärkt sich der Kräfteverschleiß.

- Stark negative affektive Reaktionen, die nicht gesteuert oder herunterreguliert werden können, treten auf. Die Sicht auf die Welt und die eigene Person wird immer pessimistischer. Im Laufe der Zeit treten Resignation und Enttäuschung abwechselnd mit Selbstvorwürfen auf. Die Enttäuschung führt zur Entleerung der Welt und zu einem inneren Rückzug. Der Bezug zur Welt wird unterbrochen. Einsamkeitsgefühle, Hostilität gegen andere und Angst vor dem Leben breiten sich aus. Durch eine zunehmende Selbstkritik des auf sich selbst zurückgeworfenen Menschen werden negative affektive Reaktionen verstärkt.

- Dadurch wird die Flexibilität des Denkens und des Handelns immer geringer. Der Betroffene merkt: Ich hänge fest, das Ruder ist mir aus der Hand gefallen. Gelegentliche Versuche, sich selbst aus diesem Zustand zu befreien, führen meist zu unkoordinierten hektischen Aktionen und enden in der Erschöpfung. Chronisches Stresserleben, Niedergeschlagenheit, Hilflosigkeit und Passivität werden immer größer. Alles kommt scheinbar zum Stillstand.

Wie können wir uns nun vorstellen, dass sich ein solcher Zustand mit therapeutischer Hilfe zurückbildet?

- Die ersten therapeutischen Maßnahmen dienen der Entlastung. Sie helfen erst einmal dabei, diejenigen negativen affektiven und kognitiven Reaktionen zu verringern, die durch die geringe Selbstkongruenz entstehen. Der Patient nimmt seinen Zustand samt seinen aktuellen Schwächen besser an, reduziert seine Ansprüche und sogar zeitweilig seinen Handlungsraum. Zusätzlich erhält er in der Therapie Hilfen, um sich besser zu organisieren und besonders schmerzhafte Symptome seiner Depression einzudämmen. Er hört vor allem damit auf, sich permanent selbst zu überfordern und zwischen einem ziellosen Aktionismus und Erschöpfung hin und her zu pendeln. Er hört auf damit, Ziele erreichen zu wollen, an denen er schon im prädepressiven Zustand seine Kräfte abgenutzt hat. Dadurch, dass er sich auf seinen aktuellen Zustand fokussiert, erhält er die Distanz zu seiner Gesamtsituation, die zu einer allgemeinen Regenerierung nötig ist.

- In dem Maße, in dem seine Kräfte sich erholen und seine Kontrollmeinung wächst, kann der Patient damit beginnen, sich innerlich und äußerlich umzuorganisieren. Aus dem Zustand dessen, der vorwiegend mit der eigenen Befindlichkeit und mit einer oder mehreren Verlusten oder kränkenden Situationen beschäftigt ist, gerät er allmählich heraus und fasst wieder seine Gesamtsituation ins Auge. Es gilt nun assimilative Maßnahmen zu treffen, die in der Lage sind, potentiell mögliche Änderungen in wichtigen Einzelbereichen zu bewirken und akkomodative, die die Anpassung an neue Lebensbedingungen gewährleisten. Dazu sind oft schmerzhafte Ablösungen und Verzichte notwendig, bis hin zu einem Umbau des Selbst- und des Lebenskonzeptes. Erfolge und dadurch bedingte Stimmungsaufhellungen wirken sich positiv auf die Selbstwirksamkeitsmeinung und auf die Expansität des Verhaltens aus.

- Schließlich ist die Bilanz der Kräfte wieder ausgewogen. Die in der Umwelt bewirkten positiven Effekte (oder Verstärker) sind gestiegen, die Kräfteausgaben durch Umorganisation und effizienteres Verhalten reduziert. Dem Grundkontrollbedürfnis über die Lebensbedingungen, das jedem Menschen zu eigen ist, wird wieder genüge getan.

Um es mit Antonovsky (1979) auszudrücken: Der Mensch hat wieder ein ausreichendes „Kohärenzgefühl". Antonovsky versteht darunter eine globale Orientierung, die ausdrückt, in welchem Maße man ein inneres Gefühl von Vertrauen hat, dass die Welt in einem und die Außenwelt draußen ausreichend vorhersehbar sind, und dass sich die Dinge auf diesem Hintergrund mit großer Wahrscheinlichkeit ausreichend gut entwickeln werden. Man kann auch sagen: Er ist in der Lage, wieder, mit Rilke, zu merken:

Und draußen war ein Tag aus Blau und Grün

mit einem Ruf von Rot an hellen Stellen.

5 Übersicht:
Sechzig therapeutische Interventionen im Rahmen der Depressionsbehandlung

Therapeutische Interventionen im Rahmen der Depressionsbehandlung

6 Hausaufgaben in der Depressionstherapie

Hausaufgaben sind ein wichtiger Bestandteil der Depressionstherapie. Darunter werden Aufgaben verstanden, die der Patient außerhalb der einzelnen Sitzungen durchführen soll. Sie haben vor allem zum Ziel, seine Fähigkeiten zur Selbststeuerung wieder herzustellen respektive aufzubauen.

Integraler Bestandteil von Hausaufgaben sind die Vorbereitung, d. h. die Instruktionen des Therapeuten zur Durchführung, sowie die Nachbereitung, d. h. die gemeinsame Auswertung.

Bei der Vorbereitung sind folgende Punkte zu berücksichtigen:

1. Der Patient soll das, was zu tun ist und die Modalitäten der Ausführung genau kennen.

2. Ihm müssen die Gründe einsichtig sein, warum er gerade jetzt diese Aufgabe ausführen soll. Es muß ihm klar sein, welche für ihn einsichtigen Ziele damit verfolgt werden.

3. Der Patient soll, auf ausdrückliche Ermunterung, sämtliche Einwände, Bedenken und Unsicherheiten bezüglich der Aufgabe äußern können, und der Therapeut soll ausführlich darauf eingehen.

4. Der Patient sollte keine Sanktionen oder Nachteile wegen einer Nichtausführung der Aufgabe befürchten müssen.

5. Die Aufgabe darf unter keinen Umständen den Patienten überfordern.

6. Das Risiko, das durch die Ausführung der Aufgabe eine Verschlechterung eintritt, sollte möglichst ausgeschlossen werden.

7. Bei stark depressiven Patienten ist es unter Umständen notwendig, im Zusammenhang mit der Aufgabe zusätzliche Kurzkontakte, wie zum Beispiel Telefonate, einzufügen.

Bei der Auswertung sind folgende Punkte zu berücksichtigen:

1. Der Patient sollte für jeden Schritt in Richtung Ausführung der Aufgabe verstärkt werden.

2. Völlig unabhängig von den Intentionen des Therapeuten bezüglich der Aufgabenstellung sollten aus jeder Arbeit des Patienten positive Schlussfolgerungen abgeleitet werden. Der Patient soll immer den Eindruck erhalten, dass die Aufgabe zu irgendeinem positiven Ergebnis geführt hat.

3. Die Ergebnisse der Hausaufgabe sollen in einer für den Patienten verständlichen und einprägsamen Form formuliert werden. Der Therapeut muß Sorge dafür tragen, dass die Codierung der Ergebnisse und damit die spätere Erinnerbarkeit zufriedenstellend erfolgen.

4. Die Ergebnisse sollen in Bezug auf ihre Konsequenzen für die nächste Zukunft des Patienten untersucht werden, und es sollen konkrete Schlussfolgerungen daraus abgeleitet werden.

5. Empfindet der Patient irgendwelche Folgen der Hausaufgaben als belastend oder problematisch, so muß das ausführlich ausgeräumt werden. Bestimmte Aufgaben können auch zuerst während der Therapiesitzung oder gleich danach ausgeführt werden, wobei der Therapeut den Patienten durchaus dabei allein lassen kann (Zwischenstufe zur Hausaufgabe). Hat der Patient zu viele Schwierig-

keiten mit den Aufgaben, so muß zeitweilig ganz darauf verzichtet werden.

Hausaufgaben

1. Registrierung von Erfahrungen und zunehmend selbständige Analyse der Zusammenhänge zwischen Situationen, Gedanken und Gefühlen.

Mittels Spaltentechnik usw.

2. Tagebücher

Vorgehen: Tagebücher können eingesetzt werden, um die Reaktionen der Patienten in bestimmten Situationen zu erfassen. Sehr hilfreich sind 24-Stunden-Protokolle. (Auf einer Seite wird eine Tabelle mit 6 Zeilen mal 4 Spalten und die Uhrzeit eingetragen). Hier vermerkt der Patient stündlich kurz seine Aktivitäten und seine Stimmung.

Ziele: erkennen, daß bestimmte Aktivitäten zu bestimmten Stimmungslagen führen; Reduzierung zu kraftintensiver Aktivitäten, Auswahl von kräfteersparenden und kräfteerhöhendem Aktivitäten; zu ganz bestimmten Zeiten lassen sich Aktivitäten schlechter oder besser realisieren (Morgentief); Hoffnung erzeugen durch den Hinweis, daß es bestimmte Zeiten bzw. Aktivitäten gibt, bei denen es dem Patienten auch besser geht.

3. Vorausplanung der täglichen Aktivitäten

Vorgehen: auf einem Blatt soll der Patient selbst am Vorabend jeden Tages planen, welche Aktivitäten am nächsten Tag durchgeführt werden sollen. Auf der linken Seite werden die Zeiten vermerkt, rechts die Aktivitäten (wie waschen, spazierengehen etc.). Der Patient soll auch häufige Erholungspausen bewußt einplanen. Welche Aktivitäten der Patient durchführen soll, wird zuerst gemeinsam mit dem Therapeuten besprochen (nach den Kriterien, die auf Seite 103 - 104 zu finden sind).

Ziele: das Vorhandensein eines Planes erleichtert dem Patienten zunächst das "Ingangkommen", er erhält eine äußere Struktur, die ihm Halt und eine Linie für sein Tun gibt; dadurch kann er sich stabilisieren und erholen.

4. Umgang mit dem Morgentief: Aufstehen lernen

Vorgehen: "wenn Sie aufwachen, bleiben Sie nicht im Bett liegen. Sie werden anfangen zu grübeln und sich noch niedergeschlagener und antriebsloser fühlen. Stehen sie sofort auf, egal wie beschwerlich es ist ") äußere Hilfen: Wecker zu einer bestimmten Zeit stellen, Radio in Reichweite, das gleich eingeschaltet wird; laute Befehle an die Muskeln geben: linkes Bein raus, rechtes Bein raus...). Am Anfang alles mechanisch tun, nicht versuchen zu denken, da es ohnehin im Grübeln enden würde. Der Patient führt Protokoll und macht kurze Notizen, die in der Therapie bearbeitet werden mit dem Ziel, seine Vorgehensweise zu verbessern.

Ziel: dem Morgentief und dem morgendlichen Grübeln entgegenwirken.

5. Sportliche Aktivitäten ausführen

Vorgehen: die Patienten sollen möglichst am Vormittag (zu Zeiten des verstärkten Grübelns) sich sportlich betätigen zu festgelegten Zeiten. Gut eignen sich rasches Spazierengehen, Fahrradfahren oder Joggen. Der Patient führt Protokoll und macht kurze Notizen, die in der Therapie bearbeitet werden mit dem Ziel, seine Vorgehensweise zu verbessern.

Ziel: sportliche Betätigung verbessert nachweislich den Gehirnstoffwechsel und damit die Stimmung.

6. Umgang mit Grübeleien (besonders in der Nacht)

Vorgehen: bei nächtlichen Grübeleien sollte der Patient sofort aufstehen und sich ablenken mit Beschäftigungen. Er kann beispielsweise etwas trinken, Fernsehen, sich Bilder anschauen, Musik anhören usw. Einigen Patienten hilft es auch, wenn sie ihre Grübeleien für einen begrenzten Zeitumfang auf bereit liegenden Zetteln aufschreiben ("ablegen und den Inhalt vertagen"). Diese werden dann zusammen mit dem Therapeuten behandelt. Der Patient führt Protokoll und macht kurze Notizen, die in der Therapie bearbeitet werden mit dem Ziel, seine Vorgehensweise zu verbessern.

Ziel: weiterem Kräfteverschleiß und Unbehagen durch Grübeleien wird entgegengewirkt, der Patient ist offener und fähiger für Aktivitäten.

7. Selbstkontrolle von Erschöpfung und Ermüdung: Überforderungssignale wahrnehmen

Vorgehen: die Patienten sollen Erschöpfungssignale (beginnende Konzentrationsstörungen, plötzliche Müdigkeit, Unruhe etc.) während des Ausführens von Tätigkeiten ernst nehmen. Sie sollen die Tätigkeit dann unterbrechen und sich wirklich ausruhen ohne Selbstvorwürfe (sich hinlegen, aus anstrengenden Situationen zurückziehen).

Ziel: Erkennen von Überforderungssignalen.

8. Verordnung von Konzentrations- und Wahrnehmungsübungen

Vorgehen: Die Patienten werden gebeten, ihre Aufmerksamkeit auf ein Objekt (Baum, etc., Steine aus dem letzten Urlaub) zur fokussieren und sie so detailliert wie möglich zu beschreiben (Größe, Farbe, Material etc.). Eine Liste möglicher Übungen wird zusammen mit dem Therapeuten erstellt und der Patient arbeitet sie zu Hause ab. Dabei soll der Patient versuchen seine Gefühle zur Entfaltung zu bringen: was ist hier angenehmen anzusehen oder zu ertasten. In mentalen Übungen können die Patienten gebeten werden, Tiere in alphabetischer Reihenfolge zu benennen, einen schönen früheren Spaziergang so detailliert wie möglich zu beschreiben usw.

Ziel: Einen konkreten Sinnbezug zur Wirklichkeit finden und dabei bleiben (nicht in depressive Phantasien ablenken); Kontrolle über Grübeleien; frühere emotionale Bedeutungen wiedererleben und einen konkreten Sinnbezug zur Wirklichkeit stiften.

9. Verhaltensübungen, um Blockaden, Hindernisse zu überwinden (erledigen)

Vorgehen: s. S. 108 – 110. Am Anfang möglichst große Hilfe des Therapeuten, dann ausschleichen, Die Fortschritte werden in der Therapie besprochen und eventuelle Schwierigkeiten bearbeitet.

Ziel: Kräfteersparnis, Kräfteerwerb, Kompetenzerwerb.

10. Zeitprojektion

Voraussetzung ist, daß der Patient nicht allzu schwer depressiv ist.

Vorgehen: Hierbei soll sich der Patient angenehme, depressionsfreie Inhalte für seine eigene Zukunft vorstellen und "Tagträumen": Malen Sie sich eine zukünftige Situation aus, bei denen sie eine besonders gute Figur machen oder wo für Sie angenehme Ereignissen stattfinden. Gleiches Resultat kann die Vorstellung früherer erfolgreicher Bewältigungen von schwierigen Situationen ergeben. Die Übung wird in der Therapiesituation geübt und soll dann zu Hause in Momenten der Niedergeschlagenheit durchgeführt werden.

Ziel: angenehme Zukunftsperspektiven aufbauen, Verbesserung der Stimmung.

11. Vorstellungsübungen zum Idealisiertes Selbstbild

Vorgehen: Suchen Sie sich eine charakteristische aber auch etwas schwierige Situation aus. Welche Eigenschaften möchten Sie in Ihrem Verhalten dabei realisieren (Idealisiertes Selbstbild)? Wie sieht das konkret aus? Schließen Sie die Augen und stellen Sie sich die Situation möglichst detailliert vor. Wo spielt sie sich ab, wer sind die Beteiligten? Dann kommen Sie selbst ins Bild und verkörpern in Ihrem Verhalten die Eigenschaften Ihres idealisierten Selbstbildes (wie Sie sich bewegen, gehen, sprechen, was ihnen durch den Kopf geht, was Sie fühlen). Gehen Sie in der Vorstellung die Szene immer wieder durch, bis Sie zufrieden mit dem Ergebnis sind. Der Patient soll die in der Therapiesituation geprobte Übung zu Hause einsetzen. Erfahrungen und Schwierigkeiten dabei werden besprochen.

Ziel: Vorbereitung von realen Situationen, neue Handlungsmöglichkeiten erkennen und in der Vorstellung ohne negative Konsequenzen ausprobieren können, Aufbau neuer Eigenschaften und angemessener Verhaltensalternativen

12. Körperbezogene Übungen

Vorgehen: Bodenhaftung spüren, bewußte Anspannung, um den eigenen Körper besser kennenzulernen. Ausprobieren verschiedener Posen (ängstlich, entmutigt, selbstsicher, trotzig usw.) mit jeweiligem Schildern der Empfindungen

Ziel: körperbezogene Übungen haben einen direkten Einfluß auf die Stimmung. Die Patienten lernen, eine bestimmte innere Haltung, auch von dem Körperausdruck her aufzubauen. Sie kommen sich mit der Zeit weniger selbstentfremdet vor.

13. Wahrhaftigkeit des Selbst schaffen

Vorgehen: Versuchen Sie in problematischen Situationen das erste Gefühl (Primärgefühl) wahrzunehmen. Versetzen Sie sich dazu in der Vorstellung in die kritische vergangene Situation. Spüren Sie das erste spontane Gefühl, vertiefen Sie es. Was würden Sie am liebsten tun, wenn Sie ohne jegliche Hemmungen ganz frei agieren könnten? Begeben Sie sich immer wieder in die Vorstellung, solange, bis Sie sich mehr in sich, klarer und mit sich eins spüren. Der Patient macht Notizen, die in der Therapie bearbeitet werden.

Ziel: eigene Bedürfnisse, Gefühle wahrnehmen und ernstnehmen, Recht auf eigene Bedürfnisse spüren und sich dadurch stimmiger fühlen.

14. Rolle des objektiven Beobachter einnehmen lernen

Vorgehen: Anhand von konkreten problematischen Situationen folgende Sequenz durchführen lernen. Er erhält dafür Arbeitsbögen folgenden Inhalts:

Situation:

- Wie ist Ihre seelische Verfassung im Zusammenhang damit?
- Ist Ihre seelische Verfassung (ein negatives Gefühl, eine Entmutigung, usw.) die Folge innerer Kommentare zu dieser Situation"?
- Wie lauten diese Kommentare?
- Wie sind Sie zu diesen Kommentaren gekommen? Was können Sie zu ihrer Stützung vorbringen?
- Wie sind die einzelnen Stützungselemente zu bewerten?
- Welche sind „typisch depressiv"?

– Ergeben sich jetzt für Sie irgendwelche neuen Schlussfolgerungen, z. B. für Ihre Bewertung der Situation, für Ihr zukünftiges
Handeln usw.?

– Was haben Sie jetzt gelernt?

Die Bögen werden laufend in der Therapie bearbeitet.

Ziel: bewußt Vogelperspektive einnehmen zu depressiven automatischen Denkabläufen und damit die Voraussetzung für Änderungen
schaffen.

15. Wahrnehmen von Gefühlen

Vorgehen: Die folgende Sequenz muß in der Therapiestunde geübt werden, ehe sie allein vom Patienten durchgeführt werden kann.

– Denken Sie an eine aktuelle Situation, in der sie sich unwohl/klein/
verletzt fühlten.

– Was am Gesprächspartner könnte der Auslöser dafür sein? Verge-
genwärtigen sie sich die Situation einmal ganz genau. Formulieren
Sie Ihre Erinnerungen in Worte (kein flüchtiges Darüberstreichen in
der Vorstellung).

– Begeben Sie sich innerlich in die Situation, was spürten Sie, was war
das Erste Gefühl, das auftauchte? Was kam dann an Gefühlen?

– Wiederholen Sie 3. Noch einmal, vertiefen Sie das erstauftretende
Gefühl ganz unmittelbar nach dem Auslöser. Was spürten Sie hier
im Körper (Anspannung, Magen, Brustraum, Hals)? Vertiefen Sie
durch Wiederholungen das Gefühl solange, bis Sie es klar und
deutlich spüren. Reden Sie dabei.

– Was sagt Ihnen dieses Gefühl? Welche Handlungen legt es nahe?

– Schreiben Sie Ihre Erfahrungen, Schwierigkeiten auf.

Ziel: Der Patient soll lernen, unterdrückte Gefühle klarer wahrzunehmen
und sie als Handlungssignale einzusetzen.

16. Ausdruck von Gefühlen als Handlungssignal für andere fördern

Vorgehen: Die folgende Übung muß in der Therapiestunde praktiziert
werden, ehe sie allein vom Patienten durchgeführt werden kann.

Formulieren Sie Aussagen, Sätze, Wünsche, Forderungen an andere (Ehepartner, Kollegen, Eltern etc.), was Sie Ihnen am liebsten sagen würden.

- mich stört, ärgert, daß du...

- ich will nicht, daß du....

- ich wünsche/ will, daß du.....

Sprechen Sie die Sätze zuerst leise, dann immer lauter und energischer aus. Versuchen Sie die Körperhaltung, Mimik und Gestik dem Gefühl angemessen zum Ausdruck zu bringen. Wiederholen Sie dies solange, bis Sie sich einigermaßen sicher fühlen.

Ziel: Angemessener Ausdruck von Primärgefühlen zur Vermeidung „depressiver Ersatzgefühle" und Reaktionen wie Resignation usw.

7   Anhang

7.1   Abschätzung des Suizidrisikos bei depressiven Patienten

Risikogruppen

Die zahlreichen Untersuchungen, die durchgeführt worden sind, um festzustellen, welche Menschen eher suizidgefährdet sind, haben zur Beschreibung von Risikogruppen geführt. Es sind dies vor allem:

- Süchtige
- Psychisch Kranke, vor allem Depressive und Schizophrene
- Alte und vereinsamte Menschen
- Menschen, die schon einmal oder mehrmals einen Suizidversuch begangen haben
- Chronisch Kranke, vor allem, wenn sie Schmerzen haben und kaum Aussicht auf Heilung
- Narzistisch gestörte Menschen

Weiter konnte festgestellt werden, dass Suizidversuche bei Kindern und Jugendlichen deutlich ansteigen. Eine Reihe von Untersuchungen haben auch gezeigt, dass „Helfer" vor allem im psychosozialen Bereich besonders gefährdet zu sein scheinen.

Hinweise im therapeutischen Gespräch

Um sich ein Bild über die innere Lage der Patienten machen zu können, ist es oft notwendig, zusätzlich zu den spontanen Äußerungen gezielte Fragen zu stellen, wenn ein erster Verdacht in Richtung Suizid-gefährdung entstanden ist (so hat z.B. der Patient gesagt: Manchmal denke ich, es wäre besser tot zu sein, und der Therapeut fragt: Ich würde Ihnen gern ein paar Fragen dazu stellen. Sind Sie damit einverstanden?)

Einige Fragen betreffen eventuelle frühere Suizidversuche und ein Suizidverhalten erleichternde Faktoren:

- Haben Sie schon einmal oder mehrmals versucht, sich das Leben zu nehmen?

- Was waren die jeweiligen Anlässe?

- Mit welchen Mitteln haben Sie es versucht?

- Wie kam es jeweils zu Ihrer Errettung?

- Gab es Suizidversuche in der Familienanamnese oder im sozialen Umfeld?

- Haben Sie in letzter Zeit vom Suizid eines Bekannten oder einer anderen Person erfahren?

- Wie stehen Sie innerlich zur Möglichkeit des Menschen, sich das Leben zu nehmen?

Andere Fragen betreffen die suizidfördernden Momente:

- Steht der Patient unter dem Einfluss von Verlusten, negativen Entwicklungen, Belastungen oder Verschlechterungen seiner Lebenssituation? Leidet er unter sozialer Not?

- Hat er wenig oder keine Hoffnung so damit umgehen zu können, dass sich die Lage zum Besseren wenden kann?

- Leidet er an Mutlosigkeit, Verbitterung, Hilflosigkeit oder Orientierungslosigkeit?

- Hat er starke Kränkungen oder Demütigungen erfahren, die ihn in seiner Identität bedrohen?

- Leidet der Kranke auch im prädepressiven Zustand an einem labilen Selbstwertgefühl?

- Könnte ein Suizidversuch aus seiner Sicht die einzig verbleibende Möglichkeit darstellen, sein Selbstwertgefühl zu retten?

- Hat er Rachephantasien, die etwa darin bestehen, andere Menschen durch seinen Suizid zu bestrafen?

- Kann eine weitgehende Aufhebung alter menschlicher Bindungen festgestellt werden?

224

– Berichtet der Patient darüber sich völlig allein zu fühlen und zu niemandem mehr das geringste Vertrauen zu haben?

Fragen, die lebenserhaltende Momente betreffen:

– Welche mehr oder weniger intakten sozialen Bindungen unterhält der Patient?

– Empfindet er Gefühle der Verantwortung anderen gegenüber?

– Sprechen religiöse oder weltanschauliche Momente gegen einen Suizid?

– Hat er aus seiner Sicht noch Aufgaben zu erledigen?

– Macht er Zukunftspläne oder berichtet über eine Zukunftsperspektive?

Fragen zur aktuellen inneren Lage:

– Verspürt der Patient ein starkes Bedürfnis nach Ruhe oder sagt sich: Ich will nur weg von hier?

– Zeigt er das Moment der „Einengung" nach Ringel? Damit ist ein regressiver Entwicklungstrend mit einer zunehmenden Einschränkung der persönlichen Entfaltungsmöglichkeiten, häufig begleitet mit einer Reduzierung der menschlichen Beziehungen, gemeint. Hat der Patient eine letzte Kränkung erlitten oder ist aktuell an irgend etwas gescheitert? Spielt der Patient eine Art Vabanque-Spiel: Wenn das eintritt, bleibe ich am Leben, wenn nicht, bringe ich mich um?

– Hat der Patient über Möglichkeiten sich umzubringen nachgedacht, hat er schon irgendwelche Vorbereitungen getroffen? Hat der Patient angefangen, seinen Nachlass zu regeln, verschenkt er persönliche Sachen usw.?

– Berichtet er über Suizidphantasien, die zumindest auch teilweise affektiv positiv gefärbt sind?

– Zeigt er Autoaggressionen in Worten oder in Taten?

– Ist eine mehr oder weniger klare und deutliche Entscheidung zum Suizid gefallen und hat sie beim Patienten zu einer sichtbaren

Spannungsreduzierung geführt, für die es keine andere plausible Erklärung gibt?

–   Ist der Patient bereit, mit dem Therapeuten einen Aufschub zu vereinbaren, um seine Lage noch einmal zu analysieren und einen weiteren lebenserhaltenden Versuch zu unternehmen?

7.2 Behandlungsplan für Herrn B.

Kurzfristige Maßnahmen

1. Einstimmung auf den Patienten, Annahme der von ihm selber nicht akzeptierten quälenden depressiven Symptome wie Unruhe, Ängstlichkeit. Ermunterung darüber zu reden, um durch "Abreden" die negativen Emotionen herabzuregulieren. Annahme seines leistungsinsuffizienten und für ihn "lebensunwerten" schwachen Selbst.

2. Beruhigende Versicherungen:
    Die Befürchtungen des Patienten, seine Symptome seien nicht behebbar, er sei nun grundsätzlich ein ewiges versagendes Nichts, sollen durch die beruhigenden Versicherungen abgemildert werden.

3. Reduzierung der depressionssteigernden Kräfteausgaben:
    –   auf dem Gebiet der Aktivitäten genaue Selbstbeobachtung und -regulierung der Kräfteausgaben. (Frühes Wahr- und Ernstnehmen von Erschöpfungssignalen, dann sofortige Erholungspause. Schwierige Anforderungen werden abgesagt, sich abgrenzen, delegieren)

    –   Hilfen bei der Kontrolle depressiver kognitiver Symptome (Umgang mit Grübeleien, Selbstvorwürfen usw.)

    –   Aufklärung der Ehefrau, die den Patienten mit Ungeduld überfordert (beruhigende Versicherungen, Vorbereitung auf längere Therapiezeit mit "normalen" Rückschlägen). Sie soll den

Ehemann nicht unter Druck setzen mit sozialen oder häuslichen Anforderungen).

4. Einführung kräftesteigernder Aktivitäten auf der Basis früherer Ressourcen (Fahrradfahren, Malen usw.) auf der Grundlage eigener derzeitiger Leistungsmöglichkeiten und Strukturierung von Tagesabläufen mittels Tagesplänen.

5. Selbstbeobachtung des Patienten im Laufe des Tages, um eigene Bedürfnisse in der Gegenwart zu aktualisieren: was könnte mir jetzt gerade gut tun (z.B. etwas trinken, Gesicht in die wärmende Sonne richten usw.) und spontan umsetzen.

Längerfristige Maßnahmen

6. Aufklären des Patienten über Symptome, unter denen er besonders leidet (Verstehen des Ursprunges quälender Grübeleien und seiner Leistungsinsuffizienzen). Außerdem Aufklären über die Zusammenhänge zwischen Denken, Fühlen, körperlichen Sensationen an eigenen Beispielen. Der Patient soll möglichst sich aktiv selbst explorieren, Erkenntnisse gewinnen und so Interesse an eigenen inneren Prozessen entwickeln (entgegen seiner früheren bloßen Tendenz zur Selbstinstrumentalisierung: "Ich bin da, um zu nutzen"). Er soll durch geleitetes Entdecken selbstschädigende Einstellungen und Handlungen im Alltag finden (zu hohe Fremdabhängigkeit, übermäßiges Anerkennungsstreben, Leistungs- und Perfektionsorientiertheit).

7. Wahrnehmen der Gefühle als Signal zum Handeln durch Selbstbeobachtung im Alltag und in der Therapiestunde: Anstatt bloße globale intensive Betroffenheit und Festsitzen im Gefühl der Betroffenheit soll sich der Patient fragen: "Was sagt mir das Gefühl wirklich?". Er lernt sich zu fragen: „Warum geht es mir jetzt schlecht?", und beantwortet die Frage: „Weil ich mich zu etwas zwingen ließ". Dann fragt er sich: „Was will ich wirklich?" Und er handelt im Einklang mit seinem aktuellen Gefühl. Er fragt sich auch:

„Warum geht es mir jetzt gut?" und nimmt sich vor, das, was dazu geführt hat zu wiederholen.

8. Gegen das allzu starre Planen des Patienten soll er sich zunehmend auf das Hier und Jetzt richten (Was kommt mir gerade in den Kopf?) und lernen, spontan danach zu handeln. Außerdem sollten mögliche Mißerfolge eingeplant und der Umgang damit eingeübt werden.

9. Emotionsexposition: Der Patient soll seine Unlust-Primärgefühle (Aggression, Enttäuschung usw.) in Vorstellungsübungen und in vivo (Therapieraum und im Alltag) überhaupt erst einmal immer schneller wahrnehmen, sie nicht „wegdrücken" und im Einklang damit sofort handeln (anstatt in Ohnmacht, Niedergeschlagenheit, Kleinmut und Hilflosigkeit gelähmt zu bleiben).

10. Auseinandersetzung mit der biografischen Entstehung der Depression: Durch die emotionszentrierte Erinnerungsdifferenzierung sollen typische Situationen aus der Kindheit aktiviert werden, die zu den gegenwärtigen Einstellungen führten. Frühere Verletzungen durch Vater (Nichtanerkennen , Demütigen) werden aufgearbeitet, gegenwärtige Schuldgefühle im Sokratischen Dialog hinterfragt und aggressive Gefühle klar und direkt in allen Modalitäten ausgedrückt werden (das gleiche gilt für Situationen mit der Mutter). Letztlich soll sich der Patient mit der Vergangenheit versöhnen und wieder offen werden.

11. Veränderung der sozialen Beziehungen:

    – Mehr Verantwortung an Ehefrau abgeben (Zukunfts-, Urlaubsplanung, Formulare ausfüllen, Behördengänge etc.). Mit der Partnerin über eigene Veränderungen, auch im Berufsleben, die die Ehefrau verunsichern und überraschen, reden: "mehr rumsitzen, Freizeit ist wichtiger, Reduktion der Arbeitszeit".

    – Andere Freunde suchen: warmherzigere anstatt ehrgeizig-interessante Menschen mit hohem Anspruchsniveau

228

12. Übertragung des selbst-bewußteren Umganges mit sich selbst auf die schwierigere Arbeitssituation:

   - Weiter Selbstbeobachtung in stündlichen kurzen Pausen: Bedürfnisse/Gefühle im Auge behalten trotz äußerer Pflichten, die alte Einstellungen aktivieren, eigene Bedürfnisse in den Vordergrund bringen und Abwägen mit den äußeren Anforderungen, Abgrenzen von Lob und Kritik, fremden Ansprüchen mit Hilfe von Selbstbeobachtung und evtl. kognitiver Probe

   - Ziele kürzer setzen: Tagesziele aufstellen und am Abend bilanzieren: "Du hast schöne Momente am Tag gehabt (Gespräch mit Kollegen, nach draußen gesehen), du warst dabei im Einklang mit Dir". Bloß erfolgsorientierte Ziele sollen gegenüber den Notwendigkeiten der eigenen Gesundheit und eigener Bedürfnissen relativiert werden.

13. Rückfallprophylaxe
Sensibilisierung für frühe Anzeichen depressiver Entwicklungen, selbständiges Durchführen von Verhaltensanalysen, Akzeptierung des aktuellen Zustandes als Krise, aber aktive Gegensteuerung auf der kognitiven und auf der Verhaltensebene. Sich so früh wie möglich anderen gegenüber öffnen und sich Hilfen holen.

8   Literaturverzeichnis

Beck, A.T. (1987): Cognitive Models of Depression, Journal of Cognitive Psychotherapy., No.1, 5-37.

Beck, A.T. (1999): Kognitive Therapie der Depression, Weinheim Beltz.

Beck, A.T., Steer R.A. (1987): Beck Depression Inventory – Manual. San Antonio: The Psychological Association.

Beutel M. (1996): Der frühe Verlust eines Kindes. Bewältigung und Hilfe bei Fehl-, Totgeburt und Fehlbildung.Verlag für Angewandte Psychologie. Hogrefe-Verlag, Göttingen, Bern, Toronto, Seattle.

Beutel, M. (2000): Trauerreaktionen und ihre therapeutische Begleitung. In: N. Hoffmann, H. Schauenburg (Hrsg.): Psychotherapie der Depression. Thieme Stuttgart.

Bronisch, T. (1990): Neuere Entwicklungen in der Diagnostik und Klassifikation depressiver Störungen. Fundamenta Psychiatrica 4, 109-118.

Bronisch, T. (2000): Suizidalität und Krisenintervention. In: N. Hoffmann, H. Schauenburg (Hrsg.): Psychotherapie der Depression. Thieme Stuttgart.

Costello, C. G. (1976): Depression: Loss of Reinforcement or loss of reinforcer´s effectiveness? Beh. Ther. 3, 240.

Dettling, M. (2000): Therapeutische Versorgung. In: N. Hoffmann, H. Schauenburg (Hrsg.): Psychotherapie der Depression. Thieme Stuttgart.

Dilling H, Mombour W, Schmidt MH, Schulte-Markwort E (Hrsg.) (1994) Internationale Klassifikation psychischer Störungen. ICD-10, Kapitel V (F). Forschungskriterien. Hans Huber Bern.

Fähndrich, E., Linden, M. (1982): Zur Reliabilität und Validität der Stimmungs-messung mit der visuellen Analogskala. Pharmakopsychiatrie 15, 90-94.

Filipp, S.H. (1995): Kritische Lebensereignisse. Psychologie Verlags Union Weinheim.

Hamilton, M. (1986): The Hamilton Rating Scale for Depression. In: N. Satorius, T.A. Ban (Eds.), Assessment of depression (S. 143-152). Berlin: Springer.

Hannover, B. (1997). Das dynamische Selbst. Bern: Hans Huber.

Hautzinger, M. (1993): Kognitive Verhaltenstherapie und Pharmakotherapie bei Depressionen: Überblick und Vergleich. Verhaltenstherapie, 3, 26-34.

Hautzinger, M. (1998): Depression. Hogrefe Göttingen.

Hautzinger, M. (2000): Kognitive Verhaltenstherapie bei Depressionen. Beltz Weinheim.

Hautzinger, M., Bailer, M., Worrall, H, Keller, F. (1995): Das Beck Depressions-inventar (BDI). Huber Bern.

Hautzinger, M., Bronisch, T. (2000): Symptomatik, Diagnostik und Epidemiologie. In: N. Hoffmann, H. Schauenburg (Hrsg.): Psychotherapie der Depression. Thieme Stuttgart.

Hautzinger, M., Bailer, M. (1992): Allgemeine Depressionsskala (ADS). Beltz Göttingen.

Hautzinger, M., Hoffmann, N. (1980): Verbalverhalten Depressiver und ihrer Sozialpartner. Dissertation Technische Universität Berlin.

Heine, R. W., & Trosman, H.: Initial expectations of the doctor-patient interaction as a factor in the continuance of psychotherapy. Psychiatry, 1960, 23, 275-278.

Hoffmann, N. (1976): Depressives Verhalten. Otto Müller Salzburg.

Hoffmann, N. (1979): Depressive Reaktionen: Adaptiv oder dysfunktional? In: M. Hautzinger, N. Hoffmann (Hrsg.): Depression und Umwelt. Otto Müller Salzburg.

Hoffmann, N. (1983): Die subjektive Beurteilung von Therapieinhalten. Unveröffentlichtes Manuskript. Berlin

Hoffmann, N. (1998): Zwänge und Depressionen - Pierre Janet und die Verhaltenstherapie. Springer, Berlin

Hoffmann, N. (1999): Wie man wird, was man schon immer sein wollte. Ganz legale Psychotricks. Zürich, Kreuz

Hoffmann, N. (2000): Schritt für Schritt aus der Krise. Georg Thieme Verlag Stuttgart.

Hoffmann, N. (2000): Strukturierung des Therapieablaufs in: M. Linden, M. Hautzinger (Hrsg.): Verhaltenstherapiemanual. Springer, Berlin.

Hoffmann, N. (2000): Kognitive Probe. In: M. Linden, M. Hautzinger (Hrsg.): Verhaltenstherapiemanual. Springer, Berlin.

Hoffmann, N. (2000): Zeitprojektion. In: M. Linden, M. Hautzinger (Hrsg.): Verhaltenstherapiemanual. Springer, Berlin.

Hoffmann, N. (2000): Einstellungsänderung. In: M. Linden, M. Hautzinger (Hrsg.): Verhaltenstherapiemanual. Springer, Berlin.

Hoffmann, N. (2000): Therapeutische Beziehung und Gesprächsführung. In: J. Margraf, Lehrbuch der Verhaltenstherapie. Springer, Berlin.

Hoffmann, N., H. Schauenburg (Hrsg.) (2000): Psychotherapie der Depression. Stuttgart, Thieme.

Hoffmann, N., Hofmann, B. (2000): Beruhigende Versicherungen. In: M. Linden, M. Hautzinger (Hrsg.): Verhaltenstherapiemanual. Springer, Berlin.

Hofmann, B., Hoffmann, N. (2000): Verhaltenstherapie. In: N. Hoffmann, H. Schauenburg (Hrsg.): Psychotherapie der Depression. Thieme Stuttgart.

Hofmann, B., Hoffmann, N. (2000): Therapeutische Hilfen bei der Sinnfindung. In: N. Hoffmann, H. Schauenburg (Hrsg.): Psychotherapie der Depression. Thieme Stuttgart.

James, W. (1907): The energies of men. In: The Philosophical Review. New York.

Janet, P. (1919, Neuaufl. 1986): Les Medications Psychologiques. Band I-III. Paris: Félix Alcan.

Janet, P. (1926, Neuaufl. 1975): De l'Angoisse à l'Extase, Paris: Félix Alcan.

Kuhl, J., Helle, P. (1994): Motivational and volitional determinants of depression: The degenerated-intention hypothesis. In J. Kuhl, J. Beckmann

(Hrsg.): Volition and personality. 283–296. Hogrefe & Huber Seattle, Toronto, Göttingen, Bern.

Kuhl, J., Kazén, M. (1994): Volitional aspects of depression: State orientation and self-discrimination. In: J. Kuhl, J. Beckmann (Hrsg.), Volition and personality. Action versus state orientation. Göttingen: Hogrefe.

Kuhl, J. (1996): Wille und Freiheitserleben: Formen der Selbststeuerung. In J. Kuhl, H. Heckhausen: Enzyklopädie der Psychologie: Motivation, Volition und Handlung. (Serie IV, Band 4, S. 665-765). Hogrefe Göttingen.

Lewinsohn, P.M. (1974): A behavioral approach to depression. In Friedman, R.J., Katz, M.M. (Eds.) The psychology of depression. Wiley New York.

Linden, M. (1976): Depression als aktives Verhalten. In: N. Hoffmann (Hrsg.): Depressives Verhalten. Otto Müller Salzburg.

Rush, A.J., Giles, D.E., Schlesser, M.A., Fulton, C.L., Weissenburger, J., Burns, C. (1986): The inventory for depressive symptomatology (IDS): Preliminary findings. Psychiatry Research, 18, 65-87.

Schauenburg, H. (2000): Psychodynamische Psychotherapie. In: N. Hoffmann, H. Schauenburg (Hrsg.): Psychotherapie der Depression. Thieme Stuttgart.

Schramm, E. (2000): Interpersonelle Psychotherapie. In: N. Hoffmann, H. Schauenburg (Hrsg.): Psychotherapie der Depression. Thieme Stuttgart.

Seligman, M.E.P. (1975): Helplessness. San Francisco, Freeman.

Sloman, L., Price, J., Gilbert, P., Russell, G. (1994): Adaptive Function of Depressions: Psychotherapeutic Implications. American Journal of Psychotherapy, Vol. 48, No. 3, 401-416.

Tellenbach H. (1976): Melancholie. Springer, Berlin, Heidelberg, New York .

Thayer, R.E. (1987). The Biopsychology of Mood an Arousal. New York: Oxford University Press.

Wittchen H.U., von Zerssen, D. (1988): Verläufe behandelter und unbehandelter Depressionen und Angststörungen. Springer, Berlin, Heidelberg, New York, London, Paris, Tokyo.

Wittchen, H.U., Schuster, P., Gander, F., Müller, N. (1999): Warum werden Depressionen häufig nicht erkannt und selten behandelt? Nervenheilkunde 18, 210-217.

Wolfersdorf, M., Rupprecht, U., Heß, H., Weishaupt-Langer, G., Kornacher, J., Schuh, B. (2000): Stationäre Psychotherapie. In: N. Hoffmann, H. Schauenburg (Hrsg.): Psychotherapie der Depression. Thieme Stuttgart.

Willi Ecker

Verhaltenstherapie bei Zwängen

Willi Ecker
**Verhaltenstherapie
bei Zwängen**
Grundlagen und Praxis

PABST

182 Seiten, ISBN 3-935357-93-1
Preis: 20,- Euro

Eine praxisnahe Darstellung kognitiv-behaviouraler Verfahren zur Behandlung von Zwängen.

Nach der Beschreibung der Erscheinungsformen, Diagnostik und Komorbiditäten der Zwangsstörung sowie der lerntheoretischen, kognitiven und neurobiologischen Erklärungsansätze wird das verhaltenstherapeutische Vorgehen beim Expositions-Reaktions-Management und bei kognitiven Interventionen anhand zahlreicher Fallbeispiele konkret geschildert.

Auch auf die therapeutische Beziehungsgestaltung, den Umgang mit intrapsychischen und interaktionellen Funktionalitäten der Zwänge, die Rolle akzentuierter Persönlichkeitsstile und die Aufarbeitung lebensgeschichtlicher Entwicklungsbedingungen der Zwangsstörung wird intensiv eingegangen.

Spezifika der Behandlung unterschiedlicher Subtypen (Kontrollzwänge, Wasch- und Reinigungszwänge, Zwangsgedanken, Sammelzwänge etc.), der Stellenwert der Pharmakotherapie und die Wahl des Behandlungssettings (stationär vs. ambulant) werden ebenfalls erörtert.

PABST SCIENCE PUBLISHERS
Eichengrund 28, D-49525 Lengerich, Tel. ++ 49 (0) 5484-308,
Fax ++ 49 (0) 5484-550, E-mail: pabst.publishers@t-online.de
Internet: http://www.pabst-publishers.de

J. Lindenmeyer

Der springende Punkt

Stationäre Kurzinterventionen bei Alkoholmissbrauch

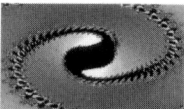

Johannes Lindenmeyer

Der springende Punkt

Stationäre Kurzintervention
bei Alkoholmissbrauch

PABST

202 Seiten
ISBN 3-935357-39-7
Preis: 20,- Euro

Über die Gruppe der Alkoholabhängigen hinaus gibt es zwei- bis dreimal so viele Personen mit Alkoholproblemen, bei denen die Kriterien für eine Abhängigkeit (noch) nicht erfüllt sind. Ziel dieses Therapiemanuals ist es, Betroffene zur Veränderung ihres Alkoholkonsums zu motivieren bzw. zu befähigen. Dabei wird weder völlige Alkoholabstinenz noch eine bestimmte Trinkmenge als Therapieziel vorgeschrieben. Nach dem Prinzip der Punktabstinenz wird vielmehr gemeinsam mit dem Betroffenen festgelegt, in welchen Situationen er künftig auf Alkohol verzichten oder weiterhin Alkohol trinken will.

Das Manual ist sowohl für die Einzeltherapie als auch zur Durchführung in geschlossenen wie offenen Gruppen geeignet. Es enthält alle notwendigen diagnostischen Instrumente, Therapiematerialien und Unterlagen zur Qualitätssicherung. Die Beschreibung der einzelnen therapeutischen Interventionen ist so detailliert, dass sie auch der ungeübte Anwender als unmittelbare Handlungsanleitung in den Therapiesitzungen verwenden kann.

PABST SCIENCE PUBLISHERS
Eichengrund 28, D-49525 Lengerich, Tel. ++ 49 (0) 5484-308,
Fax ++ 49 (0) 5484-550, E-mail: pabst.publishers@t-online.de
Internet: http://www.pabst-publishers.de

M. Zielke, H. von Keyserlingk, W. Hackhausen (Hrsg.)

Angewandte Verhaltensmedizin in der Rehabilitation

864 Seiten, ISBN 3-935357-30-3
Preis: 50,- Euro

– Verhaltensmedizinische Grundlagen

– Depressionen

– Angststörungen

– Posttraumatische Belastungsstörungen

– Eßstörungen

– Persönlichkeitsstörungen

– Suchtprobleme und Abhängigkeits-
 erkrankungen

–Pathologisches Glücksspielverhalten

– Koronare Herzerkrankung

– Rückenerkrankungen und die Bewältigung
 chronischer Schmerzen

– Arbeits- und berufsbezogene Problem-
 stellungen

– Sezifische verhaltensmedizinische Problembereiche und Behandlungsansätze

PABST SCIENCE PUBLISHERS
Eichengrund 28, D-49525 Lengerich,
Tel. ++ 49 (0) 5484-308, Fax ++ 49 (0) 5484-55
E-mail: pabst.publishers@t-online.de
Internet: http://www.pabst-publishers.de

M. Lasar, U. Trenckmann (Hrsg.)

Depressionen –
Neue Befunde aus Klinik und Wissenschaft

P. L. Janssen: Psychodynamische Psychotherapie der Depression

R. Sachse: Klärungsorientierte Psychotherapie bei depressiven Störungen

V. Wippermann: Interpersonelle Psychotherapie in der Depressionsbehandlung

U. Hillebrandt: Körperpsychotherapie und kreative Medien bei Depressionen

J. Höffler: Lebensqualität bei depressiven Störungen

H. Reinbold: Pharmakotherapie der Depression

U. Trenckmann: Möglichkeiten und Grenzen der Phytopharmakotherapie bei affektiven Störungen

H. Walter: Neue Chancen für die Depressionsbehandlung durch die funktionelle Bildgebung

J. Uekermann, I. Daum: Neuropsychologische Veränderungen bei Depressionen

K. Wenning: Repetitive Transkranielle Magnetstimulation

A. Margo: Therapeutical Standards in Depression - Experiences and Practice in the Goodmayes Hospital Ilford

B. Wiebel: Kognitiv-neurophysiologische Diagnostik bei depressiven Störungsbildern - ein funktional-syndromaler Ansatz

M. Lasar: Depressivität, exekutive Kognition und Schizophrenie - Theoretische Überlegungen und praktische Auswirkungen in der Station für kognitive Therapie

ISBN 3-934252-41-9   Preis: 15,- Euro

PABST SCIENCE PUBLISHERS
Eichengrund 28, D-49525 Lengerich, Tel. ++ 49 (0) 5484-308,
Fax ++ 49 (0) 5484-550, E-mail: pabst.publishers@t-online.de
Internet: http://www.pabst-publishers.de

Jetzt

Die psychologischen innovativen Fachzeitschriften bei PABST:

❶ ENTSPANNUNGSVERFAHREN

❷ FORENSISCHE PSYCHIATRIE UND PSYCHOTHERAPIE

❸ PRAXIS KLINISCHE VERHALTENSMEDIZIN UND REHABILITATION

❹ PSYCHOANALYSE - TEXTE ZUR SOZIALFORSCHUNG

❺ PSYCHOLOGISCHE BEITRÄGE

❻ UMWELTPSYCHOLOGIE

❼ VERHALTENSTHERAPIE & VERHALTENSMEDIZIN

❽ WIRTSCHAFTSPSYCHOLOGIE

PABST SCIENCE PUBLISHERS
Eichengrund 28, D-49525 Lengerich, Tel. ++ 49 (0) 5484-308,
Fax ++ 49 (0) 5484-550, E-mail: pabst.publishers@t-online.de
Internet: http://www.pabst-publishers.de